Uni-Taschenbücher 372

UTB
FÜR WISSEN
SCHAFT

Eine Arbeitsgemeinschaft der Verlage

Wilhelm Fink Verlag München
Gustav Fischer Verlag Stuttgart
Francke Verlag Tübingen
Harper & Row New York
Paul Haupt Verlag Bern und Stuttgart
Dr. Alfred Hüthig Verlag Heidelberg
Leske Verlag + Budrich GmbH Opladen
J. C. B. Mohr (Paul Siebeck) Tübingen
R. v. Decker & C. F. Müller Verlagsgesellschaft m. b. H. Heidelberg
Quelle & Meyer Heidelberg · Wiesbaden
Ernst Reinhardt Verlag München und Basel
K. G. Saur München · New York · London · Paris
F. K. Schattauer Verlag Stuttgart · New York
Ferdinand Schöningh Verlag Paderborn · München · Wien · Zürich
Eugen Ulmer Verlag Stuttgart
Vandenhoeck & Ruprecht in Göttingen und Zürich

Kurt Holm (Hrsg.)

Die Befragung 1

Der Fragebogen – Die Stichprobe

Dritte Auflage

Francke Verlag Tübingen

Dritte Auflage 1986

Einbandgestaltung: A. Krugmann, Stuttgart
Printed in Germany

ISBN 3-7720-1707-X

Inhalt

Vorwort

Diese sechsbändige Arbeit soll einen doppelten Zweck erfüllen: Sie soll ein Lehrbuch für den Studenten und ein „Arbeitsbuch“ für den Praktiker der empirischen Sozialforschung sein.
Um dieser Aufgabe zu genügen, haben die Autoren viel Mühe darauf verwendet, ihre Texte didaktisch gut aufzubereiten. Der Student, der Leser allgemein sei dazu ermuntert, nicht nur die grundlegenden Techniken dieses Instruments der Befragung im 1. und 2. Band zu lesen, sondern sich auch an die „höheren“ Methoden in den darauf folgenden Bänden heranzuwagen.
Viel Mühe haben die Autoren auch darauf verwendet, dem Praktiker der empirischen Sozialforschung Anleitungen zur Datenerhebung und Auswertung zu geben. Eine Vielzahl von Rechnerprogrammen soll es ihm insbesondere ermöglichen, komplizierte aber informationsreiche Auswertungsverfahren anzuwenden – ohne, daß er diese bis ins letzte Detail kennt. Diese Programme sind auch als Lochkartensätze, über den Verlag, vom Herausgeber zum Selbstkostenpreis erhältlich.
Implizit verfolgt unser Buch noch einen dritten Zweck. Die empirische Sozialforschung hat sich seit ca. 40 Jahren kontinuierlich entwickelt. Sie hat heute einen hohen Wissensstand erreicht. Dieses Buch möchte nun auch versuchen, dem Theoretiker in Soziologie, Psychologie, Wirtschaftswissenschaften, Pädagogik und Politologie diesen hohen Wissensstand zu vermitteln und ihn dadurch von seinem Zerrbild zu befreien, daß die Befragung aus der Hintereinanderreihung von Fragen mit anschließender tabellarischer Auszählung der Antworten bestünde – wobei nichts anderes herauskomme als das, was ein halbwegs kluger Kopf schon vorher wußte.
Die Befragung kann nicht nur die deskriptive Aufgabe lösen, zu erkunden, *wie* die Dinge sind – das weiß tatsächlich ein kluger Kopf manchmal auch ohne Befragung. Sie ist darüber hinaus in hervorragender Weise geeignet zu erklären *warum* die Dinge so sind, wie sie sind. Sie kann also einen wesentlichen Beitrag zur Entwicklung und Überprüfung von Theorien leisten.
Den vielen, die an der Erstellung dieses Buches direkt und indirekt mitgewirkt haben, insbesondere Margit Baier und Hannelore Soltys, die das Manuskript geschrieben haben, sagen die Autoren Dank.

Der Herausgeber

Kurt Holm

Zweck und Verlauf einer Befragung

1. Zweck einer Befragung

Zweck einer Befragung – wir wollen das vorläufig sehr allgemein ausdrücken – ist es eine Datenmatrix zu erstellen und hinsichtlich dieser Datenmatrix Deskription und Erklärung zu leisten.

1.1. Die Datenmatrix

Wir wollen zunächst die Datenmatrix darstellen und ihre Elemente beschreiben.

		Stimuli		
		1	2	3 … m
	1	1	0	
	2	0	1	
	3			
	4			
Befragte				←Antworten (Werte)
	.			
(Einheiten)	.			
	.			
	.			
	.			
	n			

Die drei Bestandteile der Datenmatrix sind

1) Befragte
2) Stimuli
3) Antworten

In der „Stirnseite“ der Tabelle sind die Befragten eingetragen. Dabei ist es vielleicht besser, nicht „Befragte“ zu sagen, sondern „Befragungseinheiten“. Denn die Befragungseinheiten müssen nicht notwendigerweise Individuen sein. Dies können beispielsweise auch Gruppen von Individuen sein. Bei vergleichenden organisationssoziologischen Untersuchungen, etwa, sind die Untersuchungseinheiten Organisationen.

Im „Kopf“ der Tabelle sind die Fragen – allgemeiner: die den Befragten präsentierten Stimuli – enthalten. Beispielsweise könnte Stimulus 1 aus der Frage bestehen: „Wie alt sind Sie?“ Eine Frage könnte auch lauten: „Wer ist Ihnen sympathischer, der Politiker A, oder der Politiker B?“

Das ist zwar nur *eine* Frage – aber es sind zwei Stimuli, die den Befragten präsentiert werden. Der erste Stimulus ist „Politiker A“, der zweite ist „Politiker B“. Der Befragte soll auf diese beiden Stimuli reagieren, indem er seine jeweilige Sympathie kund tut.

Fragen und Stimuli sind also nicht immer identisch. Wir würden in diesem Fall „Politiker A“ und „Politiker B“ als zwei Spalten in die Datenmatrix eintragen.

Im Inneren der Datenmatrix selbst, werden die Antworten angegeben. Diese Antworten müssen (zum Zwecke der Auswertung) zahlenmäßig verschlüsselt werden. Wir nennen die Antworten deswegen „Werte“. Bei der Frage nach dem Lebensalter, würde in der 1. Spalte der Matrix für einen bestimmten Befragten etwa „34“ eingetragen. Bei der Frage nach Sympathie gegenüber den beiden Politikern A und B würde für den einen, den der Befragte vorzieht eine „2“ und für den anderen Politiker eine „1“ eingetragen werden.

1.2. Meßdimension und Meßobjekt

Wir können die Spalten der Matrix (die Stimuli) auch als Meßdimensionen begreifen und die Zeilen (die Befragten) als Meßobjekte.

Beispiel:

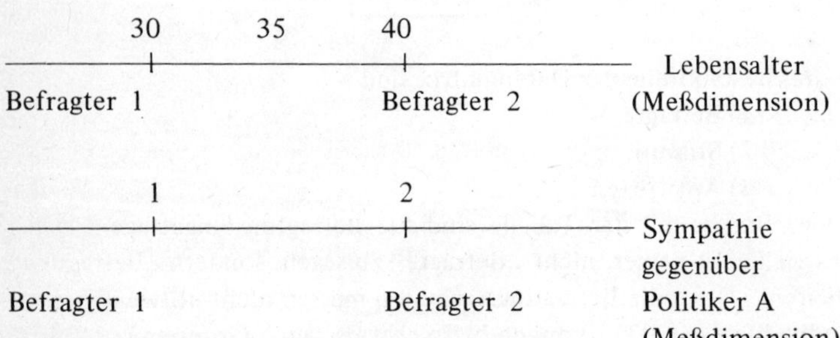

Die *Stimuli* bilden also die Meßdimensionen. Die Befragten bilden die Meßobjekte. Und unsere Aufgabe besteht darin, den Meßobjekten, d.h. den Befragten, einen „Ort" auf der Meßdimension der Stimuli zuzuweisen.

In der Skalierungstheorie nennt man diesen Vorgang „Responseskalierung". Eine geringere Rolle spielt die „Stimulusskalierung" (siehe zu diesen Begriffen das Kapitel über Skalierungsverfahren).

1.3. Deskription und Erklärung

Eine Befragung soll

1. hinsichtlich einer interessierenden Meßdimension (oder hinsichtlich mehreren) die Verteilung der Befragten ermitteln
   – das ist der Zweck der Deskription

und sie soll

2. ermitteln, warum die Verteilung so ist, wie sie vorgefunden wurde.
   – das ist der Zweck der Erklärung

Das erste dieser Ziele, oder alle beide verfolgt jede mit dem Mittel der Befragung operierende Forschung.

Ein Beispiel soll der Erläuterung dienen.

Ein Pädagoge führt eine repräsentative Schülerbefragung durch, wobei er feststellt, daß

10 % der Schüler sehr zufrieden,
40 % der Schüler nicht zufrieden, aber auch nicht unzufrieden und
50 % der Schüler unzufrieden

mit dem Schulunterricht sind. Damit hat er Deskription geleistet. Er hat ermittelt, *wie* die Fakten in der sozialen Wirklichkeit sind. Er hat deskriptive Daten über die soziale Wirklichkeit ermittelt.

Genauer: Er hat die Verteilung der Befragten über verschiedene Werte (Ausprägungen) der ihn interessierenden Meßdimensionen schulischer Zufriedenheit festgestellt.

Nun könnte er sich die Frage stellen – und sie wird sich ihm sicherlich aufdrängen: *Warum* besteht gerade diese Verteilung? Warum besitzen nur 10 % der Schüler eine *hohe* schulische Zufriedenheit.

Er beantwortet diese Frage, indem er nach den Bestimmungsgründen der schulischen Zufriedenheit forscht, und etwa die Noten der Schüler, ihren soziometrischen Status in ihrer Klasse und weitere Merkmale erkundet. Dabei stellt er dann etwa fest, daß je höher der soziometrische Status, und je besser die Noten sind, umso zufriedener die Schüler sind. Damit hat er Erklärung geleistet. Er hat eine vorgefundene Verteilung kausal erklärt. (Zum Problem der kausalen Erklärung durch Befragung siehe Kapitel Kausalität)

Es kann nun kurz zusammengefaßt werden:

1) Die Beantwortung der Frage:
   „*Wie* ist die Verteilung der Befragten über die verschiedenen Werte einer Meßdimension?"

führt zur Erklärung.

2) Die Beantwortung der Frage:
   „*Warum* ist die Verteilung so, wie sie vorgefunden wurde?"

für zur Erklärung.

Die erste oder alle beide Fragen zu beantworten ist der Zweck der Befragung.

2. Schritte der Befragung

Eine Befragung verläuft in aller Regel in folgenden Schritten:

1. Bestimmung des Forschungsgegenstandes
   11 Formulierung der Fragestellung
   12 Festlegung der Gruppe der zu befragenden Personen (z.B. Jugendliche im Alter von 14 bis 20 Jahre)
2. Auflösung des Forschungsgegenstandes in ein Modell operationalisierbarer Variablen (= Variablenmodell)
3. Anwendung explorativer Techniken, die das Primärwissen über den Gegenstand erweitern sollen, wie z.B.
   31 Experteninterviews
   32 Gruppendiskussion mit Zielpersonen
   33 Beobachtung
   34 Inhaltsanalyse von Texten
4. Revision des Variablenmodells auf Grund der in 3. gewonnenen Erkenntnisse
5. Fragebogenkonstruktion
   51 Frageformulierung
   52 Aufbau des Fragebogens
6. Testbefragung mit Auswertung hinsichtlich
   61 der sprachlichen Adäquatheit der gewählten Formulierungen

62 mit Auswertung, durch die ermittelt werden soll, ob die verwendeten Fragebatterien befriedigend eindimensional sind
63 mit Auswertung, ob die vermuteten Zusammenhänge zwischen Variablen sich abzuzueichnen beginnen.

7. Revision des Variablenmodells und des Fragebogens. Eventuell Rücksprung zu 6.
8. Stichprobenkonstruktion
81 Wahl der Stichprobenart, die verwendet werden soll (beispielsweise disproportional geschichtete Stichprobe)
82 Auswahl der Zielpersonen
9. Interviewerschulung am Fragebogen
10. Durchführung der Befragung
11. Aufbereitung der gewonnenen Daten
111 Erstellung eines Kodeplans
112 Kodierung
113 Übertragung der Daten auf Datenträger (z.B. Lochkarte)
12. Auswertung
121 Eindimensionale Grundauszählung aller Fragen.
122 Behandlung von Fragebatterien (z.B. Faktorenanalyse, Skalieverfahren, Ermittlung von Gesamtpunktwerten je Befragter).
123 Ermittlung der Zusammenhänge zwischen den Variablen. Erstellung des *empirischen* Variablenmodells.
13. Forschungsbericht

Kurt Holm

Das Modell des Untersuchungsgegenstandes

1. Die Formulierung der Fragestellung

Wer eine Befragung durchführen will, möchte eine Frage beantwortet wissen. Zunächst ist die Frage noch unpräzise und unspezifisch formuliert. Man möchte wissen, wie Eltern ihre Kinder erziehen und welche Folgen die Erziehungsweisen der Eltern für Kinder haben. Oder: Man möchte das Problem der hierarchischen Struktur des Industriebetriebs untersuchen. Oder: Man möchte wissen, wie sich das Verhalten des Lehrers auf die Schüler auswirkt.

Die erste Aufgabe besteht nun darin, diese oft mehr „gefühlte" als aussprochene Frage eindeutig zu formulieren.

Wir bezeichnen diese erste Phase des Forschungsprozesses als „Explizierung der Fragestellung". Wenn wir die obigen unspezifischen Fragestellungen explizieren, dann lauten sie etwa:

Man möchte untersuchen, welche Erziehungsziele sich Eltern (bewußt oder unbewußt) gesetzt haben, mit welchen Erziehungsmethoden sie diese Ziele verfolgen und welche Auswirkungen auf die Persönlichkeitsentwicklung des Kindes Erziehungsziele und -methoden der Eltern besitzen.

Das ist nicht die einzig mögliche Explizierung der Fragestellung. Sicherlich lassen sich konkurrierende Explizierungen formulieren. Hier wird ersichtlich, was die Explizierung ihrem Wesen nach ist: Sie ist eine *Entscheidung,* die die Fragestellung nicht nur spezifiziert, sondern auch einengt. Besonders diese letztere Funktion ist außerordentlich wichtig. Man kann nicht in einer Befragung alles erkunden, was einen interessiert. Man kann nicht, wie oben im 2. Beispiel, breit und unspezifisch formuliert „das Problem der hierarchischen Struktur des Industriebetriebes" oder wie im 3. Beispiel formuliert „die Einwirkung des Lehrers auf die Schüler" untersuchen. Hier sind Präzisierungen und Einengungen notwendig. Etwa: Wie beeinflußt die Stellung in der Betriebshierarchie die Einstellung zur Arbeit. Und für das letzte Beispiel: Wie beeinflußt das Verhalten des Lehrers das schulische Verhalten der Schüler.

2. Auflösung der Fragestellung in ein Modell

Die so explizierte Fragestellung befähigt nun jedoch noch nicht dazu, einen Fragebogen zu entwerfen. Zuvor muß noch ein außerordentlich wichtiger Schritt getan werden. Wir nennen diesen: „Auflösung der Fragestellung in ein aus verschiedenen Variablen (oder Dimensionen) gebildetes Modell". Oder kurz: „dimensionale Auflösung".

2.1. Dimensionale Auflösung bei deskriptiver Forschung

Wir wollen annehmen, es soll eine überwiegend deskriptive Untersuchung über die Erziehungsmethoden von Eltern durchgeführt werden. Das Schwergewicht der Untersuchung soll auf dem „wie?" und nicht auf dem „warum?" liegen: d.h. die Bestimmungsgründe des Erziehungsverhaltens der Eltern sollen nicht systematisch (von vorne herein geplant), sondern nur insoweit erkundet werden als sie sich „zufällig" aus den ohnehin vorhandenen Daten ergeben. Primärer Zweck der Untersuchung ist es, Informationen über die Art des Erziehungsverhaltens und über die Häufigkeiten der verschiedenen Arten des Erziehungsverhaltens zu gewinnen.
Die Aufgabe besteht nun darin, diesen Forschungsgegenstand in Dimensionen aufzulösen, in Dimensionen, die dann durch Einzelfragen oder Fragebatterien meßbar gemacht werden können.
Würden zwei oder mehrere Sozialforscher mit dieser Aufgabe betraut, so würden sie sehr wahrscheinlich mehrere verschiedene, konkurrierende dimensionale Auflösungen erstellen.
Etwa folgende:

1. Modell:
Autoritäre versus demokratische Erziehung
In diesem Falle begnügt man sich mit einer sehr pauschalen Auflösung. Im Grunde genommen handelt es sich hierbei nicht um eine Auflösung in Dimension*en* (pl.), sondern um die Herauslösung *einer* Dimension aus dem Komplex der Dimensionen, die den Gegenstand bilden.

2. Modell:
Geplante versus reaktive Erziehung
Reaktive Erziehung liegt vor, wenn das auf das Kind gerichtete Handeln

der Eltern überwiegend Reaktion auf das Verhalten des Kindes ist. Das Kind macht Lärm. Die Mutter reagiert mit einer Strafe. Das Kind sagt etwas Drolliges. Die Mutter reagiert mit Zärtlichkeit. Bei der geplanten Erziehung wird die Handlungssequenz von den Eltern eröffnet. Sie richten zielgerichtet eine Handlung auf das Kind – in Erwartung einer bestimmten Reaktion des Kindes. Die Mutter versucht argumentativ, dem Kind die Gefahr eines Messers klar zu machen. Worauf das Kind mit Messern nur noch in bestimmter kontrollierter Weise hantiert.

Auch diese Art der Auflösung ist eher ein Herauslösen *einer* Dimension aus dem Dimensionenkomplex. Vermutlich sind Modell 1 und 2 nicht unabhängig, aber wohl auch nicht identisch.

So könnte man in einem 3. Modell nun die beiden Dimensionen herauslösen.

3. Modell:

Dimension 1: Autoritäre versus demokratische Erziehung

Dimension 2: Reaktive versus geplante Erziehung

Hier könnte man nun auch bereits etwas Korrelationsanalyse betreiben. Denn vermutlich wird autoritäre mit reaktiver und demokratische mit geplanter Erziehung in gewissen Maße einhergehen.

4. Modell:

Die Auflösung wird differenziert, wenn man die verschiedenen Erziehungssituationen als Dimension einführt.

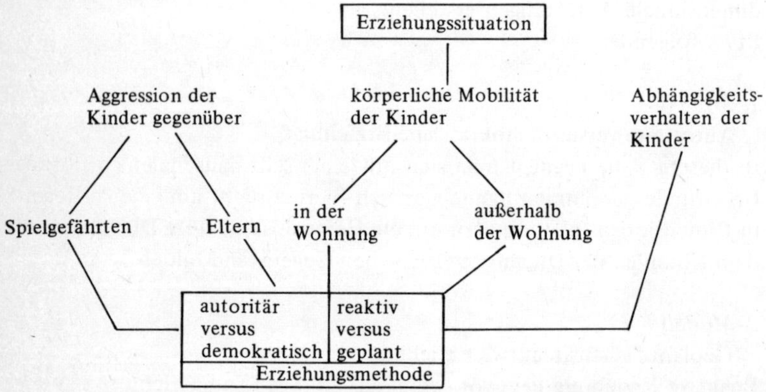

Nach diesem Modell wird also untersucht, welche Erziehungsmethode (welche Kombination aus den beiden Dimensionen autoritär versus demokratisch und reaktiv versus geplant) in den verschiedenen Erziehungssituationen eingeschlagen wird. Als Ergebnis könnte beispielsweise herauskommen: Gegenüber dem Abhängigkeitsverhalten der Kinder (am „Schürzenzipfel der Mutter hängen") schlagen 60 % der Mütter eine autoritär-reaktive Methode ein . . . etc.
Auch hier würde sich eine Korrelationsanalyse anbieten. Man könnte etwa errechnen, in welchem Maße Eltern gleicher sozialer Schicht bei den verschiedenen Erziehungssituationen in ihrer Methode gleichförmig handeln.

5. Modell:
Als neue zusätzliche Dimension wird nun das Erziehungsziel der Eltern eingeführt. Es ensteht dann folgendes Modell:

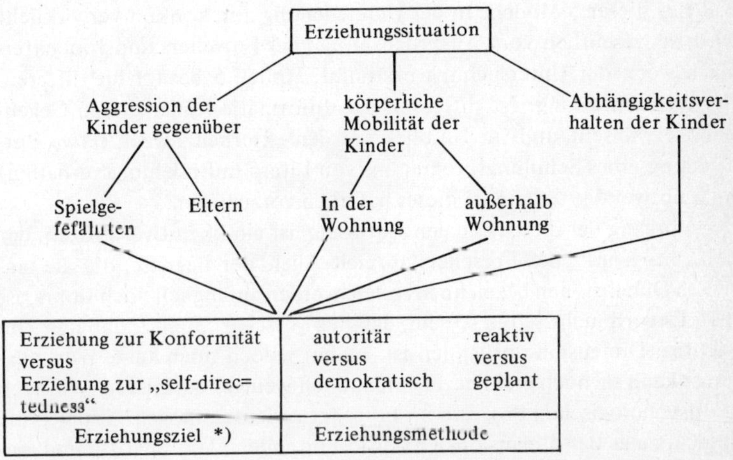

Nach diesem Modell würden Erziehungsziel und Methode kombiniert werden zu „Tpyen des Erziehungsverhaltens". Diese Kombination würde am besten mit einer 3-dimensionalen Tabelle vorgenommen werden.

*) In dieser Weise hat Kohn (1969) diese Dimension aufgelöst.

		Erziehungsmethode			
		autoritär		demokratisch	
		reaktiv	geplant	reaktiv	geplant
	Konformität	1	2	3	4
Erziehungs-	„self-directedness“	5	6	7	8

Es entstehen 8 Typen des Erziehungsverhaltens. Typ 1 beispielsweise ist die autoritär-reaktive Erziehung zur Konformität. Nun müßte ermittelt werden, welchen Verhaltenstyp die Eltern in den verschiedenen Erziehungssituationen realisieren. Es würde dann beispielsweise als Ergebnis herauskommen, daß in bezug auf die körperliche Mobilität der Kinder in der Wohnung der Verhaltenstyp 1 in 40 % aller Fälle, der Verhaltenstyp 2 in 5 % aller Fälle . . . realisiert wird.

Selbstverständlich bietet sich auch hier eine Korrelationsanalyse an, vor allem über den Zusammenhang von Erziehungsziel und -methode.

Welches dieser 5 Modelle in der Untersuchung nun konkret verwirklicht wird ist wesentlich vom Anspruchsniveau des Forschers und vom externen Zweck der Untersuchung bestimmt. Modell 5 besitzt die differenzierteste Auflösung. Ist differenzierte Information über diesen Gegenstand erwünscht und im Hinblick auf den externen Zweck (etwa Entwicklung eines Schulungsprogramms von Eltern in Erziehungsverhalten) auch notwendig – dann ist dieses natürlich vorzuziehen.

Der Vorgang der dimensionalen Auflösung ist ein kognitiver Prozeß, der sich „im Kopf“ des Forschers abspielt. Viele der Begriffe, die die einzelnen Dimensionen bezeichnen sollen, werden anfänglich noch unpräzise sein. Es wird nicht selten so sein, daß der Forscher „fühlt“, daß hier eine wichtige Dimension vorhanden ist. Er hat jedoch noch keine Worte dafür, er kann sie noch nicht bezeichnen, noch weniger definieren. Wie auch die psychologischen Prozesse im Forscher verlaufen mögen – zum Ende des Vorgangs der dimensionalen Auflösung sollen klare Begriffe und eindeutige Definition vorliegen.

Besonders wichtig ist das Definieren. Das Wort „autoritäre versus demokratische Erziehung“ ist leicht dahin geredet. Was ist jedoch inhaltlich damit gemeint? Das muß so exakt wie möglich definiert werden.

Das Ergebnis dieser Phase der Entwicklung der Befragung ist also

1. eine *Liste* der Begriffe, die die „herausgelösten“ Dimensionen bezeichnen und

2. eine beigeordnete Liste der Definitionen, in der jeder Begriff definiert wird. Wir werden später darauf nochmals zurückkommen und ein Beispiel geben.

2.2. Die Definition von Begriffen

Die dimensionale Auflösung – so kann auch gesagt werden – ist eine begriffliche Zergliederung des Forschungsgegenstandes.
Wir isolieren Dimensionen und benennen diese Dimensionen mit einem Wort, mit einem Begriff.
Carnap hat nun eine zwar umstrittene, aber immerhin praktisch brauchbare Unterscheidung zwischen Beobachtungssprache und theoretischer Sprache getroffen*). Wird zur Benennung einer Dimension ein Wort aus der Beobachtungssprache gewählt, dann liegt ein deskriptiver Begriff vor. Wird ein Wort aus der theoretischen Sprache verwendet, dann liegt ein theoretischer Begriff vor.
Beispiele für deskriptive Begriffe der Sozialforschung:
Alter, Einkommen, Schulnote.
Deskriptive Begriffe sind Worte, die man Dingen oder beobachtbaren Prozessen zuordnet.
Beispiele für theoretische Begriffe:
Aggression, Prestige, Konformität, Abhängigkeit, Macht, Zufriedenheit.
Das Charakteristikum dieser Art von Begriffen ist folgendes:
Sie sind Einsetzungsstellen für deskriptive Begriffe. Aggression kann sich z.B. beim Kind äußern durch beobachtbare Phänomene wie Schreien, Beißen, mit dem Fuß auf den Boden stampfen, die Spielpuppen verprügeln . . . usw.
Diese deskriptiven Begriffe „Schreien", „Beißen", „Stampfen", „Verprügeln" sind in die Einsetzungsstelle „Aggression" einsetzbar.

2.3 Dimensionale Auflösung bei erklärender Forschung

Hier soll als Beispiel die Lehrer-Schüler-Interaktion verwendet werden. Die explizierte Fragestellung war: Wie beeinflußt das Verhalten des Lehrers das Verhalten der Schüler?

*) Siehe die kurze Darstellung bei W. Stegmüller (1960, S. 425–457)

Lehrerverhalten ⟶ Schülerverhalten

Nun stehen die Schüler als soziologische Gruppe (als Schulklasse) und als Einzelne dem Lehrer gegenüber. Wir erweitern deswegen unser Modell:

Lehrerverhalten ↗ Klassenverhalten
Lehrerverhalten ↘ Verhalten des individuellen Schülers

Aus der Kleingruppenforschung wissen wir, daß das Verhalten des einzelnen sehr wesentlich bestimmt ist durch die Gruppe, der er angehört – in unserem Beispiel: daß das Verhalten des individuellen Schülers nicht nur durch das Lehrerverhalten, sondern auch durch die Klasse bestimmt wird.

Lehrerverhalten ⟶ Klasse ⟶ Verhalten des individuellen Schülers
Lehrerverhalten ⟶ Verhalten des individuellen Schülers

Unser Modell besteht nun immer noch aus solchen Pauschal-Dimensionen wie etwa „Lehrerverhalten". Diese müssen nun aufgelöst werden. Auch das ist wieder ein Vorgang, der eine Entscheidung erfordert. Wir entschließen uns als die Dimensionen des Lehrerverhaltens, die für unsere Fragestellung relevant sind, zu betrachten: Den Leistungsdruck und den Disziplinardruck, den der Lehrer auf die Schüler ausübt. Als Dimensionen der Schulklasse erachten wir für wichtig: Die Solidarität der Klasse und die Leistungsnorm, die die Klasse entwickelt hat. Das Verhalten des individuellen Schülers lösen wir auf in den beiden Dimensionen schulische Zufriedenheit und Leistungsmotivation.
Unser Modell ist nun voll entwickelt.

Disziplinardruck des Lehrers ⟶ Solidarität der Klasse ⟶ schulische Zufriedenheit des individuellen Schülers
Disziplinardruck des Lehrers ⟶ schulische Zufriedenheit des individuellen Schülers

Leistungsdruck des Lehrers ⟶ Leistungsnorm der Klasse ⟶ Leistungsmotivation des individuellen Schülers
Leistungsdruck des Lehrers ⟶ Leistungsmotivation des individuellen Schülers

Die einzelnen Dimensionen dieses Modells sind nun operationalisierbar. D.h. wir können Fragen oder Fragebatterien formulieren, die als Meßinstrumente für die einzelnen Dimensionen eingesetzt werden können. Wir können z.B. die Dimension „schulische Zufriedenheit des individuellen Schülers" durch die Fragen operationalisieren wie „Gehst Du gern in Schule?" oder etwas indirekter „Wenn Du wählen könntest, was würdest Du dann lieber tun: Einen Vormittag lang Deiner Mutter beim Aufräumen und Saubermachen helfen oder den Vormittag in die Schule gehen?"

Die Pfeile in obiger graphischer Darstellung symbolisieren Kausalzusammenhänge. So sagen die beiden auf die Dimension „Leistungsmotivation des individuellen Schülers" gerichteten Pfeile aus, daß diese Dimension kausal bestimmt wird durch „die Leistungsnorm, die die Klasse für ihre Mitglieder errichtet hat" und durch den „Leistungsdruck des Lehrers".

Kurt Holm

Kausalität

1. Definition

In der Wissenschaftstheorie wurde und wird auch heute noch eine intensive Diskussion um den Kausalitätsbegriff geführt *). Wir wollen hier diese Diskussion nicht referieren.

Es soll – sehr pragmatisch – folgende operationale Kausalitätsdefinition verwendet werden: Ein Kausalzusammenhang ist ein hypothetischer Manipulationszusammenhang, dessen Richtung durch die hypothetische Manipulationsrichtung bestimmt ist.

Diese Definition bedarf der Erläuterung. Unter „Manipulation“ wird folgender Sachverhalt verstanden. Der Forscher schafft in der Dimension A eine Änderung und löst damit eine (gleichzeitig oder zeitlich nachfolgende) Änderung in B aus. Er „manipuliert“ sozusagen B, indem er in A irgend eine Änderung schafft.

Der Autofahrer manipuliert die Geschwindigkeit seines Autos, indem er auf das Gaspedal drückt. Die Manipulation besitzt eine bestimmte Richtung: Der Druck auf das Gaspedal erzeugt eine Änderung der Geschwindigkeit. Dieser Vorgang ist nicht umkehrbar.

Der Mond verursacht durch sein Umlaufen um die Erde Ebbe und Flut. Auch dieser Vorgang ist einseitig gerichtet (der Mond wird nicht durch Ebbe und Flut in eine Umlaufbahn um die Erde gezwungen). Würden wir den Mond stillhalten oder „wegnehmen“, dann würde es keine Ebbe und Flut mehr geben. Eine derartige Manipulation können wir jedoch nur in Gedanken vornehmen.

Viele Vorgänge übersteigen unser Manipulationsvermögen. Wir können sie nur in Gedanken manipulieren. In obiger Definition der Kausalität wurde deswegen von „hypothetischer“ Manipulation gesprochen**).

*) Siehe dazu M. Bunge (1959), E. Nagel (1961, Kap. 10), H.A. Simon (1957, Kap. 1), H.M. Blalock (1964)

**) Bei hypothetischer Manipulation haben wir allerdings keine Sicherheit darüber, daß wir die richtige Richtung der Manipulation kennen. Wir können nur für die Plausibilität unseres Gedankenexperimentes werben. Siehe dazu den nächsten Abschnitt.

Die Elemente des Kausalzusammenhangs sind also:

1. A ist die (kausale) Ursache von B, wenn wir (hypothetisch) durch Eingriff in A in B eine Folgewirkung erzeugen können.
2. Die Richtung des Kausalzusammenhangs ist bestimmt durch die „hypothetische Manipulationsrichtung".

Nicht alle Kausalzusammenhänge sind einseitig gerichtet. Wir werden im „Rückkopplungssystem" noch einen Kausalzusammenhang kennen lernen, bei dem durch Eingriff in A B manipuliert, aber auch umgekehrt durch Eingriff in B A manipuliert werden kann.

2. Die Struktur des Kausalzusammenhangs

Wir können die empirisch auftretenden Kausalzusammenhänge in folgender Weise klassifizieren.

1. Der monokausale Zusammenhang
   Graphisch: A B
2. Der multikausale Zusammenhang

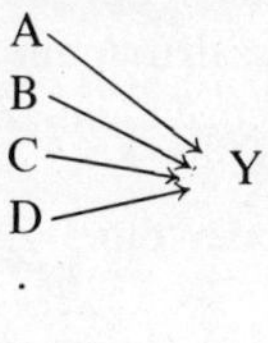

3. Die Intervention
   A → B → C
   B ist eine zwischen A und C intervenierende Variable.
4. Das rekursive Kausalmodell
   Beispiel:

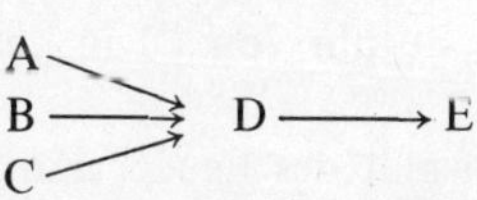

Rekursive Kausalzusammenhänge sind aus den unter 1 bis 3 genannten Elementen zusammengesetzt.
Es ist rekursiv, weil die (durch Pfeile dargestellte) Kausalrichtung nur in eine Richtung geht – hier von links nach rechts. Es darf also keine gegenläufige, von rechts nach links gerichteten Kausalpfeile geben. Wir werden später noch ein nicht-rekursives komplexes Modell kennenlernen.

In der Sozialforschung hat man es in aller Regel mit multikausalen Zusammenhängen oder komplexen Kausalmodellen zu tun. So ist das Modell der Lehrer-Schüler-Beziehung, das wir oben gezeichnet haben, ein rekursives Kausalmodell.
Wir werden im folgenden die Zahl der Kausalstrukturen noch um drei ergänzen.

2.1. Statische und dynamische Kausalität

Von dynamischen Kausalzusammenhängen wird gesprochen, wenn zwischen der Ursache A und der Wirkung B ein „time lag" besteht. Graphisch:

$$A \xrightarrow{\text{Zeitverlauf}} B$$

Ist kein „time lag" vorhanden bzw. wird es vom Forscher negiert, dann sprechen wir vom statischen Kausalzusammenhang. Ein jedem Autofahrer bekanntes Beispiel eines dynamischen Kausalzusammenhangs ist die Rostbildung. Wasser und Sauerstoff erzeugen im Zeitverlauf Rost.
Die obigen 4 Strukturen können wir uns mit oder ohne Zeitvariable vorstellen.

2.2. Das Rückkopplungssystem

Zu den vier genannten Strukturen kommt nun noch eine 5. Struktur dazu, die wir „Rückkopplungssystem" nennen wollen.
Als Beispiel wollen wir ein vollständiges geschlossenes thermostatisches Heizungssystem verwenden. A sei die Zufuhr von Öl in den Ölofen. B sei die Raumtemperatur.
Die Zufuhr von Öl bestimmt die Intensität des Feuers und damit die Raumtemperatur, und umgekehrt bestimmt die Raumtemperatur die Intensität des Feuers (die in den Ofen eingespritzte Ölmenge ist eine kontinuierliche Funktion der Raumtemperatur). Wenn wir diesen Zusammenhang graphisch darstellen, dann erhalten wir

$$A \rightleftarrows B$$

Die Kausalitätsrichtung, die wir operationell als die (hypothetische) Manipulationsrichtung definiert haben, ist hier gegenseitig. Wir können in A eingreifen und dadurch in B eine Wirkung erzeugen (etwa indem wir die Zufuhr von Öl zum Ofen regulieren und somit die Raumwärme manipulieren). Wir können aber auch in B eingreifen und dadurch A manipulieren (etwa indem wir die Fenster öffnen und Kaltluft in den Raum herein lassen – wodurch dann die Zufuhr von Öl erhöht wird. Dieses Rückkopplungssystem kann statisch oder dynamisch sein.
Wir können diese Struktur, wenn wir sie als dynamisch erachten, auch auflösen in eine „diskret-dynamische Kausalkette":

$$A_{t_1} \longrightarrow B_{t_2} \longrightarrow A_{t_3} \longrightarrow B_{t_4} \longrightarrow \cdots\cdots$$

Das ist sozusagen die Kausalstruktur 5a. Hier wird die Zeit als Subskript zur Variable A und B geschrieben. Wir tun so als ob A_{t1} eine andere Variable sei als A_{t3}.
Bei dieser Auflösung geht Information verloren, wenn der Zusammenhang ein tatsächlich kontinuierlicher und nicht ein diskreter ist. Rückkopplungssysteme können auch über intervenierende Variable geschlossen werden.

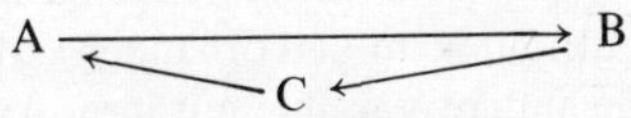

Zwischen A und B besteht keine direkte Rückkopplung. Der Rückkopplungseffekt von B auf A wird durch C vermittelt.
Wir nennen diese 6. Kausalstruktur den Rückkopplungskreis. Er kann selbstverständlich auch aus vier oder noch mehr (kreisförmig angeordneten) Variablen bestehen.

2.3. Das allgemeine komplexe Kausalmodell

Wird das einfache Rückkopplungssystem und der Rückkopplungskreis in das rekursive Modell eingebaut, dann entsteht die 6. Kausalsturktur, das allgemeine komplexe Kausalmodell. Beispiel:

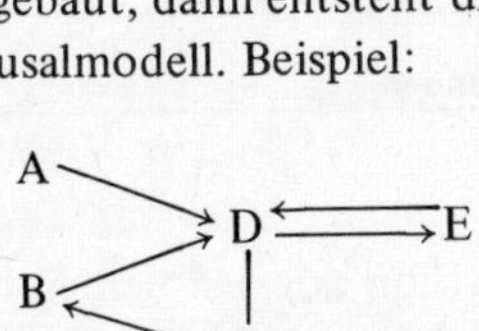

In diesem Modell bilden D und E ein einfaches Rückkopplungssystem und B, D, C einen Rückkopplungskreis.

3. Die empirische Erscheinungsform der Kausalität: Statistische und deterministische Kausalität

Wir wollen annehmen, die Solidarität einer Schulklasse sei kausal bestimmt durch den Disziplinardruck des Lehrers *und* durch die Schichthomogenität der Schüler (alle aus gleicher sozialer Schicht). Die Gleichartigkeit der Schüler begünstigt das Entstehen einer gegen den Desziplinardruck des Lehrers gerichteten Solidarität. Graphisch:

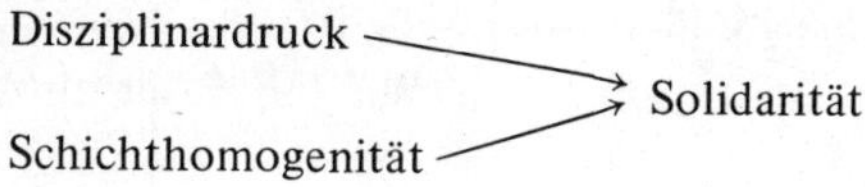

Alle drei Variablen sollen zweiwertig sein, d.h. also existent oder nicht-existent (z.B. solidarisch oder nicht-solidarisch). Solidarität tritt nur auf, wenn der Lehrer Disziplinardruck ausübt *und* wenn die Klasse schichthomogen ist. Ist eine der beiden bestimmenden Variablen nicht existent (ist z.B. keine Schichthomogenität vorhanden), dann tritt Solidarität nicht auf – obwohl die andere Variable mit ihrer Ausprägung ,,existent" vorhanden ist (im Beispiel: obwohl der Lehrer Disziplinardruck ausübt).
Wenn wir nun in unserer Untersuchung die Variable der Schichthomogenität vergessen haben – eine durchaus realisitische Situation, denn alle relevanten Bestimmungsgründe eines Phänomens kennt man selten –, dann werden wir, nachdem wir 100 Klassen untersucht haben, etwa folgendes Ergebnis vorfinden.

		Disziplinardruck des Lehrers		
		vorhanden	nicht vorhanden	
Solidarität der Klasse	vorhanden	35	2	
	nicht vorhanden	15	48	
		50	50	100

Wenn wir uns in der Position ,,dessen der alles weiß" befinden würden, dann erschiene uns der Sachverhalt folgendermaßen: 50 Lehrer üben

Disziplinardruck aus und 50 üben keinen aus (die beiden unteren Randzellen). In den 50 Klassen des Lehrers in der 1. Kategorie war in 35 Schichthomogenität vorhanden, so daß dann auch in diesen 35 Klassen Solidarität anzutreffen war. Das ist in der 1. Zelle der Tabelle eingetragen. In 15 Klassen war keine Schichthomogenität gegeben, so daß diese 15 Klassen nicht solidarisch sind.

Bei den 50 Lehrern der 2. Kategoerie, die keinen Diziplinardruck ausüben, müßten eigentlich alle 50 Klassen in der rechten unteren Zelle stehen. Da jedoch ein Meßfehler geschah (das Instrument, die Fragebatterie, zur Messung der Klassensolidarität war nicht präzise genug – so wollen wir annehmen) erscheinen falscherweise 2 Klassen in der rechten oberen Zelle.

Jetzt wollen wir uns wieder in die Position des menschlichen Sozialforschers begeben. Als solcher würden wir nun einen Chi-Quadrat-Test durchführen, um zu überprüfen, ob die Zahlenverteilung in der Tabelle zufällig hätte entstehen können, oder ob wir annehmen dürfen, daß sie in dieser Weise nur zustande gekommen ist, weil ein Zusammenhang zwischen den bieden Dimensionen im Kopf und in der Stirnseite der Tabelle besteht. Wir errechnen einen bestimmten Chi-Quadrat-Wert, der mit einer bestimmten Sicherheit auf einen signifikanten Zusammenhang schließen läßt.

Wir erkennen nun – und das war der Zweck dieses langen Beispiels –, daß uns Kausalzusammenhänge in der Welt der Empirie in aller Regel in statistischer Form und nicht in deterministischer Form entgegentreten. Das gilt vor allem für die Sozialwissenschaft, wo es selten gelingt (1) alle ein Phänomen bewirkenden wichtigen Ursachen zu erfassen und (2) wo die Meßinstrumente – verglichen mit denen der Naurwissenschaft – stark unzuverlässig sind. Dies sind vor allem die beiden Gründe dafür, warum wir in der Sozialforschung selten deterministische Kausalzusammenhänge finden.

Manche Sozialforscher haben daraus den falschen Schluß gezogen, daß die „sozialwissenschaftliche Materie“ nicht von Kausalgesetzen regiert werde. Sie sprechen unscharf und mehrdeutig von „Zusammenhängen“. Dabei vergessen sie zu unterscheiden zwischen Kausalität als solcher und der empirischen Erscheinung der Kausalität in den Sozialwissenschaften.

Als Regel muß so formuliert werden: Wo Variable empirisch als „zusammenhängend“ erkannt werden muß nach der Kausalstruktur dieses Zusammenhangs geforscht werden. Das soll nun nicht den Fall ausschließen, daß der Sozialforscher in manchen Fällen resignierend eingestehen muß, daß er die Kausalstruktur nicht identifizieren kann und daß er manchmal einen eimpirischen Zusammenhang „ungeklärt“ lassen muß.

4. Kausalität, Experiment und Befragung

Wir haben den Kausalzusammenhang operational definiert als Manipulationszusammenhang und die Kausalitätsrichtung als Manipulationsrichtung.

Wenn wir nun einen Kausalzusammenhang $A \rightarrow B$ *vermuten,* dann müssen wir einen Test anstellen, der diese Vermutung überprüft. Dieser Test ist – unsere Kausalitätsdefinition legt das nahe – ein Manipulationstest. Wir greifen in A ein und beobachten, ob in B eine Wirkung folgt. Tritt diese auf, dann ist der Kausalzusammenhang erwiesen.

Das ist der Grundgedanke des Experiments *). Das moderne Experiment ist eine Verfeinerung dieses Grundgedankens. Es zeichnet sich vor allem durch den Einbau bestimmter Kontrollen aus, mit deren Hilfe ermittelt werden kann, ob die Wirkung in B zufällig entstand, nachdem wir in A eingegriffen haben, oder ob diese eine notwendige (eben kausal bedingte) Folge unseres Eingriffs war.

Wie ist das nun mit der Befragung?

Kann die Befragung Kausalzusammenhänge entdecken?

Noch vor wenigen Jahren hätte man hier eindeutig mit „Nein“ antworten müssen. Inzwischen kann man mit „nein, aber . . .“ antworten.

Wir wollen die Vorgehensweise bei der „Pfadanalyse“ betrachten, die für die besondere Art der Kausalanalyse in der Befragungsforschung charakteristisch ist. Eine ausführliche Darstellung erfolgt im Kapitel über die Pfadanalyse.

Bei einer Schülerbefragung werden folgende Variable gemessen

1) Schichtzugehörigkeit der Schüler	:	S
2) Durchschnittsnote im Zeugnis	:	D
3) Beliebtheit des Schülers in der Klasse	:	B
4) Schulische Zufriedenheit	:	Z

Wir wollen zweierlei wissen:

1) Wie hängen diese vier Variablen kausal zusammen?

*) Siehe hierzu die Darstellung in Mayntz, Holm, Hübner (1969)

2) Wie stark sind die Kausalzusammenhänge zwischen den Variablen? Zunächst postulieren wir eine bestimmte kausale Reihenfolge, etwa folgende:

S D B Z

Wir wollen damit ausdrücken, daß S von keiner der anderen Variablen kausal bestimmt wird, daß D nur von S kausal bestimmt wird, daß B von S und D und daß Z von S, D, B kausal bestimmt wird.
Allgemein formuliert: Eine Variable wird nur von den links von ihr stehenden Variablen kausal bestimmt.
Mit Hilfe unserer Befragungsergebnisse können wir nun Koeffizienten (standardiserte, partielle Regressionskoeffizienten) berechnen, die die Stärke des Kausalzusammenhanges zwischen je zwei Variablen – bei dieser gegebenen kausalen Reihenfolge – bezeichnen. Dabei würde sich in aller Regel erweisen, daß viele Koeffizienten gleich Null (bzw. nicht von Null signifikant verschieden) sind.
Wenn wir die Zusammenhänge, die signifikant sind, durch einen Pfeil symbolisieren, dann könnte sich etwa folgendes Kausalmodell ergeben:

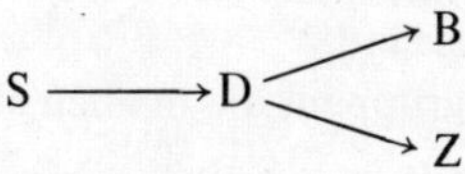

Oder wir postulieren eine andere kausale Reihenfolge

S Z D B

Diese Anordnungen treffen wir aufgrund von Primärwissen oder „theoretischem Gespür“
So wäre es beispielsweise unsinnig die Schichtzugehörigkeit der Schüler als von einer der anderen Variablen abhängig zu betrachten.
Für obige kausale Reihenfolge können wir wieder aus den Befragungsergebnissen Koeffizienten berechnen. Ein Teil von ihnen würde wieder Null werden.Es würde beispielsweise folgendes Kausalmodell entstehen

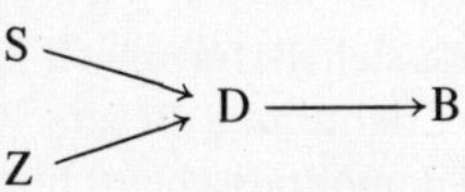

Dieses zweite Kausalmodell erscheint uns nicht so plausibel, wie das erste, da die schulische Zufriedenheit Z von der Schichtzugehörigkeit keinen Pfeil „empfängt" und dadurch zur unabhängigen Variablen wird.

Wir wollen zusammenfassen:

Wir haben mehrere konkurrierende, relativ pauschale, kausale Reihenfolgen der Variablen festgelegt. Das war unsere Entscheidung. Sie wurde uns nicht von den Befragungsergebnissen aufgedrängt. Beim Experiment hingegen, wird die kausale Reihenfolge der Variablen durch die Untersuchungsergebnisse festgelegt.

Die Befragungsergebnisse „elaborieren" nun, die von uns pauschal vorgegebene kausale Reihenfolge zu einem präzisen Kausalmodell. Sie tun dies jedoch für jede von uns vorgegebene pauschale, kausale Reihenfolge.

5. Experimentelle Anordnung von Befragungen

Gelegentlich ist es möglich eine Befragung in die Form des Experiments zu bringen.

Die Elemente des Experiments sind:

1. Mindestens 2 Vergleichsgruppen, die in allen übrigen Dimensionen gleich sind.
2. Die gezielte Manipulation der (vermutlich) unabhängigen Variablen x.
3. Die Messung der (vermutlich) abhängigen Variablen y nachdem die Manipulation an x stattgefunden hat.

Schwierig ist die Herstellung des 2. Elementes. Bei der Befragung besteht praktisch nur die Möglichkeit, in der Situation der Befragung selbst die Manipulation einzubauen.

Das geschieht in der sogenannten „gegabelten" Befragung (siehe E. Noelle, 1963, S. 154ff, 264ff, 276ff)

6. Befragung als Quasi-Experiment

In manchen Situationen lassen sich Befragungen als Experimente interpretieren. Ein Beispiel soll der Erläuterung dienen: Wir wollen feststellen, ob zwischen (autoritärem und demokratischem) Führungsstil des Lehrers

einerseits und der schulischen Zufriedenheit des Schülers andererseits ein Kausalzusammenhang besteht.
Es gelingt uns, in ein und derselben Schule zwei 4. Klassen zu finden, von denen die eine Klasse (seit der Einschulung) einen autoritären und die andere Klasse einen demokratischen Klassenlehrer hat (der ca. 70 % des Unterrichts gestaltet). Die Situation ist also folgende:

Gruppe 1: x_1 (autoritärer Lehrer) $\longrightarrow y_1$

$y_1 \neq y_2$?

Gruppe 2: x_2 (demokratischer Lehrer) $\longrightarrow y_2$

Die beiden Klassen werden befragt und für die eine eine schulische Zufriedenheit y_1 (Klassenmittel) und für die andere y_2 ermittelt. Ein t-Test erweist, daß y_1 signifikant niedriger ist als y_2. Diese Anordnung entspricht dem Experiment *fast* vollständig.
Die beiden Gruppen sind mit großer Wahrscheinlichkeit gleich. Die beiden Klassen sind in derselben Schule im selben Bezirk. Bei der Einschulung wurde der einzelne Schüler in die Klasse 1a oder 1b weitgehend zufällig eingewiesen. Die eine Klasse wurde dann dem Führungsstil x_1 und die andere dem Führungsstil x_2 ausgesetzt. Beim echten Experiment wäre das vom Experimentator manipuliert worden. Er hätte eine Zufallsentscheidung getroffen. Hier wurde das sozusagen vom Schulleiter manipuliert. Im Grunde genommen ist das ohne Auswirkung. Trotzdem entspricht diese Anlage keinem echten Experiment. Denn es ist nicht mit absoluter Sicherheit auszuschließen, daß nicht irgendwelche anderen Unterschiede zwischen den beiden Lehrern (außer ihren unterschiedlichen Führungsstilen) die Unterschiede in der schulischen Zufriedenheit der beiden Klassen verursachten.
Wenn es nun jedoch gelingt, diese Anordnung auch an anderen Schulen mehrfach zu wiederholen – wobei immer dieselbe Folge bezüglich der schulischen Zufriedenheit festgestellt wird –, dann ist, sozusagen nach menschlichem Ermessen, der Kausalzusammenhang zwischen Führungsstil und schulischer Zufriedenheit bewiesen.

Kurt Holm

Die Frage

1. Klassifizierung der Fragen

Wir wollen hier eine von mehreren möglichen Klassifizierungen vortragen. Sie ist am Frageinhalt orientiert.
Wir unterscheiden:

1) Faktfragen
2) Wissensfragen
3) Demographische Fragen
4) Einschätzungsfragen
5) Bewertungsfragen
6) Einstellungsfragen
7) Handlungsfragen

Diese Kategorien überschneiden sich, so daß die vorgeschlagene Klassifikation nicht absolut befriedigend ist. Sie erlaubt es jedoch, in kurzer Form bestimmte Gruppen von Fragen zu bezeichnen.
Faktfragen. Bei der Faktfrage erkunden wir nachprüfbare Tatsachen, die den Befragten oder seine Umwelt betreffen.
Beispiele:
Wie oft waren Sie im letzten Jahr krank?
Wie viele Kollegen arbeiten in Ihrer Abteilung?
Seit wann besitzen Sie Ihr Auto?
Faktfragen sind relativ unproblematisch. Der Befragte begreift den Sinn und Inhalt der Frage sehr leicht.
Wissensfragen. Bei Wissensfragen wollen wir ermitteln, ob der Befragte bestimmte nachprüfbare Fakten weiß. Wissensfragen sind also eine Untergruppe der Faktfragen.
Beispiele:
Was ist ein Viertakt- und was ist ein Zweitaktmotor?
Wie heißt der Außenminister?
Häufig werden auch „Batterien“ von Wissensfragen formuliert, um das Wissen eines Befragten zu einem bestimmten Sachgebiet zu ermitteln. So kann man z.B. einen „Index des politischen Wissens“ oder einen „Index des technischen Wissens“ konstruieren.

Demographische Fragen. Eine weitere besondere Untergruppe von Faktfragen sind die Fragen nach den „demographischen Daten" des Befragten.

Zu diesen gehören üblicherweise:

a) Alter
b) Geschlecht
c) Beruf
d) Einkommen
e) Vermögen (z.B. Haus und Grundbesitz)
f) Schulbildung
g) Wohnort (Größe des Wohnortes, Stadt/Land)
h) Familienstand
i) Konfession
j) Kinderzahl
k) Zahl der Geschwister
l) Rang in der Geschwisterfolge

Wir sagten, daß Faktfragen in aller Regel unproblematisch sind. Die Ausnahme von der Regel ist die Frage nach dem Einkommen. Sie bewirkt beim Befragten starke Antworthemmungen. Mit folgender Formulierung sind sie jedoch in gewissem Maße abbaubar*).

Für unsere Untersuchung ist es wichtig, das ungefähre Einkommen der Stichprobe der Personen zu kennen, die wir befragen.
Liegt Ihr Einkommen

unter	DM	300,–	....	
301	–	500,	....	
501	–	750,–	....	
.		.		
.		.		
.		.		
über	DM	2 000,–	....	bitte ankreuzen

Die Beantwortung fällt umso leichter, je breiter die Einkommensgruppen sind. Die Untergrenze – in unserem Beispiele „unter DM 300,–" – sollte weit unter dem Einkommen des Befragten liegen (damit er nicht in die Verlegenheit gebracht wird, sich in die unterste Gruppe einordnen zu müssen).

*) Siehe hierzu auch das Kapitel über den Aufbau des Fragebogens

Einschätzungsfragen. Wir wollen gleich einige Beispiele für Einschätzungsfragen geben.

1) Welche Partei wird Ihrer Meinung nach die nächste Wahl gewinnen?
2) Frage an den Lehrer: Welche zeitliche Belastung durch Hausaufgaben finden, Ihrer Meinung nach, Schüler als angemessen.
3) Welche Schokolade ist süßer, die Marke A oder die Marke B?
4) Wie ähnlich, glauben Sie, sind Politiker A und Politiker B in ihrer Einstellung zur Ostpolitik?

   a) nicht . . . . . .
   b) etwas . . . . . .
   c) mittel . . . . . .
   d) sehr . . . . . .

An diesen Beispielen wird erkenntlich, daß der Befragte bei Einschätzungsfragen eine Aussage über Umweltobjekte und -vorgänge machen soll, bei der er zu einer Schätzung gezwungen ist.
Er kennt die genauen Fakten nicht (z.B. Frage 2, 3, 4) oder er kann sie sogar prinzipiell nicht kennen (z.B. Frage 1). Das Verhalten der Menschen ist oft sehr stark von ihrer Einschätzung ihrer Umwelt bestimmt. Ein Lehrer, der meint, daß Schüler Hausaufgaben in einem zeitlichen Umfang von 1/2 Stunde für angemessen halten, wird sich vermutlich anders verhalten als ein Lehrer, der glaubt, daß Schüler 2 Stunden Hausaufgaben für angemessen halten.
Einschätzungsfragen sind, so können wir jetzt definieren, Faktfragen, bei welchen nach relativ ungewissen Fakten gefragt wird.
Der Übergang von den Faktfragen (mit ihren in 2) und 3) angegebenen beiden Untergruppen) zu den Einschätzungsfragen ist gleitend.

Bewertungsfragen.
Beispiele:

1) Wie schmeckt Ihnen die Schokolade der Marke A?
2) Wie beurteilen Sie die Leistung Ihres Bürgermeisters Ihrer Stadt?

Für beide Fragen kann man etwa folgendes Antwortschema vorgeben:

„sehr gut – gut – befriedigend – schlecht“

3) Wie beurteilen Sie die von der Hochschule gestellten Leistungsanforderungen?

sie müßten deutlich erhöht werden
sie müßten etwas erhöht werden
sie sind gerade richtig

sie müßten etwas verringert werden
sie müßten deutlich verringert werden

Hier wird über Umweltobjekte ein Werturteil gesprochen.

Bei den Fakt- und Einschätzungsfragen soll uns der Befragte über bestimmte Dimensionen von Umweltobjekten informieren.

Bei Bewertungsfragen soll er uns Auskunft über seine affektuelle Beziehung zu Umweltobjekten geben.

Bei den Fakt- und Einschätzungsfragen muß der Befragte eine kognitive, bei den Bewertungsfragen eine „affektuelle Leistung" erbringen.

Einstellungsfragen.

Der Begriff „Einstellung" ist umgangssprachlich verständlich. Man hat eine „Einstellung zur Politik der gegenwärtigen Regierung". Man hat eine „Einstellung zur Kirche". Man hat eine „Einstellung zum Kommunismus."

Der in der Sozialforschung verwendete Begriff der Einstellung ist weniger eindeutig als der umgangssprachliche.

Einstellung ist einmal die affektuelle Beziehung des Befragten zu einem materiellen, personellen, sozialen, idealen Umweltobjekt (z.B. zu einem Gegenstand, einer Person, einer Gruppe, einer Ideologie). Zwischen einer Bewertungsfrage und einer Einstellungsfrage (in diesem Sinne) besteht also kein ersichtlicher Unterschied. Der Unterschied besteht nur in der Meßabsicht des Sozialforschers. Die Bewertungsfrage dient primär der Stimulusskalierung und die Einstellungsfrage der Responseskalierung (siehe Abschnitt 1.2 im Kapitel „Zweck und Verlauf einer Befragung").

Im ersten Fall wollen wir die Umweltobjekte auf der Dimension des Wertes abtragen.

Im zweiten Fall wollen wir die Befragten auf der Einstellungsdimension abtragen.

Beispiel:

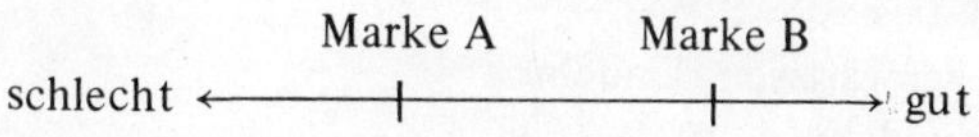

Geschmack von Schokolade (Bewertung)

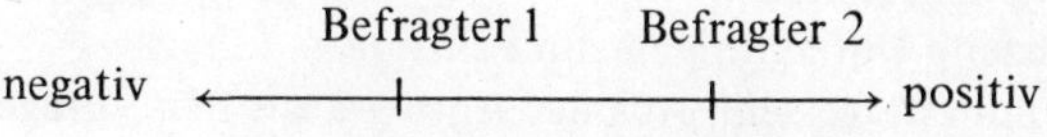

Einstellung zur Kirche (= Bewertung der Kirche)

Der Begriff der Einstellung wird nun in der Sozialforschung gelegentlich auch auf (grundlegende) Persönlichkeitsdimensionen angewendet – wie z.B. Autoritarismus, Dogmatismus, psychische Anomie, Toleranz, Entfremdung, soziale Aggressivität usw. ...
Wir wollen ein Beispiel aus der Dogmatismusskala geben:

1) Es gibt Leute, die man wegen der Dinge, an die sie glauben, hassen muß.
2) Die meisten Ideen sind nicht das Papier wert, auf das sie gedruckt sind.

Für beide Fragen wird ein Antwortschema folgender Art vorgegeben:

stimme zu			unentschieden	lehne ab		
stark	mittel	etwas		etwas	mittel	stark

Hier wird versucht, aus relativ pauschalen Werturteilen auf dahinter stehende grundlegende Persönlichkeitsdimensionen zu schließen (siehe Abschnitt 7).

Handlungsfragen.

Handlungsfragen sind Fragen nach dem Handeln der Befragten.
Beispiel:

1) Hören Sie während des Autofahrens Radio?
2) Wo waren Sie in Ihrem letzten Urlaub?
3) Wo werden Sie Ihren nächsten Urlaub verbringen?
4) Was würden Sie tun, wenn in unserem Lande ein Diktator die Macht übernehmen würde?
   a) nichts
   b) passiven Widerstand leisten
   c) unser Land verlassen
   d) die Diktatur aktiv bekämpfen

Diese vier Fragen kennzeichnen vier verschiedene Untergruppen von Handlungsfragen. Es sind dies:

1) Fragen nach dem gegenwärtigen Handeln
2) nach vergangenem Handeln
3) nach zukünftigem Handeln
4) nach „hypothetischem Handeln.

(1) und (2) sind gleichzeitg Untergruppen von Faktfragen.
(4) kann eine Einstellungsfrage sein. Aus der Antwort auf diese Frage kann die Einstellung gegenüber der Diktatur abgelesen werden.

2. Das Meßniveau der Frage

Die Frage ist das Instrument, mit dem wir messen.
Dabei können wir mit diesem Instrument auf verschiedenem Meßniveau messen. Vom Meßniveau hängt es entscheidend ab, welche Methode der Auswertung angewandt werden kann. Es ist deswegen unerläßlich, sich während der Frageentwicklung ständig im Klaren darüber zu sein, auf welchem Niveau die jeweils formulierte Frage mißt.
Wir unterscheiden – entsprechend ihrem Meßniveau – drei Arten von Fragen:

1) die nominale Frage
2) die ordinale Frage
3) die quantitative Frage

Sie sollen in den nachfolgenden Abschnitten ausführlich charakterisiert werden. Diese Meßniveaus werden im Kapitel über Skalierungsverfahren präzise definiert.

2.1 Die nominale Frage

Wir wollen einige Beispiele aus einer Studentenbefragung betrachten:

1) Welches Fach studieren Sie?
2) Welchen Beruf wollen Sie ergreifen?
3) Welche Gruppe werden Sie bei den nächsten Studentenwahlen wählen?
4) Sind an Ihrer Universität die Studenten an der Einstellung von Assistenten beteiligt?

Nominal messen heißt, Meßobjekte bestimmten Klassen zuzuordnen. Nominal messen ist – einfacher formuliert – ein Klassifizieren der Meßobjekte.
Bei Frage 1 geht es darum, die Befragten (als die Meßobjekte) in die verschiedenen Studienfächer (die Klassen) einzusortieren. Wir klassifizieren die Meßobjekte „Studenten" in dem Merkmal „Studienrichtung".
Bei der 2. Frage verwenden wir als Klassifikationsmerkmal den „gewünschten Beruf". Die einzuordnenden Objekte sind wieder die Studenten.
Die 3. Frage klassifiziert die Studenten nach ihrer Wahlabsicht.
Die 4. Frage unterscheidet sich von den drei anderen Fragen. Das zu klassifizierende Objekt ist nicht mehr der befragte Student, sondern

nunmehr die Universität an der der befragte Student studiert. Es geht darum verschiedene Universitäten danach zu klassifizieren, ob an ihnen Studenten bei der Bestellung von Assistenten beteiligt sind oder nicht.
Der Befragte ist Informant.
Die 4. Frage ist also eine nominale Frage, die der Stimulusskalierung dient. Während die drei vorausgegangenen Fragen nominale Fragen sind, die der Responseskalierung dienen.

2.2. Die ordinale Frage

Beispiele für ordinale Fragen wären etwa:

1) Welchen Schulabschluß haben Sie	
2) Kommen Sie aus	a) einem Dorf
	b) einer Kleinstadt (bis 10.000 Einwohner
	c) einer Mittelstadt (10.000–100.000 Einw.
3) Frage an Lehrer:	Wie häufig kontrollieren Sie, ob die Schüler auch ihre Hausaufgaben gemacht haben?
	a) immer
	b) oft
	c) selten
	d) nie
4) Fragen an Schüler:	Gehst du gerne in die Schule?
	a) nein
	b) ja

Wir sprechen von einer ordinalen Frage, wenn wir den Antworten Rangzahlen zuordnen können.
Bei der 1. Frage werden wir von den Befragten folgende Antworten erhalten, denen wir folgende Rangzahlen zuordnen:

	Rangzahlen
a) Hauptschule	1
b) Höhere Schule ohne Abitur	2
c) Höhere Schule mit Abitur	3
d) Fachhochschule	3
e) Hochschule	4

Die zugeordneten Rangzahlen drücken den Grad an Schulbildung des Befragten aus. Kategoerie c und d haben wir mit 3 Rangpunkten gleichgewertet.

Frage 1 mißt also mit ordinalem Niveau auf der Dimension „Grad der Schulbildung".

An diesem Beispiel lassen sich auch die Eigenschaften von Rangzahlen erläutern. Sie drücken die Relationen „kleiner", „größer", „gleich" aus. Die Rangzahl 2 ist größer als 1 – um wieviel das ist nicht bekannt. Erhalten zwei Meßobjekte beide die Rangzahl 3, dann allerdings sind sie auf der Meßdimension präzise gleich.

Wir hätten aus dieser 1. Frage auch eine quantitative Frage machen können. Die Frage wäre dann in folgender Weise zu formulieren gewesen:

> Bis zum wievielten Lebensjahr sind Sie zur Schule (auch Fach- und Hochschule) gegangen.
>
> Bis zu meinem   Lebensjahr.

Bei der 2. Frage ordnen wir den vier möglichen Antworten die Rangzahl 1 bis 4 zu.

Auch hier wäre es möglich gewesen quantitativ zu fragen.

> Wieviele Einwohner hat Ihre Heimatgemeinde?

Die 3. Frage mißt auf der Dimension „Grad der Kontrolle der Schüler durch den Lehrer".

Den vier möglichen Antworten werden die Rangzahlen 1 bis 4 zugeordnet.

Die 4. Frage soll die Dimension „Schulische Zufriedenheit" (von Schülern) erfassen. Den beiden Antwortern ordnen wir die Rangzahl 1 und 2 zu. An diesem Beispiel wird ersichtlich, daß auch dichotomische Fragen als ordinale Fragen aufgefaßt werden können.

2.3. Die quantitative Frage

Hier müssen wir unterscheiden zwischen der quantiativen Frage, die

a) auf einer Intervallskala

b) auf einer Rationskala

mißt.

Die Intervallskala besitzt im Gegensatz zur Ratioskala keinen natürlichen Nullpunkt. Wir kennen jedoch die Intervalle.

Die Situation ist etwa folgende:

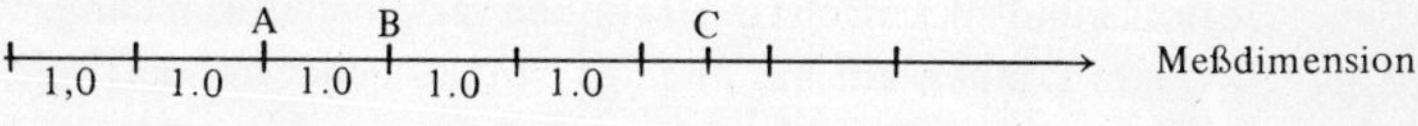

Wir wissen, daß B 1 Maßeinheit von A und C 3,5 Maßeinheiten von A entfernt ist.
Entsprechend ist dann C 2,5 Einheiten von B entfernt. Der natürliche Nullpunkt ist nicht bekannt.
Die Ratioskala ist eine Intervallskala mit Nullpunkt, der beispielsweise 2 Maßeinheiten links von A liegt. Wir können dann die 3 Objekte durch die Maßzahlen 2 und 3 und 5,5 kennzeichnen.
Für die meisten Auswertungstechniken spielt es keine Rolle, ob eine Frage auf der Intervall- oder Ratioskala mißt.
Beispiele für Fragen vom Tpy a sind etwa:

1) Alte Menschen sollten bei der Vergabe von Wohnungen bevorzugt werden.

stimme zu			unentschieden	lehne ab		
stark	mittel	etwas		etwas	mittel	stark
7	6	5	4	3	2	1

Bitte ankreuzen!

(Zieldimension dieser Frage: Einstellung gegenüber alten Menschen)

2) Wenn Sie dem Bürgermeister für seine Leistungen, wie in der Schule, eine Note geben könnten – welche würden Sie ihm geben?
   a) sehr gut (1) ....
   b) gut (2) ....
   c) befriedigend (3) .. ..
   d) ausreichend (4) ....
   e) mangelhaft (5) ....
   f) ungenügend (6) ....

Bei diesen Fragen ordnen wir den Antworten Zahlen zu. Dabei ist es auch möglich, die Zahl 0 zu verwenden. Nur muß man in diesem Falle berücksichtigen, daß die Null nicht den natürlichen Nullpunkt charakterisiert. Bei der 1. Frage leisten wir Responseskalierung. Es ist der Befragte der (in seiner Einstellung zu alten Menschen) gemessen wird.
Bei der 2. Frage wird Stimulusskalierung geleistet. Es ist das Umweltobjekt „Bürgermeister", das gemessen wird.
Bei der 2. Frage ist zu berücksichtigen, daß das Schulnoten-Schema (das sich in allen Regeln hervorragend zur Bewertung von Umweltobjekten eignet) regional und auch nach Generationen verschieden sein kann.
Ältere Befragte können auf ein anderes Notenschema trainiert sein. Bei

der Frageformulierung ist also zu berücksichtigen, wo und wer befragt wird.

Beispiele für Fragen, die auf dem Niveau der Ratioskala messen, sind:

1) Wie alt sind Sie?
2) Wie viele Stunden in der Woche arbeiten Sie?
3) Frage an den Lehrer: Wie umfangreich dürfen Hausaufgaben sein. Wie lange sollte ein Schüler höchstens an seinen Hausaufgaben arbeiten? - - - Stunden.

Wie hoch ist Ihr Einkommen?

a) Unter DM 500,– — — —
b) 501–1000,– — — —
c) 1001–1500,– — — —
)
)
) über DM 3000,– — — —

In allen diesen Fällen gibt es einen natürlichen Nullpunkt. Bei der 4. Frage, das ist ihre Besonderheit, wird nicht kontinuierlich sondern diskret „in Schritten" gemessen.

2.4. Fragen, die zwischen ordinalen und quantitativen Meßniveau liegen

Die Überschrift zu diesem Abschnitt klingt befremdlich.
Entweder ist eine Frage ordinal oder sie ist es nicht.
In der Praxis der empirischen Sozialforschung gibt es aber doch diese Zwischenform. Wir wollen dies an einem Beispiel erläutern:

1. Frage: Wie alt sind Sie?

Das ist eine quantitative Frage. Wir erhalten eine Antwort, die aus einer Zahl besteht. Sagt uns der Befragte A, er sei 13 Jahre alt und der Befragte B er sei 23 Jahre alt, dann wissen wir, daß B, 10 Jahre älter ist als A. Sagt uns der Befragte C, er sei 39 Jahre alt, dann wissen wir, daß er 26 Jahre älter als A, und 16 Jahre älter als B ist.
Nun könnten wir das Zahlenkontinuum des Lebensalters in folgende Abschnitte untergliedern:

(1)	Vorschulalter	:	0– 5 Jahre
(2)	Kindheit	:	6–13 „
(3)	Jugend	:	14–24 „

(4) „untere aktive"
Lebensphase : 25–39 „
(5) „obere aktive"
Lebensphase : 40–64 „
(6) Rentner : 65 und älter

Diesen Lebensabschnitten ordnen wir die Rangzahlen 1 bis 6 zu. Unsere Frage, die nun – streng genommen – ordinaler Art ist, lautet dann

2. Frage: Sind Sie zwischen
(1) 0– 5 Jahre alt – – –
(2) 6–13 Jahre alt – – –
Bitte ankreuzen!
(6) 65 und älter – – –

Unser Befragter A (mit 13 Lebensjahren) ist nun zwei „Einheiten alt". Der Befragte B (23 Lebensjahre) ist drei Einheiten alt und der Befragte C (39 Lebensjahre) ist vier Einheiten alt. Die Unterschiede zwischen den drei Befragten beträgt je eine Einheit. Selbstverständlich würden wir die Frage nach dem Lebensalter nicht in dieser umständlichen Form, sondern in der zuerst vorgetragenen Form dem Befragten präsentieren.

Unser Beispiel soll nur einen didaktischen Zweck verfolgen.

Es soll dem Leser illustrieren, wie man das Meßniveau einer Frage „herunterschrauben" (oder umgekehrt „hinaufschrauben") kann.

Wir wollen den Leser damit zu einer spezifischen Betrachtungsweise der ordinalen Frage – als einer sozusagen „verhinderten" quantitativen Frage – führen.

Wir können das Zahlenkontinuum des Lebensalters auch noch gröber untergliedern.

3. Frage: Sind Sie zwischen
(1) 0–24 Jahre alt
(2) 25–39 Jahre alt Bitte ankreuzen!
(3) 40 und älter – – –

4. Frage: Sind Sie zwischen
(1) 0–39 Jahre alt – – –
(2) 40 und älter Bitte ankreuzen!

Bei der 3. Frage sind A und B gleicherweise eine „Einheit alt".

Bei der 4. Frage sind alle drei Befragten eine Einheit alt".

Frage 2, 3 und 4 sind ordinale Fragen. Den Antwortkategorien werden Rangzahlen zugeordnet. Sie sind dadurch entstanden, daß wir bestimmte

Antwortkategorien der 1. Frage in „asymmetrischer" Weise zusammengefaßt haben. Der ordinale Charakter beispielsweise der 2. Frage kommt dadurch zustande, daß wir das Zahlenkontinuum des Lebensalters in ungleich große Abschnitte untergliedert haben. Wir nennen das „asymmetrische Zusammenfassung von Ausprägungen".

In der 4. Frage haben wir das Zahlenkontinuum des Lebensalters in zwei große Abschnitte untergliedert. In der zweiten Frage haben wir feiner gemessen. Wir haben in sechs Abschnitte unterteilt. Die Ausprägungszusammenfassung ist bei der 4. Frage „gröber" als bei der 2. Frage.

Wir haben hier an einem konstruierten Beispiel eine spezifische Betrachtungsweise der ordinalen Fragen entwickelt.

Wir wollen nun verallgemeinern:

Die ordinale Frage ist durch folgende Merkmale zu beschreiben.

1) Die zugrunde liegende Meßdimension ist tatsächlich quantitativer Art*).
2) Wir sind jedoch nicht in der Lage die Meßdimensionen durch echt quantitative Fragen zu messen.
3) Wir formulieren ordinale Fragen, die (in unterschiedlicher Weise) die zugrunde liegende tatsächliche quantitative Struktur einigermaßen befriedigend rekonstruieren können.

Nun gibt es ordinale Fragen, die diese Rekonstruktion der quantitativen Struktur besser leisten, als andere. Die 2. Frage ist in dieser Hinsicht zweifellos besser als die 4. Frage.

Dieses „besser sein" bezieht sich auf (1) den Grad an Asymmetrie bei der Ausprägungszusammenfassung und (2) auf die Grobheit bzw. Feinheit der Ausprägungszusammenfassung.

Die 4. Frage ist zweifellos eine „echt" ordinale Frage.

Die 2. Frage ist jedoch – so können wir sagen – mehr als ordinaler Natur. Sie liegt zwischen dem ordinalen und dem quantitativen Meßniveau, und derartige Fragen – das ist unsere Empfehlung – dürfen wie quantitative Fragen behandelt werden, d.h. sie dürfen mit Auswertungstechniken behandelt werden, die quantitatives Messen voraussetzen.

Fragen mit der Antwortvorgabe „stimme stark zu, stimme mittelmäßig zu . . . lehne stark ab" wie oben in einigen Beispielen schon ausgeführt,

*) Wir wollen nicht ausschließen, daß es Meßdimensionen gibt, die echt ordinaler Natur sind. In den meisten Fällen formulieren wir jedoch ordinale Fragen für Meßdimensionen, die tatsächlich quantitativer Natur sind – nur weil es uns nicht gelingt, diese Meßdimensionen auch quantitativ zu messen.

wurden in der Sozialforschung schon immer gewohnheitsmäßig wie quantitative Fragen behandelt. Sie sind mehr als ordinale Fragen, d.h. wir dürfen behaupten, daß die wahren (psychischen) Distanzen zwischen den verschiedenen vorgegebenen Antwortkategorien nicht erheblich verschieden sein werden.

Die Situation könnte etwa folgende sein:

Die wahren psychischen Distanzen für die Kategorie „mittel" und „unentschieden" sind ungefähr doppelt so groß wie die für „stark" und „schwach". Es ist jedoch unwahrscheinlich, daß bei diesem Antwortschema die eine Distanz vielleicht zehnmal größer ist, als die andere. Wenn wir behaupten dürfen, daß die Distanzen nicht erheblich verschieden sind, dann sind die zugeordneten Zahlen „mehr" als bloße Ordinalzahlen.

Wenn wir sie nun als kardinale Zahlen begreifen, dann begehen wir sicherlich damit einen Fehler. Wie Labovitz (1970) in verschiedenen Simulationsstudien und wie Richard P. Boyle (1970) bei der Anwendung der Pfadanalyse auf ordinale Daten nachweisen, ist dieser Fehler jedoch vernachlässigbar. Er wird umso geringer, wie Labovitz ausführt, je mehr Ausprägungen die ordinale Variable besitzt, in unserem Falle: je mehr abgestufte Antwortvorgaben der Frage beigegeben werden. Die Labovitz'sche Empfehlung gründet auf der Hypothese, daß je mehr Ausprägungen wir bilden, umso geringer die „Asymmetrie der Ausprägungszusammenfassung" wird.

Labovitz gibt dann noch die Empfehlung den abgestuften Antwortvorgaben die äquidistanten kardinalen Zahlen 1, 2, 3 . . . zuzuordnen und bei einer eventuellen Anwendung der Regressionsanalyse auf derartig entstandene Werte, diese zu standardisieren.*)

2.5. Die Quantifizierung ordinaler Fragen

Quantitative Fragen sind mit Auswertungstechniken analysierbar, die dem Sozialforscher sehr viel mehr an Information liefern als dies die Auswertungstechniken auf ordinalem Niveau vermögen (siehe Abschnitt 2.10.).

Man sollte also die Strategie verfolgen, für die Zieldimension, die man messen will, quantitative Fragen zu formulieren. Mit einiger Mühe ge-

*) Labovitz' Arbeiten blieben nicht unwidersprochen. Siehe dazu L.S. Mayer (1970)

lingt dies auch in Fällen, in denen man anfänglich glaubte, nur nicht-quantitativ formulieren zu können. Selbstverständlich gibt es Meßdimensionen, die ihrer Art nach nicht-quantitativ sind (z.B. Geschlecht) und für die demzufolge auch nur nicht-quantitative Fragen formulierbar sind. Die Zahl der echt qualitativen Dimensionen ist aber tatsächlich sehr gering.

Es soll ein Beispiel für die „Quantifizierung" einer Frage gegeben werden. In einer Schülerbefragung wollten wir die Zieldimension „schulische Zufriedenheit" von Schülern unter anderem durch folgende Fragen messen:

1. Was wäre Dir lieber,
   a) einen Vormittag lang in die Schule zu gehen
      oder
   b) einen Vormittag lang zu Hause der Mutter bei der Hausarbeit helfen zu müssen, also saubermachen, aufräumen usw?
2. Was wäre Dir lieber,
   a) einen Vormittag lang in die Schule zu gehen
      oder
   b) einen Vormittag lang im Regen herumzugehen?

Der befragte Schüler mußte je eine Alternative ankreuzen.
Wurde die Schule gewählt, dann erhielt er 1 „Zufriedenheitspunkt", wurde die andere Tätigkeit gewählt, dann erhielt er 0 Punkte. Diese Zahlen 0 und 1 sind ordinale Zahlen, keinesfalls aber „mehr als ordinal" oder gar kardinal. Bei der Wiederholung der Untersuchung haben wir diese Fragen in folgender Weise „quantifiziert"

Was auf dieser Seite steht, wäre mir lieber und zwar				Was auf dieser Seite steht, wäre mir lieber und zwar			
	viel	mittel	etwas	etwas	mittel	viel	
einen Vormittag lang in die Schule gehen	6	5	4	3	2	1	einen Vormittag lang meiner Mutter bei der Hausarbeit helfen (abspülen, aufräumen, saubermachen usw.)
einen Vormittag lang in die Schule gehen							einen Vormittag lang im Regen herumgehen

Der Schüler mußte auf einer der beiden Seiten ankreuzen. Es konnte ihm dann ein Punktwert aus dem Variationsbereich 1–6 zugewiesen

werden. Das ist „mehr als ordinales“ Messen. Wir entscheiden (für die Auswertung): das sind kardinale Zahlen.
Damit dieses für zwölfjährige Kinder etwas komplizierte Verfahren begriffen wurde, wurden „Trainingsfragen“ derselben Konstruktion den eigentlichen Fragen vorausgeschickt. Diese Art der Frageformulierung ist sicherlich nicht mehr literarisch elegant. Aber sie war erfolgreich. Und das ist entscheidend.
Aus dieser Diskussion ergibt sich nun als Regel für die Praxis der Frageformulierung.
Regel:
Bei quantitativen Fragen sind Auswertungstechniken anwendbar, die ein Maximum an Information erbringen. Man sollte deswegen versuchen, für die Zieldimension „quantitative Fragen“ zu formulieren. Derartige Fragen sind dadurch gekennzeichnet, daß sie den Befragten dazu veranlassen, mit einer Quantität zu antworten („ich arbeite 42 Stunden“) oder daß der Frage ein bestimmtes Antwortschema beigegeben wird, dessen einzelnen Kategorien Zahlen zugeordnet werden können, von denen behauptet werden darf, daß sie kardinaler Art seien. Entsprechend der Empfehlung von Labovitz sollten im letzten Falle möglichst viele Antwortvorgaben präsentiert werden.

2.6. Formen quantitativer Fragen

Wir wollen im folgenden einige Beispiele dafür geben, wie man Fragen quantitativ formuliert.

1) Bei Einstellungsfragen gibt es folgende Möglichkeiten:
„Alte Menschen sollten bei der Vergabe von Wohnungen bevorzugt werden.“

Wir präsentieren eine Antwortvorgabe wie wir sie in Abschnitt 2.3. schon gegeben haben. Dabei wäre es eventuell auch möglich, links und rechts außen noch die Kategorie „extrem“ anzufügen. (Siehe Abschnitt 2.8.)

Dürfen Kinder neugierig sein?

a) nein . . . . .
b) etwas . . . . .
c) mittel . . . . .
d) stark . . . . .
e) extrem . . . . .

(Zieldimension dieser Frage: Erziehungsverhalten von Eltern) Bei dieser

Frageformulierung gibt es keinen negativen Ast des Antwortkontinuums. Wir hätten aber auch formulieren können „Kinder dürfen neugierig sein". Dann hätten wir das Antwortschema stimme stark zu . . . . . lehne stark ab präsentieren können.

„Gehst Du gern in die Schule?"

a) sehr gern
b) mittelmäßig gerne
c) nicht gerne
d) gar nicht gerne

(Zieldimension dieser Frage: Schulische Zufriedenheit)

Das prinzipielle Problem bei derartigen Antwortkategorien ist es, solche Formulierungen zu finden, daß die (psychischen) Distanzen zwischen ihnen ungefähr gleich sind.

Ein Schüler hat gesagt, es gibt viele Dinge, die für einen Jungen oder ein Mädchen wichtiger sind, als gute Schulnoten.

Wie denkst Du darüber?

Das ist a) richtig . . . .
b) ziemlich richtig . . . . . .
c) falsch . . . .

(Zieldimension dieser Frage: Einstellung von Schülern zu Schulnoten)

2) Bei Fragen nach dem Handeln des Befragten (Handlungsfragen) bieten sich gelegentlich folgende Schemata an:

Wie oft tun Sie X?

a) immer . . . . .
b) öfters . . . . .
c) selten . . . . . .
d) nie . . . . .

3) Bei Bewertungsfragen ist es empfehlenswert, das Notenschema der Schule zu verwenden, weil die Befragten in diesen Kategorien trainiert sind.

„Wie beurteilst Du einen Lehrer, bei dem Du nicht aufzustehen brauchst, wenn er in die Klasse kommt?"

a) sehr gut . . . . .
b) gut . . . . .
c) befriedigend . . . . .
d) ausreichend . . . . .
e) mangelhaft . . . . .

f) ungenügend . . . . .

(Zieldimension: Bewertung eines bestimmten Lehrertypus durch die Schüler.)

4) Ein Beispiel für eine Einschätzungsfrage wäre:
Wie war die Einstellung Ihrer Eltern zu Ihrem Entschluß, an einer Hochschule zu studieren?

a) sehr dafür . . . . .
b) eher dafür . . . . .
c) gleichgültig . . . . .
d) eher ablehnend . . . . .
e) ausgesprochen ablehnend . . . . .

2.7. Die Meßeinheit der quantitativen Frage

Wenn wir fragen „wie alt sind Sie?“, so könnte uns der Befragte auf Jahr und Tag – und manche Befragte sogar auf Stunde und Minute genau ihr Alter angeben. In der empirischen Sozialforschung ist es jedoch in diesem Falle üblich, nur nach dem Alter in Jahren zu fragen. Wir messen also bewußt gröber.

Das gilt auch wenn wir nach dem Einkommen fragen. Man wird hierbei – um die Antworthemmungen des Befragten zu verringern – Einkommensgruppen von vielleicht je DM 500,– bilden.

Der Befragte muß sich dann in eine Gruppe einordnen. Zwei Befragte die sich in dieselbe Gruppe einordnen, besitzen also – exakt genommen – nicht notwendigerweise das gleiche Einkommen. Sie können im äußersten Falle um DM 499,– differieren.

Betrachten wir eine Frage mit dem Antwortschema wie wir es in Abschnitt 2.3. gegeben haben.

Wir wollen das Meßkontinuum dieser Frage graphisch veranschaulichen.

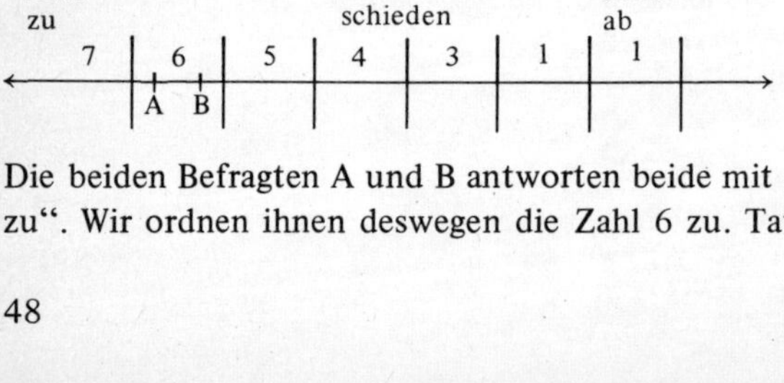

Die beiden Befragten A und B antworten beide mit „stimme mittelstark zu“. Wir ordnen ihnen deswegen die Zahl 6 zu. Tatsächlich sind sie jedoch verschieden – wie in obiger Zeichnung angedeutet. Ihre Verschiedenheit liegt jedoch unter der Schwelle des Differenzierungsvermögens unseres Meßinstrumentes. Wenn wir A und B als gleich betrachten, dann begehen wir einen, wenn vielleicht auch kleinen Meßfehler – einen Fehler, der die uns so wichtigen Korrelationskoeffizienten reduziert, (wenn wir diese Frage mit einer anderen korrelieren).

Wir wollen nun folgende Regel formulieren:

Regel: Wenn nicht andere gewichtige Gründe dagegen sprechen, dann sollte man so fein wie möglich messen, um den Meßfehler so klein wie möglich zu halten.

Oben angegebenes Antwortschema ließe sich „verfeinern".

Wir bieten dem Befragten innerhalb jeder Antwortkategorie zwei Punktwerte an. Nach einigen Trainingsfragen dieses Typs begreift der Befragte dieses Antwortschema.

Bei der Frage nach dem Einkommen könnten wir anstelle von Gruppen von DM 500,– auf Gruppen von DM 100,– verfeinern, oder uns das Einkommen sogar präzise auf Mark und Pfennig angeben lassen. Gegen diese Verfeinerung sprechen nun jedoch andere gewichtige Gründe.

Wir können das Differenzierungsvermögen des Befragten überfordern. Wir wollen beispielsweise die Einstellung des Befragten zu irgend einer Thematik erfragen. Die Meinung des Befragten ist jedoch nicht so deutlich ausgeprägt, weil er sich mit der befragten Thematik relativ wenig beschäftigt hat. Es wäre zwar in der Lage zu sagen „ich stimme zu", oder „ich lehne ab". Das verfeinerte Antwortschema überfordert ihn jedoch. Die Antwort, die wir in diesem Falle erhalten, liegt zwar mit großer Wahrscheinlichkeit auf der richtigen Antwortseite (Zustimmung, bzw. Ablehnung).

Welcher Punktwert aber auf dieser Seite angekreuzt wird, ist relativ zufällig. Wir müssen sogar berücksichtigen, daß, wenn wir den Befragten in der beschriebenen Weise überfordern, bei ihm Unmut entsteht, der sich so akkumulieren kann, daß er die Befragung abbricht.

Wir wollen als Regel formulieren.

Regel: Die Feinheit mit der wir messen wollen, muß mit dem Differenzierungsvermögen des Befragten korrespondieren. Bei Einstellungsfragen muß sie mit der Ausgeprägtheit, d.h. der Bestimmtheit mit der der Befragte diese Einstellung inne hält, korrespondieren.

Das Problem ist natürlich nun, daß wir bevor wir die Untersuchung durchführen, das Differenzierungsvermögen, bzw. die Ausgeprägtheit von Ein-

stellung nicht kennen. Wir können diese jedoch in einer Testbefragung ungefähr abschätzen.
Wenn wir das Einkommen des Befragten dadurch erkunden, daß wir ihn sich in DM 500,– Gruppe einordnen lassen, und nicht dadurch, daß wir präzise von ihm wissen wollen, was er verdient, dann reduzieren wir seine Antworthemmung gegen eine ihm (in aller Regel) peinliche Frage. Wir müssen also, um eine Antwortverweigerung nicht zu riskieren, weniger fein messen.

2.8. Die „offenen Enden" der quantitativen Frage

Das Antwortschema „stimme stark zu" ..... „lehne stark ab", überdeckt einen bestimmten Bereich. Es besitzt jedoch links und rechts ein „offenes Ende".
Unsere Empfehlung lautet:
Regel: Wird bei einer Testbefragung festgestellt, daß bei Verwendung des Antwortschemas „stimme stark zu" ..... „lehne stark ab" viele Befragten in die linke oder rechte äußere Kategorie fallen, dann sollte, man versuchen, noch eine weitere äußerste Kategorie zu verwenden. Wir schlagen vor „stimme extrem zu" bzw. „lehne extrem ab". Dadurch werden die offenen Enden weiter hinaus geschoben.

2.9. „Offene oder geschlossene" Formulierung bei quantitativen Fragen

Hier muß im Vorgriff auf den nachfolgenden Abschnitt kurz auf das Problem eingegangen werden, ob man quantitative Fragen offen oder geschlossen, d.h. mit oder ohne Antwortvorgaben formulieren soll. Diese beiden Frageformen besitzen ganz bestimmte psychologische Merkmale.
Hier geht es nur um die Frage des Meßniveaus. Wenn man auf eine Frage als Antwort direkt eine Quantität erhält (etwa: „Wie alt sind Sie" Antwort: 23 Jahre"), dann bestehen natürlich keinerlei Bedenken gegen offene Fragen.
Ist dies jedoch nicht der Fall, dann ist es empfehlenswerter, geschlossen zu formulieren.
Beispiel (Fragen an Lehrer):

Offene Fassung: Sind Sie der Meinung, daß unabhängig von der Begabung, auch der Fleiß der Schüler benotet werden sollte

Der befragte Lehrer gibt nun eine mehr oder weniger lange Antwort. Der Interviewer schreibt stichwortartig mit.

2) Geschlossene Fassung: Unabhängig von der Begabung sollte auch der Fleiß des Schülers benotet werden.
stimme stark zu . . . . lehne stark ab.

Der befragte Lehrer kreuzt die ihm entsprechende Antwort an. Bei der offenen Formulierung stellt sich nun das Problem, die Antworten der verschiedenen Lehrer zu verschlüsseln, d.h. in bestimmte Kategorien einzuordnen.

Natürlich kann man auch bei der offenen Fassung die Antworten, die man von den befragten Lehrern erhält, in abgestufte Kategorien einordnen, denen man dann Zahlen zuordnet. Aber das ist außerordentlich arbeitsaufwendig. Entscheidend ist jedoch, daß man sicherlich nicht sieben Kategorien, wie bei der geschlossenen Fassung wird bilden können. D.h. die offene Formulierung vermag der Labovitz'schen Forderung möglichst viele Kategorien zu bilden, nicht so gut zu entsprechen, wie dies die geschlossene Formulierung tut.

Regel: Wenn vom Befragten nicht eine unmittelbar quantitative Antwort zu erwarten ist, dann sollte man quantitative Fragen „geschlossen" formulieren.

2.10. Auswertungstechnik – in Abhängigkeit vom Meßniveau der Frage

Die Ergebnisse einer Befragung liefern uns

(1) eine gewisse Information

und sie erlauben uns nach Anwendung verschiedener Auswertungstechniken

(2) Zusammenhänge zu erkennen und damit Prognose bzw. Erklärung zu leisten.

In der Richtung „nominal – ordinal – quantitativ" wird die Information und die Prognose differenzierter.

Dabei ist der Gewinn an Differenzierung von nominal nach ordinal relativ gering, der von ordinal nach quantitativ jedoch außerordentlich groß.

Diese Aussage kann hier nicht bewiesen werden. In den verschiedenen Abschnitten über die Auswertungstechniken wird das dem Leser jedoch offensichtlich werden.

Wir wollen nun einen kurzen Überblick über die beim jeweiligen Meßniveau einsetzbaren Auswertungstechniken geben.

Meßniveau	*Auswertungstechnik*
nominal/ ordinal	zwei und dreidimensionale Tabellenanalyse mit Berechnung von Korrelationskoeffizienten wie Cramersches V, Gamma, partielles Gamma. Coleman-Verfahren für multivariable Zusammenhänge
quantitativ	Korrelationskoeffizienten, partielle Korrelationskoeffizienten, einfache od. multiple Regression, Pfadanalyse
gemischt nominal/ ordinal und quantitativ	Varianz und Kovarianzanalyse Diskriminanzanalyse

3. Offene und geschlossene Fragen

3.1. Definitionen

Von einer „geschlossene" Frage sprechen wir, wenn verschiedene Antwortalternativen vorgegeben werden. Die Antwort des Befragten besteht in diesem Falle in der Bezeichnung einer der vorgegebenen Alternativen. Dabei kann diese Bezeichnung verbal, aber auch dadurch geschehen, daß der Befragte eine Alternative mit dem Bleistift ankreuzt.

Eine „offene" Frage ist eine Frage, bei der dem Befragten keine alternativen Antwortvorgaben präsentiert werden. Er muß seine Antwort selbst formulieren.

Bei der geschlossenen Frage können wir zwei Formen unterscheiden: Die geschlossene Frage mit interner und externer Antwortvorgabe.

Wir wolllen je ein Beispiel geben:

1. Interne Vorgabe:

Sind Sie sehr, etwas oder gar nicht dafür, daß der Benzinpreis erhöht wird?

2. Externe Vorgabe:

Wie ist Ihre Haltung zu einer Benzinpreiserhöhung?

a) ich bin stark dafür . . . . .
b) ich bin etwas dafür . . . . .
c) ich bin gar nicht dafür . . . . .

Bei der internen Vorgabe werden also die alternativen Antworten in die Frageformulierung selbst eingebaut, während sie bei der externen Vorgabe in einer der Frage angehängten Liste enthalten sind.
Wir können hier gleich als Regel formulieren
Regel: Die interne Antwortvorgabe ist nur zulässig, wenn sie aus zwei oder drei leicht merkbaren Alternativen besteht. Sind mehr Alternativen vorhanden, oder bestehen die Alternativen aus relativ komplexen Formulierungen, dann müssen sie extern vorgegeben werden,

3.2. Die scheinbar offene Frage*)

Gelegentlich werden Fragen formuliert, die eine Zwischenform zwischen offener und geschlossener Frage mit interner Antwortvorgabe zu sein scheinen.
Beispiel: „Sind Sie der Meinung, daß man die Schulpolitik der Regierung unterstützen sollte?"
Diese Frage ist auf den ersten Blick betrachtet, offen formuliert. Sie ließe sich aber auch als geschlossene Frage begreifen, bei der die interne Vorgabe der Antwortalternativen unvollständig ist.
Als geschlossene Frage mit vollständiger interner Antwortvorgabe wäre zu formulieren:
„Sind Sie der Meinung, daß man die Schulpolitik der Regierung unterstützen oder nicht unterstützen sollte?"
Wir halten die zweite Fassung für die korrekte.
Es kann vermutet werden, daß ein Großteil der Befragten auf die Frage in ihrer 1. Fassung kurz mit „ja" oder „nein", bzw. mit „unterstützen" oder „nicht unterstützen" antwortet. Die Befragten werden durch die Frage in uniformer und standardisierter Form stimuliert. Die Folge davon ist, daß auch ihre Antworten weitgehend uniformiert und standardisiert sind – was ein Charakteristikum der geschlossenen Frage mit interner Antwortvorgabe ist.
Wenn das der Fall ist, dann *muß* die Frage in der 2. Fassung formuliert werden. Die interne Vorgabe der Antwortalternativen muß vollständig sein. Das gilt auch, wenn, wie in der 1. Fassung, die fehlende Antwortalternative implizit enthalten ist.
Es läßt sich zeigen, daß die Befragten die explizit vorgegebene Antwort-

*) Siehe hierzu auch das Kapitel „Der Fragebogen", Abschnitt 5.2

alternative favorisieren und die nur implizit enthaltene Alternative vernachlässigen.
Die Stärke dieses Effektes hängt allerdings davon ab, wie stark die Meinung des Befragten zum jeweiligen Fragegegenstand ausgeprägt ist. Ist die Meinung des Befragten stark ausgeprägt, dann wird der Favorisierungseffekt der explizit genannten Antwortalternative sehr gering sein.
Es darf nicht verschwiegen werden, daß dieser genannte Effekt der unvollständigen internen Vorgabe bei scheinbar offenen Fragen gelegentlich in manipulativer Weise benutzt wird, um bestimmte gewünschte Antwortverteilungen zu erhalten.
Wir werden später (in Abschnitt 3.5.) wenn wir die Frage der Vollständigkeit bzw. Unvollständigkeit der Antwortalternative bei externer Vorgabe behandeln, auf diese Problematik zurückkommen.
Ein weiteres Beispiel:
1) Glauben Sie, daß Sie durch Ihr Studium auf Ihren späteren Beruf gut vorbereitet sind?
2) Glauben Sie, daß Sie durch Ihr Studium auf Ihren späteren Beruf gut weniger gut, oder schlecht vorbereitet sind?
Als Regel sei abschließend formuliert:
Regel: Ist zu erwarten, daß eine offene Frage einen Großteil der Befragten in uniformer und standardisierter Weise stimuliert – so daß mit uniformen und standardisierten Antworten zu rechnen ist – dann sollte man diese Frage als geschlossene Frage mit vollständiger interner Antwortvorgabe formulieren.
Regel: Es ist unzulässig, eine (oder sogar mehrere) Antwortalternativen nur implizit intern vorzugeben. Die explizit genannten Alternativen werden favorisiert. Die nicht genannten, nur implizit enthaltenene Alternativen vernachlässigt. Dieser Effekt ist umso stärker, je schwächer die Meinung der Befragten zum Gegenstand der Frage ausgeprägt ist.

3.3. Vor- und Nachteile der offenen und geschlossenen Frage

Wir wollen untersuchen welche Leistung der Befragte zu erbringen hat, wenn er auf eine offene oder auf eine geschlossene Frage antwortet.
Bei der Faktfrage und ihrer Unterform der Wissensfrage, verlangt die

offene Frage vom Befragten ein „sich erinnern", und bei der geschlossenen Formulierung ein „wiedererkennen".
Die Leistung des „Wiedererkenns" ist einfacher zu erbringen als die des „sich Erinnerns".
Wir wollen mit einem längeren Zitat aus R. Mayntz, K. Holm, P. Hübner (1969, S. 108/109) fortfahren:
„Trotzdem wird man gelegentlich zur offenen Fragefassung greifen, etwa um 1, die „Gegenwärtigkeit", die „Abrufbarkeit" von Wissen zu testen, oder um 2. Sprachformen (Sprachklischees) festzustellen, oder um 3. die spontane Rangordnung bei Mehrfachantworten zu entdecken (Beispiel: „Welche Politiker der Nachkriegszeit halten Sie für die bedeutendsten?").
Bei Meinungsfragen (bei denen es nicht wie bei der Faktfrage um eine Gedächnisleistung geht) wird vom Befragten bei der offenen Fassung ein „produzieren" und bei der geschlossenen Fassung ein „Reproduzieren" verlangt. Der Befragte muß im ersten Fall seine Meinung selbst in Worte fassen, im zweiten Fall braucht er sich nur einer Formulierung anzuschließen. Selbstverständlich gilt das auch für die Faktfrage, ist dort jedoch weniger schwerwiegend. Objektive Tatbestände in Worte zu fassen, ist in der Regel einfacher als eine (vielleicht nur „gefühlte", aber nie explizierte) Meinung zu verbalisieren. Wenn man also bei den Befrageter Verbalisierungsschwierigkeiten vermutet, dann wird es besser sein, geschlossene Fragen zu formulieren. Bei Befragten jedoch, bei denen vorwiegend Personen mit hoher Schulbildung (und vermutlich gutem Verbalisierungsvermögen) untersucht werden, ist die offene Frageformulierung häufig besser, weil diese Personen sich durch vorgegebene Antworten eingeengt oder wie „Schulkinder" behandelt fühlen.
In erster Linie bestimmt jedoch nicht der besondere Sprachtypus der Befragten die Wahl einer offenen oder geschlossenen Formulierung, sondern der Forschungsgegenstand selbst. Bei einem Forschungsgegenstand, über den der Forscher wenig weiß, wird er die offene Frageformulierung wählen müssen, da er nicht alle Antwortmöglichkeiten kennt. Antworten auf offene Fragen sind zudem nuancierter und oft informationsreicher, als es die bloße Wahl einer Antwortalternative sein kann.
Aus der Perspektive der Fragebogenauswertung ist die geschlossene Frage vorzuziehen. Die Befragungsergebnisse sind eindeutig und vergleichbar. Bei der offenen Frage müssen die heterogenen Antworten erst in be-

stimmte Antwortklassen eingeteilt werden (Kodieren), ehe eine Auswertung möglich ist. Diese Klassenbildung ist manchmal sehr mühsam und unbefriedigend. Der Auswerter muß zuerst vielleicht hundert Fragebögen lesen, um zu sehen, wie die Antworten streuen und wie sie sich zu Klassen zusammenfassen lassen.
Auch unter dem Gesichtspunkt der Zuverlässigkeit der Interviewdaten ist die geschlossene Frage vorzuziehen. Bei der offenen Frage muß der Interviewer die Antwort des Befragten mitschreiben. Da dieser häufig schnell und viel spricht, ist ein wörtliches Mitschreiben nicht möglich. Die Zusammenfassung der Antwort, die der Interviewer notiert, ist dann durch dessen Wahrnehmung und Sprachvermögen beeinflußt, unter Umständen also stark verzerrt."

3.4. Präsentation der externen Antwortvorgabe

Die externe Antwortvorgabe besteht, wie wir ausgeführt haben, aus einer Liste von verschiedenen Antwortmöglichkeiten. Wie soll nun diese Liste dem Befragten präsentiert werden?
1) Die einfachste Methode besteht darin, daß der Interviewer die Frage und die nachfolgenden Antwortmöglichkeiten vorliest. Der Befragte muß dann die ihm entsprechende Antwortalternative benennen.
Es ist selbstverständlich, daß diese Methode nur anwendbar ist, wenn die Zahl der Antwortalternative so gering ist, daß der Befragte sie alle im Gedächtnis behalten kann, so daß er bei seiner Entscheidung *alle* Alternativen in Rechnung stellen kann. Außerdem dürfen die Antwortalternativen in diesem Falle auch nicht zu komplex sein.
2) Sicherer ist es, dem Befragten einer *Karte* auszuhändigen auf der, der Text der Frage und der Antwortmöglichkeiten abgedruckt ist. Der Interviewer liest die Frage und die Antworten aus dem nur ihm vorliegenden Fragebogen vor. Der Befragte liest auf der Karte mit. Er besitzt nun die Möglichkeit, bevor er seine Antwort gibt, noch einmal alle Antwortmöglichkeiten in Ruhe zu vergleichen.
3) Sinnvoll ist es nun alle die Fragen, für die man dem Befragten Karten aushändigen muß, zusammenzufassen und als geschlossene *Liste* von Fragen dem Befragten (vielleicht zum Ende des Interviewes) mit der Bitte zu übergeben, die jeweils ihm entsprechende Antwort anzukreuzen Dieses Verfahren wird vor allem bei Batterien von Einstellungsfragen verwendet, die alle dieselbe Antwortvorgabe haben. Bei der Erstellung

derartiger Listen muß man berücksichtigen, daß nicht durch die relativ willkürliche Aufeinanderfolge von Fragen negative Effekte entstehen.
4) Die weitestgehende Methode wäre die, dem Befragten den Fragebogen auszuhändigen. Der Interviewer liest aus seinem Fragebogen (der zusätzliche Interviewanweisungen enthalten kann).vor. Der Befragte liest in seinem Exemplar mit und antwortet. Wenn es dem Interviewer gelingt, zu verhindern, daß der Befragte in seinem Fragebogen herumblättert – etwa um nachzuschauen wie eine ähnliche bereits gestellte Frage lautete, um nun eine konsistente Antwort geben zu können – dann ist dies eine durchaus empfehlenswerte Methode.

3.5. Die Zahl der Antwortalternativen bei externer Vorgabe

Wir können hier sofort einige Regeln formulieren, die unmittelbar einsichtig sind.
Regel: Die Zahl der externen vorgegebenen Antwortalternativen muß für den Befragten noch überschaubar sein.
Werden die Antwortmöglichkeiten vom Interviewer vorgelesen, dann muß sich der Befragte, wenn er die letzte Antwortmöglichkeit hört, noch an die erste Antwortmöglichkeit erinnern können, da er sonst die zuletzt gehörten Alternativen bevorzugt.
Bei der Karte, Liste oder dem ausgehändigten Fragebogen kann der Befragte die Antwortmöglichkeiten noch ein zweites oder drittes Mal studieren. Die oben genannten Bedingungen brauchen hier also nicht erfüllt zu sein.
Regel: Die vorgegebenen Antwortmöglichkeiten müssen erschöpfend sein. Ist eine erschöpfende Aufzählung der Antwortalternativen nicht möglich, dann sollte eine Kategorie „*Sonstige*" vorgesehen werden. Der Befragte muß dann wie bei einer offenen Frage, die ihm entsprechende Antwort verbalisieren.

3.6. Die Mehrfachnennung

Vorgegebene Antwortmöglichkeiten können nach dem Prinzip der Ausschließlichkeit formuliert sein (nur eine Antwort ist sinnvoll) oder nach dem Prinzip der Mehrfachnennung.
Beispiel für ein Antwortschema mit Mehrfachnennung.
„Wer hat Sie bei der Wahl Ihres Studienfachs beeinflußt?"

a) Vater
b) Mutter
c) ältere Geschwister
d) jüngere Geschwister
e) Verwandte
f) Bekannte Ihrer Eltern
g) Ihre eigenen Freunde
h) Berufsberater
i) sonstige, wer . . . . (bitte angeben)

Hier sind Mehrfachnennungen möglich und sinnvoll.

Bei der Auswertung derartiger Fragen muß jedoch jeder einzelnen Alternative eine eigene Spalte auf der Lochkarte eingeräumt werden, in die dann etwa eine 0 gelocht wird, wenn der Befragte diese Alternative nicht angekreuzt hat oder eine 1, wenn er sie angekreuzt hat. Im Grunde genommen besteht also die Frage mit Mehrfachnennung aus einer Vielzahl von Einzelfragen, die etwa auch in folgender Weise formuliert hätten werden können:

1) Hat Sie Ihr Vater bei der Wahl des Studienfaches beeinflußt?
Ja Nein
2) Hat Sie Ihre Mutter bei der Wahl des Studienfaches beeinflußt?
Ja Nein

usw.

Wir könnten hier auch eine Quantifizierung der Frage versuchen indem wir bei jeder Alternative den Befragten entscheiden lassen, ob der Einfluß

nicht etwas mittel stark

war. Oder wir könnten den Befragten auffordern, die 3 Personen zu bezeichnen, die ihn am stärksten beeinflußt haben und diesen dann die Rangzahlen 1, 2, 3 zuzuordnen. Bei der Kodierung würden wir dann den nicht genannten übrigen Personen die Zahl 4 zuordnen. Damit haben wir ordinal gemessen.

3.7. Die Zwischenform

Eine Frage lautet etwa: „Wie denken Sie über die Todesstrafe?“
a) Ich bin dafür
b) unentschieden
c) ich bin dagegen

Soll man bei dieser Frage eine Kategorie „unentschieden“ anbieten? Man Man muß hier zweierlei bedenken

1) Die Zwischenform kann zu einer Fluchtkategorie werden. Dem Befragten wird es ermöglicht, seine tatsächliche Haltung, die vielleicht sozial inopportun ist, zu verbergen.

2) Die Zwischenform kann als echte Einstellung vorhanden sein. Dann muß sie aber auch angeboten werden.

Der Sozialforscher muß entscheiden, ob Fall 1 oder 2 gegeben ist und dementsprechend die Zwischenform präsentieren oder weglassen.

3.8. Die Zahl der Extremkategorien

Wir wollen hier gleich als Regel formulieren.

Regel: Werden mehr als drei Antwortmöglichkeiten angeboten, dann sollte die Zahl der Antwortmöglichkeiten „rechts“ und „links“ von der Mittelposition gleich sein, weil von einer Überzahl von Kategorien auf einer Seite suggestive Wirkungen ausgehen. Der Befragte bevorzugt die Seite, die mit mehr Antwortmöglichkeiten vertreten ist.

Die Richtigkeit dieser Regel wurde von D. Rugg und H. Cantril (in R. König, 1957, S. 94, 95) überzeugend nachgewiesen.

4. Suggestion und Antworthemmung

4.1. Suggestive Fragen

Wir wollen hier als Zitat von R. Mayntz, K. Holm, P. Hübner (1969, S. 107/108) übernehmen:

„Bei einer suggestiven Frage wird dem Befragten die Antwort „in den Mund gelegt“, d.h. die Frageformulierung beeinflußt die Antwort in einer bestimmten Richtung. Wird bei einer Untersuchung über elterliche Erziehungsmethoden etwa gefragt „Finden Sie nicht auch, daß eine kräftige Tracht Prügel noch niemanden geschadet hat?“, dann handelt es sich um eine eindeutige suggestive Formulierung. Abgesehen von .... Fällen, wo absichtlich suggestiv formuliert wird, um Antworthemmungen abzubauen, sollen suggestive Fragen selbstverständlich unterbleiben. Das ist leichter gesagt als getan, denn die Werthaltung des Forschers dem Fragegegenstand gegenüber (z.B. seine Abneigung gegen bestimmte

Erziehungsmethoden) drückt sich oft unbewußt in seiner Frageformulierung aus. Neben einem wachen Mißtrauen gegenüber der Neutralität der eigenen Formulierung kann hier lediglich empfohlen werden, die fertigen Fragen von einem unbeteiligten Dritten noch einmal auf suggestive Elemente prüfen zu lassen.

Stereotype Formulierungen lassen sich im hier erörterten Zusammenhang als eine besondere Art suggestiver Formulierungen begreifen. Es handelt sich dabei um Worte oder Wortkombinationen (Floskeln), deren positive oder negative Wertbesetzung für bestimmte Befragte so hoch ist, daß ihre inhaltliche Bedeutung dahinter zurücktritt, und der Befragte statt auf den gemeinten Inhalt nur noch auf den Reiz des bloßen Wortes reagiert, und zwar nahezu mechanisch und auf voraussagbare Weise. Beispiele hierfür sind die Worte „Kapitalismus", „die Kommunisten" oder die Floskel „Ordnung schaffen", wenn sie etwa in einer an links orientierte Studenten gerichteten Frage verwandt wird. Stereotype Formulierungen sind zu vermeiden, wenn es einem auf die möglichst überlegte Reaktion des Befragten auf den Frageinhalt ankommt." (Ende des Zitats)

Beispiele für stereotype Formulierungen bringen D. Rugg und H. Cantril (in R. König, 1957, S. 105 ff).

Suggestion wird auch dann ausgeübt, wenn in einer Frage Argumente angeboten werden, die den Befragten zu einer bestimmten Antwort leiten. Ein Beispiel dafür trägt Elisabeth Noelle (1963, S. 266) vor.
In einer sogenannten „gegabelten" Befragung d.h. einer Befragung bei der mehrere repräsentative Stichproben mit demselben, nur in einer oder wenigen Fragen geändertem Fragebogen interviewt werden, wurde eine Frage in folgenden vier Fassungen vorgelegt. (Siehe S. 61)

Einer relativ neutralen Formulierung wird in der Fassung 2, 3 und 4 ein suggestives Argument vorausgeschickt. Die Wirkung dieser Suggestion wird in der 2. und 3. Fassung deutlich sichtbar. Bei diesen ist die Zahl derer, die eine Erhöhung der Altbaumieten für gerechtfertigt erachten signifikant höher als bei der neutralen Formulierung. Die 4. Fassung besitzt offensichtlich keine suggestive Wirkung. Die angegebenen Zahlenwerte dürften sich von denen der neutralen Fassung nicht signifikant unterscheiden.

Wir erkennen an diesem Beispiel auch, daß es unzulässig ist, in einer Frage zu argumentieren.

„Was ist Ihre persönliche Meinung: Finden Sie es alles in allem gerechtfertigt oder nicht gerechtfertigt, wenn die Altbaumieten erhöht werden“

	gerechtfertigt	nicht gerechtfertigt	unentschieden teils – teils
1. Fassung: obige Formulierung	30 %	44 %	26 %
2. Fassung: Es ist ja so, daß in Altbauwohnungen die Mieten heute noch so sind, wie vor dem Kriege. Was ist Ihre . . . obige Formulierung	36 %	40 %	24 %
3. Fassung: Die Hausbesitzer sagen, mit den jetzigen Mieten können die notwendigen Reparaturen an den Häusern nicht durchgeführt werden. Was ist Ihre . . . obige Formulierung	37 %	34 %	29 %
4. Fassung: Es ist ja so, daß die Neubaumieten heute im allgemeinen viel höher sind als die Altbaumieten. Was ist Ihre . . . obige Formulierung	28 %	46 %	26 %

Als Regel können wir formulieren:

Regel: Suggestive Wirkungen werden bei der Frageformulierung häufig dadurch herbeigeführt, daß

(1) dem Befragten die Antwort „in den Mund gelegt“ wird,

(2) daß Stereotype verwendet werden und daß

(3) in dic Frageformulierung Argumente aufgenommen werden.

Suggestive Formulierungen sind unzulässig.

Wir werden diese Vorschrift im nachfolgenden Abschnitt über die Antworthemmungen und im Kapitel „Faktorenanalyse“ Abschnitt 3.1.2. relativieren.

4.2. Antworthemmung

Zum Problem der Antworthemmung wollen wir wieder ein längeres Zitat aus R. Mayntz, K. Holm, P. Hübner (1969, S. 110) hier anführen: „In vielen Fällen will der Sozialforscher Dinge vom Befragten wissen, die dieser nur im Freundeskreis oder vielleicht nicht einmal da äußern würde. Der Befragte ist in seiner Antwort gehemmt, bzw. neigt zu unwahrhaftigen Antworten, was die Gültigkeit der Ergebnisse beeinträchtigt. Antworthemmungen werden üblicherweise erzeugt durch Fragen nach politischen Urteilen, durch Fragen über die Einstellung zu Vorgesetzten, durch Fragen nach Handeln, das in der Gesellschaft negativ sanktioniert wird, und besonders durch Fragen nach sexuellem Verhalten. Gerade für den letzten Fall haben die Untersuchungen von Kinsey und entsprechende Untersuchungen von L. Friedeburg in Deutschland jedoch erwiesen, wie durch geschickte Formulierung (und Fragefolge) auch die stärkste Antworthemmung abgebaut werden kann. Einige Erfahrungsregeln sollen kurz dargestellt werden.

a) Allgemeine Antwort: Auf eine Frage nach Dingen, „über die man nicht spricht" wird dem Befragten erlaubt, eine allgemeine, ungefähre Antwort zu geben. Die Frage nach dem Einkommen (aus der Sicht des Befragten eine „eigentlich unverschämte Frage") wird üblicherweise in folgender Weise dargestellt: „Würden Sie mir bitte jetzt noch sagen, wie hoch ungefähr Ihr monatliches Einkommen ist. Liegt es unter DM 300,–, zwischen DM 301,– und 500,–, zwischen DM 501,– und 700,– . . . Dem Sozialforscher genügen für die Auswertung derartige Einkommensklassen, während der Befragte sich dadurch entlastet fühlt, daß er sich nicht exakt festlegen muß.

b) Entschärfen, Verharmlosen. In der Frage werden entschärfende verharmlosende Formulierungen verwendet. Wenn beispielsweise festgestellt werden soll, ob Angestellte Büromaterial ihrer Firma stehlen, dann wird gefragt: „Haben Sie schon einmal ein paar Bleistifte oder irgendwelche andere Dinge, die so auf Ihrem Schreibtisch liegen, mit nach Hause genommen? "

Hier wird also das Wort „stehlen" durch „mit nach Hause nehmen" und das so ernst und technisch klingende Wort „Büromaterial" durch „ein paar Bleistifte oder irgendwelche andere Dinge . . ." entschärft.

c) Überrumpeln. Die Angestellten könnten etwa gefragt werden: „Bitte, denken Sie doch einmal genau nach, an welchem Tag Sie das letzte Mal einen Bleistift oder irgendwelche andere Dinge . . .? " Hier wird in der Fragestellung unterstellt, daß der Befragte die (gesellschaftlich negativ sanktionierte) Handlung vollzogen hat. Er wird abgelenkt auf eine Denkaufgabe – durch die er, sofern er sie löst, ein Eingeständnis macht. Ein derartiger Überrumpelungsversuch ist natürlich wirkungslos, wenn der Befragte die Absicht der Formulierung durchschaut. In diesem Falle kann er sogar so verstimmt sein, daß er das Interview abbricht.

d) Mitläufereffekt. Es wird formuliert: „Es ist ja bekannt, daß die meisten ... haben Sie auch ...?" Oder: „Bei einer Umfrage wurde festgestellt, daß 90 % aller ... haben Sie auch ...?" Dieser Appell an den Mitläufereffekt hat natürlich nur einen Sinn, wenn der Befragte auch tatsächlich unter dem Eindruck steht, daß so wie er denkt und handelt, auch viele andere denken und handeln, ohne offen darüber zu sprechen.
e) Selbstverständlichkeit: Aus dem Handeln oder Denken „über das man nicht spricht" kann man in der Frageformulierung eine „Selbstverständlichkeit" etwas „Natürliches" machen. Hier handelt es sich um eine besondere Art des Mitläufereffektes, um den Anschluß an das Selbstverständliche, das Natürliche.
Bei einigen dieser Erfahrungsregeln (mit Sicherheit bei d) werden absichtlich suggestive Formulierungen benutzt, um Antworthemmungen abzubauen. Dabei kann nicht ausgeschlossen werden, daß ein Befragter sich zu einem Denken oder Handeln bekennt, das er gar nicht vollzogen hat. Deswegen wird bei der Fragebogenkonstruktion häufig versucht, Antworthemmungen gar nicht erst aufkommen zu lassen, indem man nicht direkt nach einem Denken oder Handeln, „über das man nicht spricht", fragt. Man verwendet statt dessen indirekte oder projektive Methoden oder psychologische Tests (wie etwa den TAT-Test, die Wortassoziation, die Satzergänzung, die Vollendung von Geschichten). Derartige Techniken sollten vom Sozialforscher nur in Verbindung mit einem geschulten Psychologen entworfen und ausgewertet werden. In der Praxis werden sie relativ selten angewendet, weil in ihrer Handhabung trainierte Interviewer oft nicht vorhanden sind, weil sie innerhalb des Fragebogens zuviel Raum in Anspruch nehmen und weil ihre Auswertung zu problematisch ist". (Ende des Zitats)

5. Wie manipuliert wird

Meinungsforschungsergebnisse werden nicht selten politisch verwendet. Hier ist die Gefahr, daß durch ausgeklügelte Formulierung Ergebnisse „erzeugt" werden, nicht gering.
Folgende manipulative Methoden werden dabei vorzugsweise angewandt.
1) Man formuliert „scheinbar offene Fragen" mit expliziten und impliziten Antwortalternativen (siehe Abschnitt 3.2.)

Dabei sind die explizit genannten Antwortalternativen, die Antworten, die man von den Befragten wünscht.
Dies ist eine Manipulation, die auch der kritische Beobachter nicht immer sofort erkennt.
2) Man formuliert geschlossene Fragen ohne eine vollständige Liste von Antwortmöglichkeiten zu präsentieren. Antworten, die nicht erwünscht sind, werden als Antwortmöglichkeit nicht vorgegeben.
3) Die in 2) angegebene Methode ist relativ einfach zu erkennen. Eine verfeinerte Methode besteht nun darin, die nicht gewünschten Antwortmöglichkeiten zwar vorzugeben, aber sie so kompliziert zu formulieren, daß der Befragte von ihnen „abgestoßen“ wird.
4) Man kann auch eine überaus lange Liste von Antwortmöglichkeiten *vorlesen* (und nicht in schriftlicher Form vorlegen). Der Befragte wird dann für die zuletzt vorgelesenen Alternativen Präferenzen besitzen. Und das sind natürlich die Alternativen, die man wünscht als Antwort zu erhalten (siehe Abschnitt 3.4.)
5) Wenn Mehrfachnennungen prinzipiell möglich sind, dann läßt man nur eine zu.

Beispiel: Welche Politiker halten Sie für besonders fähig?
Politiker A, B, C, ...
Bitte nur einen Namen ankreuzen!

Auf diese Weise kann man herausbekommen, daß die überwältigende Mehrheit von 90 % der Befragten den Politiker A und nur 10 % den Politiker B genannt haben. In Wirklichkeit kann es aber so sein, daß die 90 % die A nannten, den Politiker B für nur geringfügig weniger fähig erachten als A.
6) Man gibt auf der „linken“ oder „rechten“ Seite der Mittelposition mehr Antwortmöglichkeiten an. Siehe Abschnitt 3.8.
7) Man formuliert suggestiv – nicht in simpler, auffälliger Weise – sondern dadurch, daß man in eine Frage zusätzlich stereotype Werte eingibt, die eine positive oder negative affektuelle Reaktion hervorrufen, oder dadurch, daß man in einer Frage Argumente für die gewünschte Antwort einbaut. Siehe Abschnitt 4.
Für die meisten dieser manipulativen Methoden gilt, daß sie umso erfolgreicher (im Sinne des Formulierens) sind je weniger stark die Meinung des Befragten zum Fragegegenstand ausgeprägt ist.

6. Die Operationalisierungsliste

Es ist außerordentlich wertvoll, für jede Zieldimension eine Liste folgender Art anzulegen. (Wir bringen ein Beispiel aus der bereits mehrfach erwähnten Lehrerbefragung).

1. Name der Zieldimension: Leistungsdruck des Lehrers
2. Definition: Versuch des Lehrers aus Schülern Leistung „herauszuholen".
3. Meßniveau: quantitativ
4. Indikatoren:
   A. Häufigkeit mit der der Lehrer Klassenarbeiten schreiben läßt.
   B. Belohnung/Bestrafung werden vom Lehrer nach Leistung differenziert erteilt.
   C. Einstellung des Lehrers zum Prinzip der Leistung an sich.
5. Fragen:
   Zu A: 1) Wieviel schriftliche Klassenarbeiten haben Sie in den letzten vier Wochen schreiben lassen?
   Zu B: 1) Lesen Sie nach einer Klassenarbeit die Noten der einzelnen Schüler vor?
   ja . . . nein . . .
   Anmerkung: Frage ist dichotomisch. Sie soll jedoch quantitativ behandelt werden.

   Zu C:

	stimme zu			unent-	lehne ab		
	stark	mittel	etwas	schieden	etwas	mittel	stark
1. Schüler sollten immer nach Höchstleistungen streben.							
2.							
.							
.							
.							
.							
7. Es wäre sinnvoll in jeder Klasse eine Leistungsrangliste der Schüler aufzustellen.							

6. Auswertung: Alle Fragen sollen einer Faktorenanalyse unterworfen werden. Berechnung eines Faktorwertes je Befragter.
7. Besondere Anmerkung: Möglicherweise werden die Fragen zu Indikator C eine selbständige Unterbatterie bilden. In diesem Falle soll diese Unterbatterie „Leistungsmotivation" genannt werden und als eigenständige Meßdimension in das Modell eingeführt werden.

Die umfangreiche und zeitraubende Arbeit des Frageformulierens wird dabei diszipliniert. Eine derartige Disziplinierung ist wichtig, weil man sehr leicht der Verführung erliegt, auch Dinge erfragen zu wollen, die nicht zum Thema gehören und weil man beim Frageformulieren ständig daran erinnert wird, daß es nicht nur darum geht, gelungene Fragen zu formulieren, sondern auch darum, auf einem bestimmten Meßniveau zu messen und bestimmte Analysetechniken anzuwenden.

7. Dimensionalität der Frage*

7.1. Die Grundgleichung der Antwortbestimmung

Die Dimensionalität der Frage läßt sich am besten für die quantitative Frage demonstrieren. Was wir im folgenden für diese Frageart vortragen, gilt im Prinzip jedoch auch für die ordinale Frage.
Die folgenden Ausführungen sind relativ stark an der Faktorenanalyse orientiert, ohne daß jedoch auf den mathematisch statistischen Kalkül dieses Verfahrens eingegangen wird.
Bei einer Untersuchung über die Einstellung der Bevölkerung gegenüber gesellschaftlichen Randgruppen wurde folgende Frage gestellt:

Auch Asoziale sollen eine Wohnung
in Neubausiedlungen erhalten

Folgendes Antwortschema wurde vorgegeben:

stimme zu				lehne ab		
stark	mittel	schwach	unentschieden	schwach	mittel	stark
1	2	3	4	5	6	7

Die Antwort des Befragten sei in folgender Weise bestimmt:

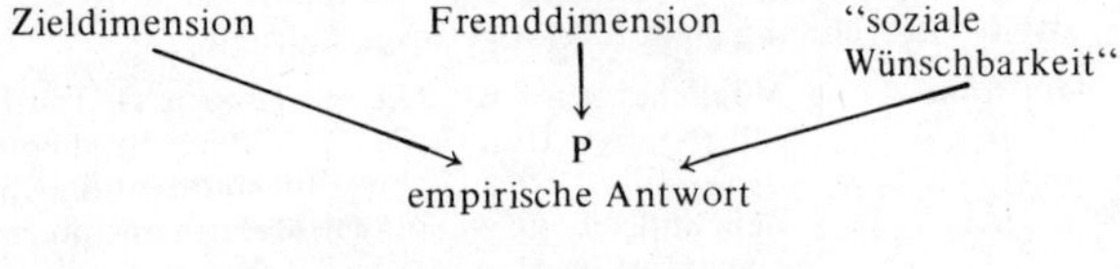

*) Dieser Abschnitt ist eine nur wenig veränderte Version meines Aufsatzes „Theorie der Frage“, in Kölner Zeitschrift für Soziologie und Sozialpsychologie, Heft 1, 1974

In diesem Beispiel ist die Zieldimension A, die durch die Frage angesprochen werden sollte, die Einstellung zu den Asozialen. Wir wollen annehmen, die wahre Einstellung des Befragten entspreche der Antwort „stimme mittelmäßig zu“, betrage also 2 Punkte. Durch diese Frage werden nun jedoch Befragte, die gegenwärtig eine Wohnung suchen, auch noch in einer anderen Dimension angesprochen. Da dies nicht die eigentliche Zieldimension der Untersuchung ist, wird sie „Fremddimension“ genannt. Inhaltlich werden wir sie kurz als Dimension „Wohnungssuche“ bezeichnen. Diese Befragten werden, obwohl sie vielleicht kein Vorurteil gegenüber gesellschaftlichen Randgruppen hegen, die Frage negativ beantworten, etwa mit „lehne mittelstark ab“ (was der Punktzahl 6 entspricht), weil sie durch diese Frage auf mögliche Konkurrenten bei der Wohnungssuche hingewiesen werden.
Es kann nun auch noch eine 3. Dimension die Antwort der Befragten beeinflussen, die „soziale Wünschbarkeit“ einer bestimmten Antwort. Ein Befragter mag Hemmungen haben, ein Vorurteil gegenüber Asozialen auszudrücken, weil er empfindet, daß eine derartige Meinungsäußerung gesellschaftlich inopportun sei. Opportun sei, so glaubt er zu wissen, die Antwort „stimme stark zu“. Dieser Antwort entspricht eine Punktzahl von 1. Dementsprechend verzerrt er seine Antwort in positiver Richtung.
Der Sachverhalt kann anschaulich graphisch dargestellt werden:

Zeichnung: Dimensionen der Frage

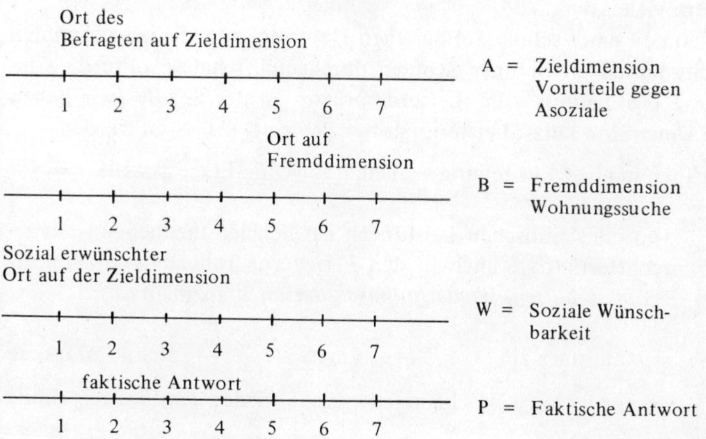

Die Pfeile symbolisieren den „Ort" des Befragten auf der jeweiligen Dimension. Die faktische Antwort ergibt sich – so soll vorläufig angenommen werden – als Durchschnittswert, also

$$(1) \quad P = (A + B + W) \ \frac{1}{3} = (2 + 6 + 1) \ \frac{1}{3} = 3$$

Wir könnten das Modell komplizieren, indem wir auch einen sozial erwünschten Ort auf der Fremddimension mit einbeziehen. Es müßte dann ein zweites W in die Gleichung eingesetzt werden. Diese Komplizierung soll jedoch unterbleiben, um das Modell „handlich" zu lassen.
Es scheint allerdings sinnvoll zu sein, zu unterstellen, daß die 3 Dimensionen A, B und W mit unterschiedlichem Gewicht in den Durchschnittswert eingehen. Wir wollen folgende Gewichte annehmen:

$$(2) \quad P = (2A + 3B + 1W) \ \frac{1}{2{+}3{+}1} = (2 \cdot 2 + 3 \cdot 6 + 1) \frac{1}{6} \approx 4$$

Verallgemeinert lautet die Gleichung:

$$(3) \quad P = (a \cdot \underset{\substack{\uparrow \\ \text{Ziel-} \\ \text{dimension}}}{A} + b \cdot \underset{\substack{\uparrow \\ \text{Fremd-} \\ \text{dimension}}}{B} + w \cdot \underset{\substack{\nwarrow \\ \text{soziale} \\ \text{Wünschbarkeit}}}{W}) \ \underset{\substack{\nwarrow \\ \text{Summe der} \\ \text{einzelnen} \\ \text{Gewichte}}}{\frac{1}{a{+}b{+}w}}$$

Auch eine weitere Verfeinerung scheint notwendig. In aller Regel wird durch die Frage nicht nur eine einzige Fremddimension angesprochen, sondern viele.
Im Rahmen einer schulsoziologischen Untersuchung, die ich zusammen mit Studenten an Berliner Schulen durchgeführt habe, sollte die Einstellung des Lehrers zum Leistungsprinzip an der Schule (wir haben diese Dimension kurz „Leistungsmotiv" genannt) gemessen werden.

Wir haben in einer Einstellungsskala u.a. folgende Frage gestellt:

> Um die schulischen Leistungen der Schüler anzuheben ist es gerechtfertigt, sie auch in den *Ferien* zur Teilnahme an *Arbeitsgemeinschaften, Wiederholungskursen* u.ä. anzuhalten.
>
> stimme stark zu .... lehne stark ab

Das vorgegebene Antwortschema entspricht wieder dem aus Abschnitt 2.3.

Ist der befragte Lehrer bereit, dieser Frage zuzustimmen, ist er bereit, Kinder sogar in ihren Ferien nicht aus dem Leistungsbetrieb zu entlassen – dann besitzt er ein hohes Maß an Leistungsdruck. So war unsere Überlegung. Diese Frage spricht nun jedoch zumindest zwei Fremddimensionen an, die man intuitiv identifizieren kann. Das Reizwort „Ferien" etwa kann eine spezifische Dimension anregen. Möglicherweise gibt es so etwas wie eine Einstellung zu den Ferien mit folgendem Inhalt: In den Ferien muß man verreisen, ausspannen, aus der gewohnten Lebensumwelt heraustreten. Diese Einstellung kann durchaus auch ein Lehrer haben, der im übrigen eine starke Leistungsorientierung besitzt. Auch die „Worte" Arbeitsgemeinschaft und Wiederholungskurse sind sicherlich stark wirkende Reizworte, die irgendwelche anderen Fremddimensionen ansprechen.

In unserer Untersuchung wurde diese Dimension des Leistungsmotivs des Lehrers durch insgesamt 10 Fragen erfaßt. Diese hier vorgetragene Frage erwies sich bei der statistischen Analyse – wie vermutet – als die schlechteste. Sie korrelierte mit den anderen Fragen mit einem quadrierten multiplen Korrelationskoeffizienten (Bestimmtheitsmaß) von $R^2 = 0{,}24$. Bei der Faktorenanalyse erhielt sie eine Ladung von 0,23 bezüglich des 1. Faktors, der inhaltlich als „Leistungsmotiv" interpretiert wurde.

Die verschiedenen Fremddimensionen sollen nun mit $B_1, B_2, B_3 \ldots\ldots$ und ihre Gewichte mit $b_1, b_2, b_3 \ldots\ldots$ bezeichnet werden.

Die Gleichung lautet dann:

$$(4)\quad P = (a \cdot A + b_1 \cdot B_1 + b_2 \cdot B_2 + \ldots + w \cdot W)\ \frac{1}{a+b_1+b_2+\ldots\ldots+w}$$

bzw.

$$(5)\quad P = \left(\frac{a}{a+b_1+\ldots\ldots+w}\right) A + \ldots\ldots + \left(\frac{w}{a+b_1+\ldots\ldots+w}\right) W$$

Vereinfacht geschrieben:

$$(6)\quad P = a^* \cdot A + b_1^* \cdot B_1 + b_2^* \cdot B_2 + \ldots\ldots + w^* \cdot W$$

Diese Gleichung kann unschwer in standardisierter Form geschrieben werden. Die Standardisierung bewirkt:

1) Der Mittelwert einer Variablen wird gleich 0.
2) Die Varianz in dieser Variablen wird gleich 1.
3) Die Folge davon ist: Der einzelne Befragte wird in seiner Distanz vom Mittelwert gemessen, wobei als Maßeinheit die Varianz verwendet wird.

Wenn wir Gleichung 6 in standardisierter Form schreiben wollen, dann müssen die Variablen P, A, B_1 .... W und die Gewichte a* .... in folgender Weise umgeformt werden:

(7a) $a' = \frac{s_A}{s_P} \cdot a^*$ (7b) $b_1' = \frac{s_{B1}}{s_P} \cdot b_1^*$ (7c) $W' = \frac{s_W}{s_P} \cdot w^*$

(8a) $P' = \frac{P - M_P}{s_P}$ (8b) $A' = \frac{A - M_A}{s_A}$ (8c) $B_1' = \frac{B_1 - M_{B1}}{s_{B1}}$

(8d) $W' = \frac{W - M_w}{s_w}$

s_P, s_A, s_{B_1} .... s_w = Standardabweichungen der P-, A-, B_1-, W-Werte.

M_P, M_A, M_{B_1} .... M_w = Mittelwerte der P-, A-, B_1-, W- Werte.

P', A', B_1', W' = standardisierte P-, A-, B_1-, W- Werte.

Gleichung 6 in standardisierter Form geschrieben lautet dann:

(9) $P' = a' \cdot A' + b_1' \cdot B_1' + \ldots \; w' \cdot W'$

Gleichung (9) ist eine (zulässige) lineare Transformation von (6).

Der Einfachheit halber wollen wir bei den folgenden Ausführungen die Symbole in Gleichung (9) ohne Strich schreiben. Also:

(10) $P = a \cdot A + b_1 \cdot B_1 + b_2 \cdot B_2 + \ldots + b_k \cdot B_k + w \cdot W$

Diese Gleichung ist strukturgleich mit der Grundgleichung der Faktorenanalyse. Das ist natürlich kein Zufall. Wir werden später bei der Darstellung der Fragenbatterie als eines sozialwissenschaftlichen Meßinstrumentes diese Strukturgleichheit nutzen.

In Gleichung (10) werden die Bestimmungsgründe für die faktische Antwort eines Befragten auf eine Frage genannt. Wir nennen Gleichung (10) deswegen „Grundgleichung der Antwortbestimmung".
Die „Fremdbestimmtheit" der Antwort des Befragten wird in Gleichung (10) durch den Betrag $b_1 \cdot B_1 + b_2 \cdot B_2 + \ldots + b_k \cdot B_k$ angegeben. Wir können diesen Betrag kurz durch F symbolisieren und schreiben.

(11) $P = a \cdot A + F + w \cdot W$

Besondere Bedeutung kommt a zu. Das ist das Gewicht, mit dem die Frage auf der Zieldimension mißt. Wir wollen „a" kurz „Treffgenauigkeit" der Frage nennen.
Die Variablen des Modells der Antwortbestimmung aus Gleichung 10 und 11 seien nochmals definiert.

P	=	empirische, faktische Antwort (standardisiert)
A	=	wahrer Wert des Befragten auf der Zieldimension (standardisiert)
a	=	Gewicht, mit dem die Frage auf der Zieldimension mißt. Wir wollen diese Gewichtszahl die „Treffgenauigkeit" der Frage nennen.
F	=	Fremdbestimmtheit der Antwort des Befragten
$B_1, B_2 \ldots$	=	Wert des Befragten auf den Fremddimensionen (standardisiert)
$b_1, b_2 \ldots$	=	Gewichtszahlen der Fremddimension
W	=	Wert auf der Zieldimension, von dem der Befragte glaubt, daß er sozial erwünscht wird – kurz: soziale Wünschbarkeit – (standardisiert)
w	=	Gewichtszahl des Bestimmungsfaktors der sozialen Wünschbarkeit

7.2. Die Annahmen des Modells

Das Modell der Antwortbestimmung, das in obiger Gleichung formuliert wurde, weist folgende Charakteristiken auf:

1. Es bezieht sich auf Fragen, die Dimensionen von Befragten messen sollen („Responseskalierung").
2. Das Modell setzt quantitative Größen voraus. Insbesondere wird also unterstellt, daß die empirische Antwort P des Befragten ein auf einer Intervall- oder sogar Ratio-Skala liegender Wert ist.
3. Es verbindet die Bestimmungsfaktoren für P in additiv-linearer Weise.

7.3. Die Treffgenauigkeit

Die Treffgenauigkeit ist das Gewicht, mit dem die Frage, im Vergleich zu den Fremddimensionen und zur sozialen Wünschbarkeit, auf der Zieldimension mißt. Das ist eine formale Definition. Psychologisch könnte definiert werden: Die Treffgenauigkeit einer Frage ist das Maß, in dem die Frage die angezielte Dimension im Persönlichkeitssystem des Befragten anspricht. Diese Definitionen sollen durch einige Beispiele erläutert werden.

Die Zieldimension sei die schulische Zufriedenheit des Schülers. In unserer schulsoziologischen Untersuchung wurde diese Dimension u.a. durch folgende Fragen gemessen (insgesamt umfaßte die Fragebatterie neun Fragen):

1) Gehst Du gerne in die Schule?
   a) sehr gerne
   b) etwas gerne
   c) nicht gerne
   d) gar nicht gerne

2) Wenn Du morgens aufwachst, möchtest Du da manchmal ganz gerne krank sein, um nicht zur Schule gehen zu müssen?
   a) das möchte ich jeden Tag
   b) das möchte ich öfters
   c) das möchte ich selten
   d) das möchte ich nie

3) Möchtest Du Deine Hausaufgaben zu Hause machen oder wäre es Dir lieber, wenn Du sie am Nachmittag in der Schule machen könntest?
   a) ich möchte sie lieber zu Hause machen
   b) es ist mir gleich lieb
   c) ich möchte sie lieber in der Schule machen

4) Zähle bitte genau nach, wie oft Du seit den letzten Herbstferien wegen Krankheit nicht in die Schule gehen konntest.
Ich war .... mal krank.

Die Treffgenauigkeit, das Maß, in dem die Frage im Befragten die Zieldimension anspricht, nahm bei diesem Beispiel von Frage zu Frage ab. Als Indikator für die Treffgenauigkeit wurde die bei der Faktorenanalyse ermittelte Ladung auf dem 1. Faktor (der inhaltlich als „schulische Zufriedenheit" interpretiert werden konnte) verwendet. (Darüber wird später noch ausführlich zu sprechen sein; hier kann lediglich gesagt werden, daß die Faktorladung identisch mit der Treffgenauigkeit a ist.)
Die ersten Faktorladungen der 4 Fragen waren:
0.75, 0.40, 0.21, 0.07.

Die letzte Frage, die Frage nach der Krankheitshäufigkeit, trifft die Zieldimension praktisch nicht mehr. Die Frage, ob der Schüler seine Hausaufgaben lieber in der Schule oder lieber zu Hause machen würde, trifft die Zieldimension „schulische Zufriedenheit" ebenfalls schlecht. Auch Schüler, die – nach den anderen Fragen der Skala beurteilt – eine gute schulische Zufriedenheit besaßen, entschieden sich dafür, die Hausaufgaben lieber zu Hause zu machen. Die Schüler erläuterten uns: „Wenn ich die Hausaufgaben in der Schule mache, muß ich nach dem Essen wieder den langen Weg in die Schule zurücklegen. Zu Hause kann ich zwischendurch mal Radio hören. Ich kann mir da das Arbeiten einteilen, wie ich will." Das sind Äußerungen, die darauf schließen lassen, daß die Zieldimension der schulischen Zufriedenheit in den befragten Schülern nicht (genügend stark) angeregt wurde.
Nun wäre es schön, wenn sich eine Regel finden ließe, die angibt, wie man Fragen formulieren soll, damit sie hoch treffgenau sind. Eine solche Regel existiert leider nicht. Es bleibt der Intuition des Forschers überlassen, gute Fragen zu finden. Dabei ist es allerdings nicht so, daß nur die Intuition (d.h. letzten Endes die Willkür) des Forschers entscheidet. *Nachdem* die Frage formuliert ist, kann überprüft werden, ob die Frage genügend treffgenau war.
Da der Forscher im voraus jedoch nicht abschätzen kann, wie gut die Fragen sind, die er formuliert, sollte er möglichst viele Fragen zur Zieldimension formulieren (und in einer Vorbefragung testen). Damit wird die Chance, gute Fragen zu finden, größer. So läßt sich also nun doch eine Regel aufstellen, wie man am besten zu treffgenauen Fragen gelangt.

Regel: Um die Chance zu erhöhen, daß man Fragen mit befriedigender Treffgenauigkeit erhält, sollte man für eine Zieldimension möglichst viele Fragen formulieren.

7.3.1. Bestimmungsgründe der Treffgenauigkeit

Wodurch wird nun die Treffgenauigkeit einer Frage bestimmt?
In der bereits erwähnten Lehrerbefragung sollte die „Einstellung des Lehrers zum Leistungsprinzip in der Schule" u.a. durch folgende Frage gemessen werden:

Die guten Schüler sind auch immer die glücklichen?
stimme stark zu . . . . lehne stark ab . . . .

Diese Frage erwies sich – wieder über die Faktorenanalyse ermittelt – als wenig brauchbar. Wir erhielten auf sie, möglicherweise aus zwei Gründen, eine falsche Antwort. (1) Weil die Frage schlecht ist und (2) weil die Zieldimension „schwierig" ist. D.h. die schlechte Treffgenauigkeit kann in der Formulierung der Frage begründet sein, sie kann aber auch durch die besondere Qualität der Zieldimension – die hier als „schwierig" gekennzeichnet wurde – bestimmt sein.
Wann ist eine Zieldimension „schwierig"? Das hängt sicherlich davon ab, ob eine Dimension *im* Persönlichkeitssystem des Befragten verbalisiert vorhanden ist.
Sein Lebensalter, als Meßdimension, ist im Lehrer verbalisiert, sozusagen vorformuliert und abrufbereit vorhanden. Seine „Einstellung zum Problem der Hausaufgaben" ist möglicherweise auch noch verbalisiert, aber nicht mehr so deutlich vorformuliert in ihm vorhanden. Seine Einstellung zum Leistungsprinzip an der Schule ist vielleicht nur noch halbverbalisiert und sein Autoritätsgrad schon nicht mehr verbalisiert und vorformuliert in ihm vorhanden.
Es gibt also verschiedene Grade der Vorformuliertheit (mit der die Zieldimension im Persönlichkeitssystem des Befragten vorhanden ist). Die Treffgenauigkeit der Frage ist wesentlich davon abhängig.
Auch auf Fragen, die sich auf nicht vorformulierte Zieldimensionen richten, erhält man in der Regel eine Antwort. Da jede Frage, auch die treffungenaue Frage, eine gewisse Fremdbestimmtheit besitzt, also auf irgendwelchen Fremddimensionen mißt, erhalten wir von den befragten Lehrern trotzdem eine Antwort, aber eben eine, die sich nicht auf die Zieldimension bezieht, also eine falsche.

Die Befragung als eine Datenerhebungsmethode trifft hier auf eine natürliche Grenze. Was nicht mindestens andeutungsweise vorformuliert im Befragten vorliegt, kann nicht erfragt werden.

7.4. Die Befragung über „Ersatz"-Dimensionen

Diese Grenze kann jedoch umgangen werden wie ich an zwei Beispielen deutlich machen möchte.
Wir haben in unserer schulsoziologischen Untersuchung versucht, bei den befragten Lehrern eine Einstellung zu ermitteln, die wir „Helfermotiv" nannten. Wir definierten diese Einstellung als die Bemühung des Lehrers, Frustrationen von den Kindern fernzuhalten. Das ist eine Einstellung, die der Lehrer vermutlich nicht verbalisieren kann. Sie kann jedoch indirekt gemessen werden, nach folgendem Schema:

Zeichnung: Zieldimension und Ersatz-Dimension

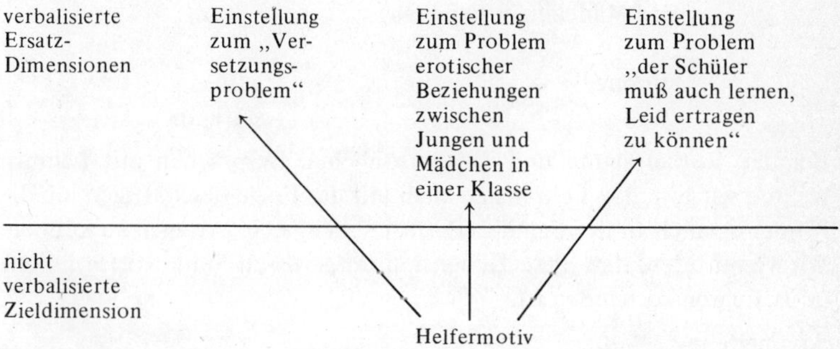

Die nicht verbalisierte Dimension des Helfermotivs ist kausal verknüpft mit anderen Dimensionen, von denen angenommen werden darf, daß sie im Befragten verbalisiert vorliegen. Wir unterstellen in unserer Lehrer-Studie, daß das Helfermotiv des Lehrers seine Einstellung zum Problem der Versetzung von Schülern bei schlechten Leistungen bestimmt. Dies ist ein Problem, mit dem sich jeder Lehrer vielfach auseinandersetzen muß. Seine Einstellung zu diesem Problem liegt sicherlich verbalisiert in ihm vor. Wir haben deswegen die nicht-verbalisierte Dimension des Helfermotivs über diese verbalisierte „Ersatz"-Dimension erkundet durch Fragen wie:

Einen Schüler nicht zu versetzen bedeutet,
ihm einen Schock beizufügen, der sich auf
sein ganzes Leben auswirkt.

stimme stark zu .... lehne stark ab

Eine weitere Frage zu dieser Ersatzdimension wird im übernächsten Abschnitt vorgetragen.
Das Helfermotiv kann sich nun auch darin äußern, wie der Lehrer auf erotische Beziehungen zwischen Jungen und Mädchen in seiner Klasse reagiert. Auch das ist ein Problem, mit dem der Lehrer sich immer wieder auseinandersetzen muß. Diese Dimension liegt sicherlich verbalisiert in ihm vor.
Wir formulierten:

Der Lehrer muß es verhindern, daß sich in
seiner Klasse Zuneigungen zwischen Jungen
und Mädchen entwickeln.

stimme stark zu .... lehne stark ab

Bei der Vorbefragung und bei persönlichen Gesprächen mit Lehrern stellten wir fest, daß Lehrer sich auch mit der Frage beschäftigen, ob die Kinder es auch in der Schule erlernen sollen, Leid ertragen zu können. Wir vermuteten, daß diese Dimension im gewissen Sinne vorformuliert im Befragten vorhanden ist.
Wir fragten:

Es ist unter pädagogischen Gesichtspunkten
wichtig, daß Kinder es auch in der Schule
lernen, Leid zu ertragen.

stimme stark zu .... lehne stark ab

Das Problem der Erfragung einer nicht-verbalisierten Zieldimension über verbalisierte „Ersatz"-Dimensionen besteht natürlich darin, ob die Ersatz-Dimension auch wirklich im Persönlichkeitssystem des Befragten mit der Zieldimension verknüpft ist.
Der Sachverhalt kann graphisch in folgender Weise dargestellt werden:

Zeichnung: Verhältnis Zieldimension – Ersatzdimension – Fragen

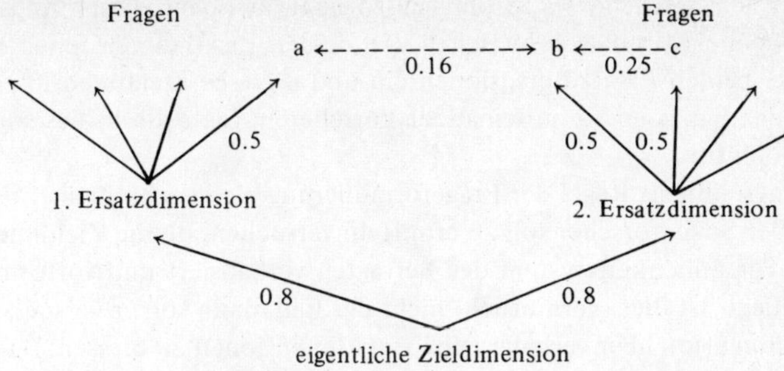

Die 1. und 2. Ersatzdimension korrelieren – so soll angenommen werden – mit der Zieldimension mit 0,8. Frage a korreliert mit der 1. Ersatzdimension (auf der sie mißt) mit 0,5. Genauso Frage b, die auf der 2. Ersatzdimension mißt. Die beiden Fragen a und b können dann (dem Pfad von a nach b folgend) theoretisch höchstens mit 0,5 · 0,8 · 0,8 · 0,5 = 0,16 miteinander korrelieren.

Die Fragen innerhalb einer Ersatzdimension werden in der Regel jedoch höher miteinander korrelieren. So korrelieren b und c theoretisch mit 0,5 · 0,5 = 0,25. Bei der geometrischen Darstellung der Ergebnisse der Faktorenanalyse (jede Frage wird im Koordinatensystem durch einen Punkt dargestellt) werden dann auch normalerweise so viele gegeneinander abgegrenzte Punkthaufen entstehen, wie Ersatzdimensionen vorhanden sind.

Das Bild könnte etwa folgendes sein:

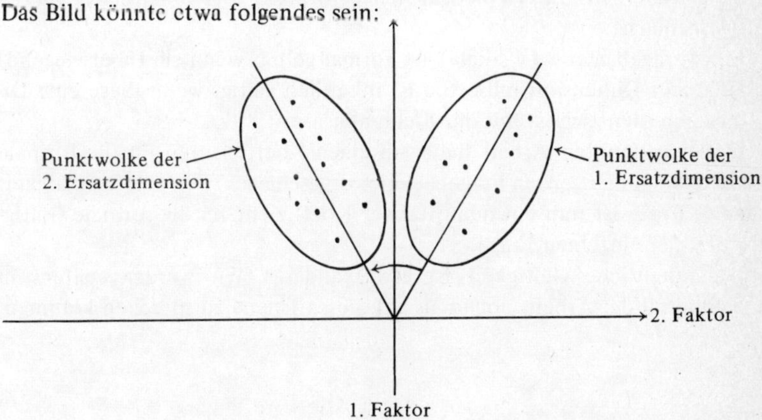

Durch die Punktwolken (etwa durch deren Schwerpunkt) könnten Achsen gelegt werden. Der Kosinus des Winkels zwischen diesen Achsen gibt dann die Korrelation zwischen den beiden Ersatzdimensionen an. Wenn die beiden Ersatzdimensionen ein und dieselbe Zieldimension ersetzen, dann müssen sie miteinander korrelieren. Sie sollten dies sogar relativ hoch tun.

Wir können nun als Regel der Frageformulierung niederschreiben.

Regel: Der Sozialforscher soll zu ermitteln versuchen, ob die Zieldimension im Persönlichkeitssystem des Befragten verbalisiert und vorformuliert vorliegt. Ist dies (vermutlich) nicht der Fall, dann soll er versuchen, die Zieldimension über verbalisierte Ersatzdimensionen zu messen. Dabei werden in der Regel die Interkorrelationen zwischen den Fragen verschiedener Ersatzdimensionen sehr klein werden. Bei der Faktorenanalyse lassen sich dann möglicherweise je Ersatzdimension Punktwolken identifizieren, durch die Achsen gelegt werden können. Der Kosinus des Winkels zwischen den Achsen gibt die Korrelation zwischen den Ersatzdimensionen an. Sie sollte relativ hoch sein (etwa 0,6).

7.5. Treffgenauigkeit und Gültigkeit

In der Sozialforschung wird ein Instrument (in unserem Falle: eine Frage) als gültig bezeichnet, wenn es tatsächlich auf der Zieldimension mißt.

In meiner Arbeit „Gültigkeit von Skalen und Indices“ (Holm 1970) habe ich einen Unterschied zwischen formaler und inhaltlicher Gültigkeit gemacht.

Eine Fragebatterie (= Skala) ist formal gültig, wenn sie (überwiegend) auf einer Dimension mißt. Sie ist inhaltlich gültig, wenn diese eine Dimension identisch ist mit der Zieldimension.

In der genannten Arbeit habe ich einen Koeffizienten für die formale Gültigkeit einer ganzen Fragebatterie vorgeschlagen. Die Treffgenauigkeit einer Frage ist nun ein quantitativer Koeffizient für die formale Gültigkeit einer einzelnen Frage.

Die inhaltliche Gültigkeit ist etwas anderes. Wir werden später, im Schlußteil der Arbeit, nochmals auf dieses Thema zu sprechen kommen.

7.6. Die Fremdbestimmtheit

Mit „Fremdbestimmtheit“ wurde das Maß, in dem die Frage auf Fremddimensionen mißt, bezeichnet. Wodurch entsteht die Fremdbestimmtheit? Eine Frage ist nun einmal aus Worten zusammengesetzt. Jedes Wort besitzt einen bestimmten Reizwert. Jedes Wort spricht irgendwelche Dimensionen im Befragten an.
Je länger nun eine Frageformulierung, je stärker der Reizwert der verwendeten Worte, um so größer wird die Fremdbestimmtheit der Frage.
Wir wollen das „Helfermotiv“ des Lehrers erkunden. Es wurde u.a. die Frage gestellt:

> Wenn im *Lehrerkollegium* Zweifel bestehen, ob man einen Schüler *versetzen* soll oder nicht, dann sollte man ihn *prinzipiell* versetzen, wenn man vermutet, daß ihm durch eine Nichtversetzung *seelischer Schaden* zugefügt wird.
> stimme stark zu . . . . lehne stark ab

Wird dieses „Statement“ abgelehnt – so unsere Interpretation – so läßt das darauf schließen, daß dem Lehrer bei der Lösung des Versetzungsproblems das „seelische Wohlbefinden“ des Schülers nicht so sehr wichtig ist, daß er – um es kurz zu formulieren – ein geringes Helfermotiv besitzt.
Nun umfaßt diese Frageformulierung sehr viele Worte, von denen viele wieder einen hohen Reizwert besitzen:

1. Das Wort „Lehrerkollegium“ (damit verbindet sich für den Lehrer vielleicht die Vorstellung von Konkurrenz und Intrige).
2. „Versetzung“ (dieses Wort spricht vielleicht eine ganz besondere Einstellung „zum Versetzungsproblem“ an. Wie soll die Deutschnote gewichtet werden? etc.).
3. Das Wort „prinzipiell“ (es gibt durchaus Menschen – vor allem unter Lehrern –, die das Wort „prinzipiell“ nicht mögen) und schon deswegen – relativ unabhängig vom eigentlichen Frageinhalt – zu einer Verneinung neigen.
4. „Seelischer Schaden“ (das ist das Reizwort, mit dem wir beabsichtigen, die Dimension „Helfermotiv“ zu messen).

Wir hatten diese Dimension „Helfermotiv“ durch eine Fragebatterie von 12 Fragen erkundet. Die vorgetragene Frage erwies sich als die schlechteste. Ihre höchste Korrelation mit einer anderen Frage war 0,18. Sie

besaß bezüglich der übrigen 11 Fragen einen quadrierten multiplen Korrelationskoeffizienten (Bestimmtheitsmaß) von 0,12.
Diese Frage sprach in starkem Maße viele Fremddimensionen an. Die eigentliche Zieldimension trat hinter diesen Fremddimensionen zurück. Fragen sind nun einmal aus Worten zusammengesetzt. Das läßt sich nicht ändern. Wir können jedoch die Regel formulieren:

Regel: Frageformulierungen sollen möglichst kurz sein (d.h. so wenig Worte wie möglich umfassen). Vor allem sollen sie keine Worte enthalten, die mit (vermutlich) hohem Reizwert auf Fremddimensionen messen.

Die Befolgung dieser Regel führt in aller Regel zu trockenen und langweiligen Frageformulierungen. Das ist nicht zu ändern. Frageformulierung ist keine Sache für Literaten und Sprachästheten.
Ein 2. Bestimmungsgrund für die Entstehung von Fremdbestimmtheit ist folgender: Bei vielen Sozialforschern ist eine Neigung zu projektiven, allgemein indirekten Formulierungen festzustellen.
Unter indirekten Fragen sollen im folgenden Fragen verstanden werden, die nicht direkt die Zieldimension „ansteuern". Das ist natürlich keine exakte Definition. Eine solche läßt sich wohl auch kaum formulieren. Denn was der direkte Weg zum Ziel ist, kann durchaus umstritten sein. Ein etwas kurioses Beispiel soll der Erläuterung dienen. Die Zieldimension sei das Lebensalter. Die direkte Frage lautet: „Wie alt sind Sie?". Indirekte Fragen wären: 1. „Welcher Jahrgang sind Sie?" und 2. „Wieviel Zähne fehlen Ihnen?" Die erste indirekte Frage ist eine „Frage durch die Hintertür", die zweite ist eine „Frage auf dem Umweg über eine Ersatzdimension".
Indirektes Formulieren ist notwendig, wenn man annehmen muß, daß die Zieldimension nicht verbalisiert im Befragten vorliegt, also nur über Ersatzdimensionen erfragt werden kann. Wie bereits ausgeführt wurde, ist dabei die Fremdbestimmtheit der Fragen (vermutlich) immer sehr hoch, weil die Ersatzdimensionen eine bestimmte Eigenständigkeit (d.h. Unabhängigkeit von der Zieldimension) besitzen. (Die Zahl der fehlenden Zähne ist sicherlich vom Lebensalter abhängig – aber eben nicht nur.)
Indirekt formulieren muß man auch, wenn der Befragte nicht die eigentliche Zieldimension erkennen darf (weil er sonst die sozial erwünschte Antwort gibt – darauf wird im nächsten Abschnitt eingegangen). Dann formuliert man „durch die Hintertüre". Indirekt formulieren heißt, ab-

sichtlich nicht die Zieldimension direkt ansteuern. Die Zieldimension wird entweder über Ersatzdimensionen gemessen oder durch bestimmte Frageformulierung so angeregt, daß der Befragte davon nichts merkt. Die direkte Formulierung zur Erkundung der schulischen Zufriedenheit von Schülern ist:

Gehst Du gerne in die Schule?

Eine indirekte Formulierung wäre:

Wenn Du unter der Woche morgens aufwachst,
hast Du dann manchmal richtige Unlustgefühle?

Wir haben diese letzte Frage in unserer schulsoziologischen Untersuchung nicht verwendet. Sie hätte sich aber sicherlich als wenig brauchbar erwiesen. Im Abschnitt über die Treffgenauigkeit wurden verschiedene Fragen zur Zieldimension schulische Zufriedenheit vorgetragen. Je indirekter die Formulierung, um so schlechter (nach den Ergebnissen der Faktorenanalyse beurteilt) war sie.
Ein anderes Beispiel: Wir wollten das „Disziplinarmotiv" des Lehrers, seine Einstellung zum Prinzip von „Ruhe und Ordnung" in der Schule ermitteln. Wir mußten befürchten, daß bei direkter Frageformulierung der befragte Lehrer die Zieldimension erkennen würde und dann eine bei ihm vorhandene konservative Einstellung nicht eingestehen würde (d.h. die für Berliner Verhältnisse sozial erwünschte progressive Antwort geben würde).
So formulierten wir zunächst folgende etwas indirekte Fragen (die Fragebatterie umfaßte insgesamt 5 Fragen – nachdem mehrere unbrauchbare aussortiert wurden):

1. Ein guter Pädagoge hat eine disziplinierte Klasse.
2. Die Abschaffung der Strafarbeit als erzieherische Maßnahme war keine glückliche Entscheidung

Weiter hinten im Fragebogen stellten wir dann die direkte Frage (deren Wirksamkeit wir bezweifelten):

3. Ohne Ruhe und Ordnung ist kein Lernerfolg zu erzielen.

Auf alle diese Fragen wurde das Antwortschema „stimme stark zu .... lehne stark ab" vorgegeben. In der Faktorenanalyse wurde nur ein signifikanter Faktor gefunden. Die Ladungen der obigen 3 Fragen waren:

0.42, 0.32, 0.63. D.h. die direkte Frage erwies sich (gemessen an den Ergebnissen der Faktorenanalyse) als jene, die die höchste Ladung auf dem 1. Faktor, (der inhaltlich als „Disziplinarmotiv“ interpretiert wurde) besaß – anders formuliert: als jene, die die geringste Fremdbestimmtheit aufwies.

Wir können nun als Regel formulieren:

Regel: Wenn man nicht gezwungen wird, indirekt zu formulieren (weil die Zieldimension nicht verbalisiert ist, oder weil der Befragte sonst die sozial erwünschte Antwort gibt), sollte man sich bemühen, so direkt wie möglich zu formulieren. Dadurch wird die Fremdbestimmtheit minimiert. Ist man sich nicht sicher, ob die beiden Gründe, die zur indirekten Formulierung berechtigen, vorliegen oder nicht, dann sollte man, um alle Eventualitäten zu berücksichtigen, indirekte, aber auch (im Fragebogen an anderer Stelle) direkte Fragen stellen.

7.7. Die soziale Wünschbarkeit

Wenn wir dem Lehrer die Frage stellen „Wieviel Stunden in der Woche unterrichten Sie?“, dann treffen wir damit sehr genau die Dimension „Arbeitszeit des Lehrers“, die wir angezielt haben. Die Frage ist auch kaum fremdbestimmt. Wir erhalten eine eindeutig richtige Antwort. Wenn wir die Frage stellen „Wieviel verdienen Sie?“, dann treffen wir sicherlich sehr genau die angezielte Meßdimension „Einkommenshöhe“. Die Frage ist auch kaum fremdbestimmt. Trotzdem bekommen wir vielleicht eine falsche (oder gar keine) Antwort. Der Befragte besitzt eine gewisse Hemmung, sich in dieser Dimension zu offenbaren.

Wenn wir den Lehrer fragen „Kinder müssen lernen, sich im Unterricht diszipliniert zu verhalten – stimmen Sie zu oder ....“, dann treffen wir möglicherweise befriedigend die angezielte Meßdimension „Einstellung zur Disziplin“, auch die Fremdbestimmtheit mag noch eine akzeptable Größe besitzen. Möglicherweise erhalten wir jedoch eine falsche Antwort, weil der Befragte – unbewußt oder halbbewußt – eine konservative Haltung nicht eingestehen will.

Meßdimensionen erzeugen Antwortverzerrung in dem Maße, in dem der Befragte mit seiner Ausprägung in dieser Dimension von der sozial erwünschten abweicht.

Diese Aussage kann durch eine Graphik präzisiert werden. Als Beispiel soll die Zieldimension des Einkommens verwendet werden.

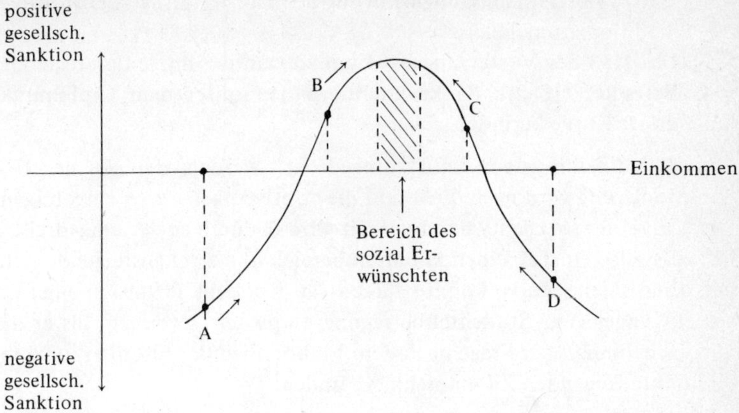

Die eingezeichnete Kurve soll „Kurve der sozialen Wünschbarkeit" genannt werden. Sie gibt an, welche Sanktionierung der Befragte für seine jeweilige eigene Ausprägung (im Beispiel: für sein Einkommen) zu erhalten glaubt. Die Kurve besitzt einen positiven Bereich und links und rechts außen je einen negativen Bereich.

Der Befragte A wird Antwortverzerrung zeigen, da er sich im Bereich negativer gesellschaftlicher Sanktionierung empfindet. Er verdient „zu wenig". Er schämt sich, d.h. er fürchtet sich vor der Mißachtung, die ihn treffen würde, falls er eine wahre Angabe macht. Die sanktionierende Gesellschaft wird für ihn durch den Interviewer repräsentiert – oder bei einer postalischen Befragung sogar durch den anonymen Auswerter. A wird seine Antwort im extremen Fall verweigern oder in Richtung zum „Bereich des sozial Erwünschten" verschieben. Das gleiche gilt auch für den Befragten D, der ein „unanständig" hohes Einkommen bezieht. Das gilt aber nun auch für B und C, obwohl sich diese nicht im Bereich der negativen Sanktionierung befinden. Sie können ihr Maß gesellschaftlichen Beifalls jedoch vergrößern, wenn sie ihre Antwort in Richtung des „Bereichs maximalen Beifalls" verzerren.

Die Kurve in dieser Graphik ist natürlich eine Konstruktion. Sie ist jedoch in gewisser Annäherung, wie verschiedene Untersuchungen erwiesen, empirisch zu gewinnen. Die Kurve lehrt uns die wichtige Erkenntnis:

1. Der Befragte wird seine Antwort in Richtung auf den Bereich maximalen Beifalls verzerren – gleichgültig, ob er seinen wahren

„Ort“ auf der Meßdimension im Bereich negativer oder positiver Sanktionierung hat.

2. Das Maß der Verzerrung wird um so stärker sein, je tiefer sich der Befragte auf der Sanktionierungskurve unter dem Gipfelpunkt dieser Kurve befindet.

Das Koordinatensystem kann „umgedreht“ werden, d.h. die negative Sanktionierung wird nach *oben* und die positive nach *unten* eingetragen. Die Kurve der sozialen Wünschbarkeit wird dadurch auch „umgedreht“. Sie weist also ein Tal, einen Minimumbereich und zwei ansteigende Äste auf. Eine solche Kurve konnte Jürgen van Koolwijk (1969) in einer geschickt angelegten Studentenbefragung empirisch gewinnen, als er die Unangenehmheit der Frage nach dem Einkommen der Eltern erkundete. Er konnte folgenden Zusammenhang finden:

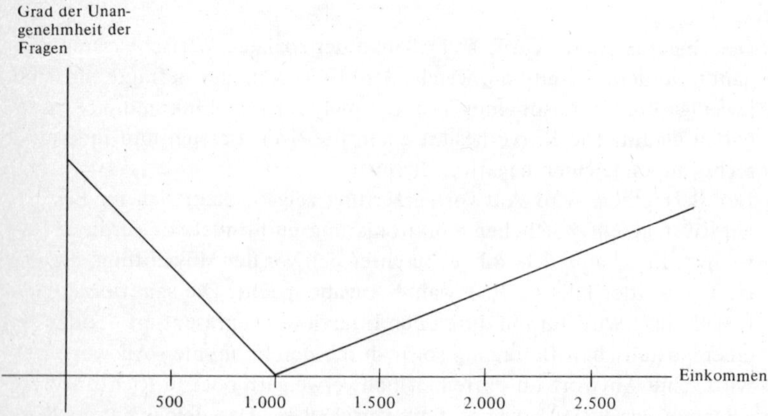

Es wird deutlich sichtbar, daß die Kurve einen Minimumbereich und zwei ansteigende Äste besitzt. Der Grad der empfundenen Unangenehmheit in der Koolwijk'schen Kurve entspricht der drohenden negativen gesellschaftlichen Sanktionierung für eine bestimmte Antwort in der hier postulierten „Kurve der sozialen Wünschbarkeit“.
Auch eine andere empirische Studie macht die Wirkung dieses Faktors der sozialen Wünschbarkeit deutlich.
Phillips und Clancy (1970) haben eine sehr interessante Untersuchung zum Problem der Antwortverzerrung durchgeführt, die im folgenden kurz vorgetragen werden soll. In mehreren Untersuchungen zum Thema

der psychisch-geistigen Gesundheit (engl. "mental health") wurde eine ursprünglich von Langner u.a. (1963) entwickelte 22-Item-Skala verwendet.
Diese Skala enthält Items wie „Fühlen Sie sich – auch wenn Sie unter Freunden sind – etwas isoliert und alleine? ", „Haben Sie Schwierigkeiten einzuschlafen? " Die meisten Items beziehen sich unmittelbar auf körperliche Symptome einer psychisch-geistigen Erkrankung wie Herzschmerzen, Kopfschmerzen, schlechten Appetit, Magenbeschwerden etc. (Die Mental Health/Illness wird also ausschließlich über „Ersatz"-Dimensionen gemessen.)
Ein „Ja" auf eine Frage wird als Symptom einer schlechten „Mental Health" gedeutet und mit 1 Punkt gewertet. Ein „Nein" erhält 0 Punkte. Die Variationsbreite der Skala beträgt also 22 Punkte. Befragte mit 4 und mehr Punkten werden schon als leicht psychisch-geistig krank eingeordnet. Viele der mit dieser 22-Item-Skala durchgeführten Untersuchungen wiesen eine positive Korrelation zwischen Schichtzugehörigkeit und Mental-Health auf (je höher die Schicht, um so besser die Mental Health).
Es wurde nun der Verdacht geäußert, daß die Items der Mental Health-Skala vor allem unter dem Einfluß des Faktors der sozialen Wünschbarkeit beantwortet werden. Der Befragte verzerrt seine Antwort in Richtung auf die (gesellschaftlich positiv sanktionierte) Normalität. Das Maß, in dem eine Anormalität als peinlich empfunden wird, das Maß also der Antwortverzerrung, so vermutet nun Dohrenwend, nimmt mit höherer Schichtzugehörigkeit zu. So entsteht dann der Eindruck, als ob die Menschen psychisch-geistig um so gesünder sind, je höher ihre Schichtzugehörigkeit ist.
Phillips und Clancy konnten diese Vermutung empirisch weitgehend bestätigen. Sie erkundeten zuerst die soziale Wünschbarkeit der verschiedenen Symptome, die in den 22 Items angesprochen werden. Jedes Item, genauer jedes in einem Item angesprochene Symptom, mußte von dem Befragten auf einem 9-Punkte-Kontinuum der sozialen Wünschbarkeit eingeordnet werden. Für jeden Befragten wurde dann für die gesamte 22-Item-Skala ein Durchschnittswert der sozialen Wünschbarkeit erreicht. Zeitlich früher wurde mit gerade dieser 22-Item-Skala die Mental Health der Befragten festgestellt.

Die Ergebnisse der Untersuchung waren folgende:

	Durchschnittliche von den Befragten geäußerte „soziale Wünschbarkeit" der in der 22-Item-Skala enthaltenen Symptome		
	gering	mittel	hoch
Anteil der Befragten mit 4 und mehr Symptomen	7,7 %	22,0 %	37,1 %

Von den (100 %) Befragten, die die soziale Wünschbarkeit der Symptome gering beurteilen – die also starke Antwortverzerrung erwarten lassen – sind lediglich 7,7 % bereit, 4 und mehr Symptome einer psychisch-geistigen Erkrankung einzugestehen.
Von den (100 %) Befragten, die dagegen die soziale Wünschbarkeit der Symptome höher einschätzen – von denen wir eine geringe Antwortverzerrung erwarten dürfen – sind 37,1 % bereit, 4 und mehr Symptome einzugestehen.
Die 9-Punkte-Skala der sozialen Wünschbarkeit, die Phillips und Clancy verwendeten, besaß keinen echten Nullpunkt. Wir dürfen annehmen, daß keiner der Befragten eines der angesprochenen Symptome zu besitzen wünschte. Es handelt sich also um Unterschiede der gesellschaftlichen Unerwünschtheit der Symptome. Ein Befragter mit 1 „Wünschbarkeits-Punkt" hält die Symptome stärker für gesellschaftlich unerwünscht, als ein solcher mit 9. Wir können also sagen: Je niedriger die Punktzahl, um so größer wirkt der Faktor der sozialen Wünschbarkeit (um so größer ist in der Grundgleichung der Antwortbestimmung die Gewichtszahl w).

	Schichtzugehörigkeit		
	nieder	mittel	hoch
durchschnittliche Punktwerte der sozialen Wünschbarkeit der Symptome	2,8	2,3	2,1
durchschnittliche Zahl der Symptome einer psychisch-geistigen Erkrankung	3,4	2,1	1,6

Je höher die Schicht, um so geringer wird die soziale Wünschbarkeit der Symptome eingeschätzt, um so stärker wird also die Antwortverzerrung in Richtung auf „Normalität“ sein. Im unteren Teil der Tabelle wird das bestätigt. Je höher die Schicht, um so besser die Mental Health – sagen wir vorsichtiger um so geringer die Zahl der zugegebenen Symptome.
Die entscheidende Frage lautet: Wird der Zusammenhang zwischen Mental Health und Schichtzugehörigkeit, wie er in dem unteren Teil der Tabelle ausgedrückt ist, ausschließlich durch dieses Phänomen der sozialen Wünschbarkeit erklärt?
Die Autoren haben, um diese Frage zu beantworten, eine Korrelationsanalyse durchgeführt und dabei ermittelt, daß beide Faktoren, die „soziale Wünschbarkeit“, aber auch die Schichtzugehörigkeit die Punktwerte für die Mental Health bestimmen. Sie haben eine eigenständige Wirkung der sozialen Wünschbarkeit von $r = .37$ ermittelt (partieller Korrelationskoeffizient), die etwas größer ist als die eigenständige Wirkung der Schichtzugehörigkeit (partielles $r = -.32$).
Was kann nun getan werden, um die Wirksamkeit dieses Faktors der sozialen Wünschbarkeit zu reduzieren? Wie können zu starke Verzerrungen der Antwort hin in Richtung auf den „Ort des sozial Erwünschten“ vermieden werden?
Dieses Problem wurde im vorausgegangenen Abschnitt schon bei der Darstellung der Fremdbestimmtheit diskutiert. Man muß, wie dort gesagt wurde, indirekt formulieren, und zwar entweder „durch die Hintertüre“ oder über Ersatzdimensionen. Dabei ist aber zu berücksichtigen, daß die Fremdbestimmtheit dann größer wird. Man kann also sehr leicht vom Regen in die Traufe gelangen.
So soll nun als Regel geschrieben werden:
Regel: Der Sozialforscher muß entscheiden, ob der Faktor der sozialen Wünschbarkeit eine stärkere Antwortverzerrung bewirkt als die Fremdbestimmtheit. Dann muß er so indirekt formulieren, daß dem Befragten die eigentliche Zieldimension unbekannt bleibt. Da man nie sicher weiß, ob die soziale Wünschbarkeit oder die Fremdbestimmtheit der stärkere verzerrende Faktor ist, wird es die beste Strategie sein, zuerst indirekte Fragen und dann (im Fragebogen weiter hinten) direkte Fragen zu stellen.

7.8. Die „Ja-Sage-Tendenz“

Bei einem Befragten liegt eine Ja-Sage-Tendenz vor, wenn er – unabhängig vom Frageinhalt – die Frage bejaht. Bei quantitativen Fragen mit dem Antwortschema „stimme stark zu ..... lehne stark ab“, äußert sich die Ja-Sage-Tendenz in einer vom Frageinhalt unabhängigen, zustimmenden Antwort. Der Befragte äußert eine der 3 zustimmenden Antworten.

Leslie G. Carr (1971) berichtete kürzlich über einen extremen Fall von Ja-Sage-Tendenz.

Seine Befragten waren arme, farbige Südstaatler (der USA) mit sehr niedrigem Bildungsniveau. Er wandte auf sie die Srole'sche Anomie-Skala an und zwar in der Weise, daß er einmal die original Srole'sche Formulierung und einmal die inverse Formulierung anbot.

Beispiel:

1a) Heutzutage weiß man wirklich nicht mehr, auf wen man zählen kann (Srole – Item)

2a) Heutzutage weiß man, auf wen man zählen kann (inverse Formulierung)

Wenn ein Befragter die erste Formulierung bejaht, dann darf er – nach dem Gesetz der Logik – die zweite nicht auch bejahen. Tut er dies doch, dann antwortet er nicht im Hinblick auf den Frageinhalt. Er unterliegt einer Ja-Sage-Tendenz.

Carr hat nun leider nicht denselben Befragten die originale Srole'sche *und* die inverse Formulierung vorgelegt.

Er hat zwei Stichproben gebildet, die in den Dimensionen des Berufs, Einkommens, Alters, der Bildung und Geschlechterverteilung statistisch gleich waren. Die eine Gruppe wurde mit den Srole-Items, die andere mit den inversen Items konfrontiert.

Die Ergebnisse waren folgende:

Interviewer (*selbst Farbiger*) –

61 % von 46 Befragten bejahten 4 und alle 5 Items der Srole-Skala
10 % von 48 Befragten verneinten 4 und alle 5 Items der inversen Skala

Interviewer (*Weißer*) –

79 % von 38 Befragten bejahten 4 und alle 5 Items der Srole-Skala
0 % von 19 Befragten verneinten 4 und alle 5 Items der inversen Skala

Wenn 61 % der Befragten 4 und 5 Srole-Items bejahten, dann müßten 61 % die inverse Formulierung verneinen.
Tatsächlich waren es jedoch nur 10 %.
Ist der Interviewer ein Weißer, dann verstärkt sich die Ja-Sage-Tendenz noch mehr. 79 % bejahten 4 und 5 Srole-Items. Entsprechend müßten 79 % die inverse Formulierung verneinen. Dies tut jedoch keiner.
Carr's Studie haften schwere Mängel an (zu kleine Stichprobe, Trennung in zwei Gruppen), trotzdem darf sie als ein Hinweis für das Vorhandensein einer Ja-Sage-Tendenz gewertet werden.
Was sind die Ursachen der festgestellten Ja-Sage-Tendenz?
Die Ursache liegt in den Fragen und in den Befragten.
Die Srole'schen Items sind sehr allgemein formuliert; sie sind geradezu Allgemeinplätze, die keine eindeutige Zieldimension mehr im Befragten ansprechen. Carr berichtet von Items, die Bass entwickelte, in denen diese Eigenschaft auf die Spitze getrieben wird.
Beispiel:

1) Sehen heißt glauben

   stimme zu . . . . . lehne ab . . . . .

2) Wer sich honigsüß macht, den fressen die Fliegen

   stimme zu . . . . . lehne ab . . . . .

Diese absurden Items sprechen sicherlich keine abgrenzbare Zieldimension mehr an. Bass verwendet sie gerade deswegen, um den Grad der Ja-Sage-Tendenz eines Befragten zu ermitteln.
Wenn eine Frage keine eindeutige Zieldimension anspricht, dann wird sie mit jeweils geringem Gewicht eine Fülle von Fremddimensionen und vielleicht mit dem relativ stärksten Gewicht die Dimension der sozialen Wünschbarkeit ansprechen.
Da jedoch die Frage keine eindeutige Zieldimension anspricht, weiß der Befragte auch nicht, wo der sozial erwünschte Ort liegt, den er kundtun soll. Es bleibt ihm also nichts anderes übrig, als dem Interviewer gefällig zu sein, d.h. „Ja" zu sagen. Diese Tendenz wird um so stärker sein, je stärker der „Interviewerfehler", d.h. der vom Interviewer ausgehende Einfluß ist. Interessanterweise ist in Carr's Studie die Ja-Sage-Tendenz der farbigen Südstaatler am stärksten, wenn sie von Weißen interviewt werden.
Es kann zusammengefaßt werden:
Regel: Eine Frage darf nicht zu allgemein formuliert sein (schon gar

nicht im Stile eines Allgemeinplatzes). Sie muß noch so spezifisch-konkret formuliert sein, daß sie in den Befragten (nach Vermutung des Sozialforschers) eine eindeutige Zieldimension anspricht.
Geschieht dies nicht, dann wird eine Ja-Sage-Tendenz erweckt (die hier als eine besondere Form der sozialen Wünschbarkeit interpretiert wurde).
Die Ja-Sage-Tendenz kann ihre Ursache auch im Befragten haben. Carr weist darauf hin, daß die Farbigen in den Südstaaten der USA eine durch ihre unterprivilegierte soziale Stellung bedingte historisch gewachsene Taktik des Ja-Sagens entwickelt haben. Es ist das eine in der sozialen Interaktion benützte Taktik, die die Chance des Überlebens am ehesten garantiert.

7.9. Die Ermittlung der „wahren" Antwort

Die vorausgegangenen Darstellungen lassen erkennen, daß eine Frage nur in Ausnahmefällen eine Treffgenauigkeit von 1 und eine Fremdbestimmtheit und soziale Wünschbarkeit von 0 besitzt, daß eine Frage also nur in Ausnahmefällen eine wahre Antwort erzielt – in der Sprache der Grundgleichung der Antwortbestimmung: P ist in aller Regel ungleich A. Der Punktwert P, den wir dem Befragten aufgrund seiner Antwort zugeordnet haben, stimmt in aller Regel nicht überein mit seinem *wahren* Punktwert A auf der Zieldimension.
Das entscheidende Problem ist also: Wie können wir von dem empirisch bekannten P-Wert auf den unbekannten A-Wert schließen?
Die Grundgleichung gibt uns hier eine klare, aber zugleich deprimierende Antwort. Wir müssen alle Faktoren auf der rechten Seite der Gleichung *9* oder *10* empirisch ermitteln, damit wir A berechnen können.
Diese Antwort ist deswegen deprimierend, weil wir kein Verfahren besitzen, mit dessen Hilfe diese Faktoren identifizierbar wären: lediglich w kann, wie die Untersuchungen von Kollwijk und Phillips/Clancy ergaben, empirisch geschätzt werden.
Die Grundgleichung der Antwortbestimmung hat uns also zwar Kategorien für eine Theorie der Frage geliefert, scheinbar jedoch nicht eine Lösung für die praktische Aufgabe, den wahren A-Wert zu finden, gegeben. So stellt sich die Frage, ob die Befragung, die von Rene König (1957) als der „Königsweg" der empirischen Sozialforschung bezeichnet wurde, ein ungeeignetes Meßinstrument ist. Diese Frage muß mit „ja" beant-

wortet werden, wenn je Zieldimension eine einzelne Frage formuliert wird. Die Situation ändert sich jedoch prinzipiell, wenn je Zieldimension eine Batterie von Fragen formuliert wird. Diesen Sachverhalt werden wir jedoch erst später, im Kapitel „Faktorenanalyse" behandeln.

Andreas von Kirschhofer-Bozenhardt
Gabriele Kaplitza

Der Fragebogen

Eine statistisch-repräsentative Umfrage gibt dem Sozialforscher die Möglichkeit, dem lieben Gott sozusagen in die Karten zu schauen und Einblick in das Denken, Fühlen und Handeln einer Bevölkerung zu nehmen. Mit einer korrekt angelegten und durchgeführten Befragung lassen sich die Meinungen und Verhaltungsweisen in praktisch allen Lebensbereichen, aber auch die Motive von Ansichten und Reaktionen erforschen.
Die Meßmethoden der Demoskopie sind in den letzten Jahren so verfeinert worden, daß die theoretischen Fehlerspannen, mit denen Umfrageergebnisse behaftet sein können, zumeist nicht ausgeschöpft, sondern im Gegenteil erheblich unterschritten werden. Spektakuläre Beweise dafür werden häufig durch Wahlprognosen – (Beispiele aus der jüngsten Vergangenheit sind Wahlen in den USA, Frankreich und in der Bundesrepublik Deutschland) – erbracht. So betrug etwa die mittlere Fehlerspanne, mit der das Institut für Demoskopie Allensbach den Ausgang der deutschen Bundestagswahl 1972 vorausgesagt hat, lediglich 0,4 Prozent. Um dieses präzise Ergebnis zu erzielen, hatten dem Institut die Auskünfte von nicht mehr als 1.600 Wahlberechtigten genügt, von denen wiederum nur rund 80 Prozent eine exakte Angabe über ihre Parteineigung machten.
Schon früher hatte der Hamburger Psychologe Peter R. Hofstätter im Zusammenhang mit Wahlprognosen die treffende Feststellung gemacht, daß es wenige wissenschaftliche Disziplinen gibt, die unter ähnlich schwierigen Umständen genauere Diagnosen erstellen könnten als gerade die Demoskopie. Mit Sicherheit könnten es weder Meteorologen, noch Nationalökonomen oder Psychologen mit der Zuverlässigkeit demoskopischer Befunde aufnehmen und auch die Mediziner wären froh, wenn ihre Diagnosen mit ähnlich kleinen Fehlern behaftet wären.
Das Kernstück des demoskopischen Instrumentariums stellt der Fragebogen dar. Er ist gewissermaßen das Teleskop, das die gesellschaftlichen Reaktionen erkennbar macht. Die Qualität dieses Teleskops Fragebogen entscheidet freilich über die Qualität der Beobachtung: die Schärfe und Wirklichkeitstreue des Geschauten.

Erstaunlicherweise wurde die volle Bedeutung eines tauglichen Fragebehelfs erst relativ spät erkannt. Jahrzehntelang hatten die empirischen Sozialforscher, vor allem in den USA, ihr Hauptaugenmerk eher auf die analytischen Techniken gerichtet. Dabei wurde vielfach übersehen, daß verzerrte, unsachgemäß gestellte Fragen oder eine Reihe von Fragen auch mit der elegantesten Auswertungsmethode nicht wieder geradegerückt werden können. Spricht beispielsweise eine Frage zwei verschiedene Dimensionen an, so kann auch der beste Analytiker später nicht mehr feststellen, auf welche dieser Dimensionen die Befragten ihre Antwort tatsächlich bezogen haben.

Fragen ist also eine Kunst. Wenn man sie beherrscht, kann man so ziemlich alles erfahren, was man über eine Bevölkerung wissen will, denn es gibt nur ganz wenige Tabus, die sich der demoskopischen Recherche entziehen. Wie jede Kunst bedarf allerdings auch das Befragen von Menschen bestimmter Voraussetzungen: Einfühlungsvermögen, Fingerspitzengefühl, nicht zuletzt handwerkliches Können und Erfahrung.

1. Dramaturgie des Fragebogens

Grundvoraussetzung eines guten Fragebogens ist, daß er den Eindruck einer echten Gesprächssituation erzeugt, die der Befragte interessant findet. Die in lockerer und zwangloser Konversationsform gestellten Fragen sollen möglichst wenig erkennen lassen, daß der Interviewer in Wirklichkeit an feste Frageformulierungen gebunden ist und lediglich die Funktion sachlich-nüchternen Registrierens ausübt: er kreist hinter den entsprechenden Antwortkategorien Code-Symbole ein, oder notiert, – falls dies vom Institut gewünscht wird – die Antworten in vollem Wortlaut.

Unter keinen Umständen sollte der Interviewer vom Fragetext abweichen, Erklärungen geben, oder sonstwie Einfluß nehmen. Die Vergleichbarkeit der Ergebnisse ist nur dann gewährleistet, wenn die Interviews unter den möglichst gleichen Bedingungen durchgeführt wurden. Das bedeutet: der Fragebogen muß frei sein von Unklarheiten; der Interviewer muß in jeder Einzelphase des demoskopischen Gesprächs genau wissen, was er zu sagen und zu tun hat.

In jedem Fall muß bei der Fragebogenkonstruktion ständig Bedacht auf die spätere Gesprächssituation genommen werden, in der sich Interviewer und Befragter befinden. Die Unterhaltung soll sich für beide

Seiten möglichst mühelos und frei von Peinlichkeiten vollziehen. Dieses Ziel kann nur erreicht werden, wenn der Fragebogen geschickt aufgebaut ist und bestimmte dramaturgische Gesetze berücksichtigt. Das erste – und vielleicht wichtigste – Gesetz demoskopischer Dramaturgie bestimmt, daß möglichst bald ein Vertrauensklima zwischen Befrager und Befragtem entstehen muß. Ein solches Vertrauensklima wird mit Hilfe von Einleitungsfragen erzeugt, die man im Fachjargon auch „Auftakt- oder „Eisbrecherfragen" nennt.

Die Umfragepraxis zeigt immer wieder, daß von der Tauglichkeit der Einleitungsfragen der Erfolg einer Untersuchung schlechthin abhängen kann.

Wichtig ist vor allem, daß die Einleitungsfragen Probleme ansprechen, die den Befragten unmittelbar interessieren, daß sie leicht zu beantworten sind und daß sie die Auskunftperson von der Fehlvorstellung befreien, einer Prüfungssituation zu unterliegen. (Insbesondere Personen aus einfachsten Kreisen scheuen sich vor einem Interview zunächst ein wenig, weil sie glauben, einem Wissenstest unterzogen zu werden.)
Ziel der Einleitungsfragen ist es also, ein mögliches Mißtrauen gegen das Interview abzubauen und die Antwortbereitschaft für die eigentlichen Befragungsthemen zu erhöhen. Aus diesem Grunde sollte mit Einleitungsfragen nicht gespart werden, vor allem dann nicht, wenn das Hauptthema der Befragung für bestimmte Bevölkerungsgruppen entweder anstrengend oder nicht besonders spannend ist. So muß man beispielsweise bei Fragen, die sich vorwiegend mit Meinungen über Politik, Militär, Technik oder auch Wirtschaft beschäftigen, mit einer unbewußten Abwehrhaltung von Frauen rechnen. Umgekehrt besteht bei Männern die Gefahr, daß sie bei einer einförmigen Befragung über Einkaufsgewohnheiten, Mode oder Haushaltspflege allmählich das Interesse verlieren.

Es liegt auf der Hand, daß die Fragebogenkonstruktion diese Gefahren des Überforderns oder Langweilens berücksichtigen und – so weit nur möglich – ausschalten, oder zumindest tief reduzieren muß. Das gelingt am besten, indem man schwierige Passagen immer wieder durch Spielfragen unterbricht. Solche Spielfragen besitzen in mehrfacher Hinsicht eine wichtige methodische Funktion:

- sie stellen gleichsam Erholungspausen für den Befragten dar, nachdem er sich zu Themen äußern mußte, die ihm eigentlich etwas fernlagen und

– sie neutralisieren – als sogenannte „Puffer-“ oder „Auslöscher-fragen“ – die Befragungssituation.

Gerade bei reinen Meinungserhebungen ist es unerläßlich, dafür zu sorgen, daß die Auskunftsperson möglichst unbeeinflußt an neue Probleme herangeführt wird. Den Spielfragen kommt somit die Aufgabe zu, vorangegangene Ermittlungen aus dem Bewußtsein des Befragten wieder zu verdrängen. Durch ihre Anspruchslosigkeit ermöglichen sie überdies eine Steigerung zu neuen Höhepunkten.

Ganz allgemein erfordert die Dramaturgie eines guten Fragebogens einen ständigen Wechsel von Spannungen und Entspannungen, von „schweren“ und „leichten“ Fragen, nicht zuletzt aber auch einen genügend großen Wechsel von Themen.

Der Eindruck der Vielfalt und Kurzweil, der einen gelungenen Fragebogen auszeichnet, kann noch verstärkt werden durch einen Wechsel von Fragetechniken, wie Bildblättern und Kartenspielen. (Auf diese Fragetechniken wird später noch ausführlicher eingegangen werden).

Als Faustregel für die Dauer einer Befragung kann gelten, daß sie einen Zeitraum von 40 Minuten möglichst nicht überschreiten soll. Befragungen, die sich über die Dauer einer Stunde hinziehen, überfordern fast immer die Konzentrationsfähigkeit und Geduld des Befragten, aber auch des Interviewers.

Es ist freilich nicht immer leicht, die Fragezahl so zu beschränken, daß ein wichtiger Problemkreis umfassend beleuchtet wird. Um das Interview trotz einer großen Zahl von Fragen „kürzer“ erscheinen zu lassen, bedient man sich manchmal eines kleinen psychologischen Tricks: man gibt dem Fragebogen sozusagen zwei Abschlüsse.

Zunächst wird dem Befragten ein Trugbild geboten, indem man am Ende des eigentlichen Fragebogens die letzte Frage mit der Formel: „Jetzt noch eine Frage zum Schluß . . . . .“ einleitet.

Erst nach der Beantwortung dieser Frage erfolgt die Erhebung statistischer Daten („Darf ich Sie nun noch um einige statistische Angaben bitten“), wobei man sich jedoch nicht unbedingt auf Faktenermittlungen beschränken muß: unter dem Titel „Statistik“ lassen sich vielmehr noch eine Reihe von Einstellungsfragen stellen, die im Hauptteil des Fragebogens sozusagen keinen Platz mehr hatten. Nachdem dem Befragten der baldige Abschluß der Interviews bereits angekündigt wurde, setzt er einem etwas längeren Gespräch dann gewöhnlich keinen inneren Widerstand mehr entgegen.

Ist auch der statistische Teil bewältigt, empfiehlt es sich, als letzte Frage eine sogenannte „Abschiedsfrage“ zu stellen. Ähnlich wie die Einleitungsfrage soll sie unverbindlich und völlig anspruchslos sein. Ihr Zweck besteht darin, beim Befragten das Gefühl zu vermindern, er habe allzu viel Informationen über seinen Persönlichkeitsbereich preisgegeben.

2. Zur Fragekonstruktion gehören mindestens 3

Am Anfang jeder demoskopischen Ermittlung steht notwendigerweise die Programmfrage. Sie gibt darüber Auskunft, was überhaupt untersucht werden soll.
Manchmal wird das Untersuchungsziel dem Institut bzw. dem Forschungs-Team als vage Themen-Skizze übermittelt, manchmal macht sich der Auftraggeber die Mühe, die Fragen nach eigenem Gutdünken vorzuformulieren. Fast immer stehen die Forscher aber der Tatsache gegenüber, daß das erste Fragekonzept zunächst nicht geeignet ist, um einem repräsentativen Querschnitt vorgelegt werden zu können. Es muß erst einmal „übersetzt“ werden.
Dieses Umwandeln der Programmfragen in eine methodisch saubere und abfragbare Form, ist ein langwieriger Prozeß, der nur in Teamarbeit bewältigt werden kann. Es wäre absurd anzunehmen, man könnte einen wirklich guten Fragebogen im Alleingang entwerfen, ohne der Gefahr der Einseitigkeit zu entgehen, die durch die bekannte menschliche Neigung des selektiven Wahrnehmens entsteht. Nur in gemeinschaftlichem Zusammenwirken mehrerer Menschen, in ständiger gegenseitiger Kontrolle und in ständiger gegenseitiger Anregung, läßt sich ein Frageinstrumentarium entwickeln, das hohen Ansprüchen genügt. In der Regel sind drei bis vier erfahrene Wissenschaftler bis zu vier (manchmal sogar mehr als vier) Wochen mit der Erstellung eines Fragebogens beschäftigt, ehe er den Interviewern für die Feldarbeit übergeben werden kann.
Um die Gewähr zu haben, daß möglichst viele verschiedene Gesichtspunkte die Fragebogenarbeit befruchten, sollte sich das Team aus Vertretern möglichst unterschiedlicher Disziplinen zusammensetzen. Wichtig ist freilich, daß die an einem Fragebogen zusammenarbeitenden Personen nicht nur viel Erfahrung und Wissen, sondern auch die Bereitschaft zur Anerkennung einer anderen Meinung mitbringen. Nichts ist gefährlicher, als wenn ein Einzelner versucht, seine eigenen Frageideen den übrigen aufzuzwingen. Eine solche Starrköpfigkeit löst bei den anderen Kollegen

entweder Resignation, oder Opposition, in jedem Fall aber eine Verkrampfung aus, die dem Forschungsprojekt abträglich ist. Die Grundidee ist ja, daß aus mehreren Gedankengängen eine optimale Lösung destilliert wird.
Gezieltes Fragen setzt eine möglichst intime Kenntnis von einem Problem und seiner verschiedenen Verzweigungen voraus. Diese Kenntnis zu erlangen, ist keinesfalls immer leicht. Viele Untersuchungsthemen sind einfach zu komplex, als daß man „am grünen Tisch" alle Dimensionen, alle Aspekte, die ein Thema beinhaltet, berücksichtigen kann.

3. Leitstudie als erste Erkundung

Um zu vermeiden, daß bei der Fragebogenkonstruktion wichtige Perspektiven übersehen und in die Fragestellungen gar nicht einbezogen werden, empfiehlt es sich, vor besonders schwierigen Projekten zunächst eine Art Spurensuche durchzuführen. Dazu dient eine Leitstudie (pilotstudy) mit unstrukturierten oder halbstrukturierten Interviews. In der Regel werden dabei rund 30–50 Personen durch besonders geschulte Befragter einem intensiven unstrukturierten oder halbstrurierten Interwiev unterzogen. Statistische Repräsentanz spielt bei dieser Untersuchungsart, die verschiedentlich auch als „qualitative Vorstudie" bezeichnet wird, zunächst eine geringe Rolle, wenngleich natürlich die Vertreter der wichtigsten demographischen Gruppen in der „Stichprobe" aufscheinen sollen. Was zählt, ist eine gewisse Eloquenz und Artikulationsfreude, denn die Befragungsprotokolle sollen ja lediglich dazu dienen, das gesamte Umfeld eines Problems kennenzulernen, Hypothesen zu bilden und Frage-Alternativen für die nachfolgende quantitative Hauptbefragung zu sammeln.
Unter keinen Umständen dürfen Antworten aus unstrukturierten Interwievs bereits auf die Grundgesamtheit verallgemeinert werden. Verallgemeinerungen können ausnahmslos erst nach exakten Messungen mit strukturierten Interwievs auf ausreichender statistisch-repräsentativer Basis erfolgen.

4. Grundregeln des Fragebogens

Sobald das Forschungs-Team einen ausreichenden Überblick und ein ausreichendes Wissen über das Untersuchungs-Thema gewonnen hat, kann die eigentliche Fragebogenarbeit beginnen. Dabei müssen die folgenden Punkte eine methodische Selbstverständlichkeit sein:

1. Klarheit und Verständlichkeit des sprachlichen Ausdrucks;
2. Neutralität der Fragestellung, ausgewogene Alternativen;
3. Eindeutigkeit der Frage: Ausschluß jeder Möglichkeit einer Fehlinterpretation;
4. Alle Antwort-Alternativen müssen auf einer logischen Ebene sein;
5. Denk- und Handlungsweisen, die nicht unmittelbar abfragbar sind, müssen psychologisch phantasievoll in klare Indikatoren übersetzt werden, mit denen Meinungen und Sachverhalte verläßlich erhoben werden können;
6. Ausschluß von Rangreihenfaktoren durch Verwendung von Kartenspielen, auf denen Antwort-Alternativen einzeln dargestellt sind, sowie durch „Drehen" von Listen und Austauschen von Fragepositionen im Bogen durch Split-Befragungen;
7. Die Alternativen müssen ausformuliert sein;
8. Ausgewogenheit der Fragen untereinander. Keine gegenseitige Beeinflussung im Fragebogen.

Was den sprachlichen Ausdruck betrifft, so gelten dafür durchaus nicht ästethische Kriterien oder grammatikalische Richtigkeit. Trumpf ist ausschließlich die Verständlichkeit, oder anders ausgedrückt: die Unmißverständlichkeit. Sofern es der unbedingt nötigen Verständlichkeit dient, ist nichts dagegen einzuwenden, wenn die demoskopische Frage besonders volkstümlich – (wenngleich grammatikalisch vielleicht nicht ganz korrekt) – oder auch salopp formuliert wird.

5. Frage-Techniken

5.1. Offene und geschlossene Fragen

In der Folge wird der Versuch unternommen, die hauptsächlichsten Fragemodelle und Fragetechniken vorzustellen.

Die Grundidee der Umfrageforschung, die Befragung einer Stichprobe und die Verallgemeinerung der Ergebnisse auf die Gesamtpopulation, findet ihre Rechtfertigung im Gesetz der großen Zahl. Neben anderen theoretischen Überlegungen setzt dieses Prinzip voraus, daß sich alle Befragungen unter gleichen Bedingungen vollziehen. Diese Voraussetzung versucht der Sozialforscher dadurch zu erfüllen, daß er jedes Interwiev nach dem gleichen Fragebogen durchführen läßt, der wörtlich vorgelesen werden kann und von der ersten bis zur letzten Frage keine eigenen Zusätze des Interwievers braucht.

Einen solchen Fragebogen nennt man einen strukturierten, weil er fast ausschließlich aus „geschlossenen" Fragen besteht. Darunter versteht der Fachmann Fragen, die außer der Fragestellung alle möglichen Antwort-Alternativen in der Frage enthalten. Geschlossene Fragen können immer mit klaren Stellungnahmen beantwortet werden. Der Interviewer findet alle möglichen Antwortkategorien im Fragebogen vor und braucht nur diejenige anzustreichen, die der gegebenen Antwort entspricht. Daß die geschlossene Frage die fast immer günstigste Form der demoskopischen Ermittlung darstellt, hat verschiedene Gründe. Der sicherlich schwerwiegenste ist, daß sehr viele Menschen von sich aus nicht in der Lage sind, ihre Ansicht zu bestimmten Problemen zu formulieren und der Artikulationshilfe bedürfen. Abgesehen davon erleichtern geschlossene Fragen erheblich den Auswertungs- und Zählprozeß und sind somit kostengünstiger, da sie keiner speziellen Verschlüsselung mehr bedürfen.

Freilich ist es nicht in jedem Fall möglich, alle nur denkbaren Alternativen auf eine Frage vorzugeben. Beispielsweise wäre es ein Unding, eine Frage nach großen historischen Persönlichkeiten zu stellen und dafür zehn oder zwanzig Antwort-Alternativen vorzulegen. Da die Zahl der möglichen Antworten bei diesem Thema geradezu uferlos groß ist, bleibt keine andere Wahl, als den Befragten zu bitten, von sich aus Namen zu nennen, die ihm als geschichtliche Großen erscheinen.

Im Gegensatz zur geschlossenen Frage werden vom Interviewer bei der „offenen Frage" spontane Antworten registriert und wörtlich mitgeschrieben. Die Antworten werden später in sinnvolle Kategorien zusammengefaßt und zahlenmäßig verschlüsselt.

Der Nachteil der „offenen Frage" ist, daß sie entweder zu wenig konkrete Antworten bringt, oder daß die Antworten zu sehr streuen und somit nur ein diffuses Bild von einer Situation vermitteln. Um beim Beispiel der historischen Persönlichkeiten zu bleiben: In diesem Fall würden sich die Antworten von 1000 Befragten mit großer Wahrscheinlichkeit auf eine Vielzahl von Staatsmännern, Heerführern, Kaisern, Märtyrern, Dichtern, Musikern, Malern, Philosophen, Wissenschaftlern usw. verteilen. Diese breite Streuung würde unvermeidlich die Aussagekraft verwischen, denn bei der Auswertung bliebe nichts anderes übrig, als sehr grobe

*Beispiel 1**

NACHFRAGE an Personen, die der Meinung sind, daß gegen die Preissteigerungen noch mehr getan werden müßte:

INTERVIEWER überreicht blaue Liste 1!

„Hier auf dieser Liste sind einige Möglichkeiten angegeben, durch die der allgemeine Preisauftrieb gestoppt werden könnte. Wenn Sie bitte diese Liste einmal durchlesen und mir sagen würden, welche dieser Maßnahmen Ihrer Ansicht nach unbedingt angewendet werden sollten, um das weitere Ansteigen der Preise zu drosseln. Sie brauchen mir nur die Nummern anzugeben!“ (Geschlossene Frageversion).

Befragter Personenkreis insgesamt (n=1457)	%
Allgemeiner Lohn- und Preisstop	48
Herabsetzung der Staatsausgaben, damit das Budget ausgeglichen bleibt	47
Festsetzung amtlicher Höchstpreise bei Grundnahrungsmitteln	45
Senkung der Mehrwertsteuer	44
Höhere Zinsen für Spareinlagen	39
Erleichterungen von Einfuhr billiger Waren	37
Eindämmung der Ratengeschäfte, damit die Leute mehr maßhalten müssen	36
Reduzierung der Lebensmittelpreise durch staatliche Subventionen	25
Ausfuhrverbot von Rindern und Schweinen	14
Einschränkung öffentlicher Bauvorhaben (z.B. Straßen, Schulen, Spitäler, Sozialwohnungen, Spielplätze, Güterwege usw.)	10
Erschwerung der Kreditvergabe für Konsumenten	9
	354

NACHFRAGE an Personen, die der Meinung sind, daß gegen die Preissteigerungen noch mehr getan werden müßte:

„Und könnten Sie mir mit ein paar Worten beschreiben, was noch getan werden müßte? “**) (Offene Frageversion).

Befragter Personenkreis insgesamt (n = 561)	%
Allgemeiner Lohn- und Preisstop	69
Zwischenhandel ausschalten	8
Herabsetzung der Staatsausgaben	7
Konsumentenberatung	4
Käuferdisziplin	4
Allgemeine Steuerreform	4
Importerleichterungen	4
Senkung der Mehrwertsteuer	3
Erschwerung der Kreditvergabe	1
Höhere Zinsen für Spareinlagen	1
Import einschränken	1
Andere, vage Angaben (z.B. andere Regierung, Einschränkung der Werbung, Europawährung usw)	4
	110

* Quelle: IMAS-Institut, Linz

** Die Original-Nennungen wurden zu sinnvollen Kategorien zusammengefaßt und „zählbar“ gemacht

Kategorien zu bilden: entweder – wie schon skizziert – nach Berufen, oder nach Herkunftsland, oder nach dem Jahrhundert, in dem die betreffende Persönlichkeit lebte, usw.
Als Grundsatz kann also gelten, daß man offene Fragen nur in unvermeidbaren Fällen stellen sollte, d.h. dann, wenn das Spektrum der möglichen Antworten zu breit ist, um ausformuliert werden zu können. Aus dem nachfolgenden Vergleich (Beispiel 1) wird der Informationsverlust durch offene Fragen, bzw. der Informationsgewinn durch geschlossene Fragen deutlich. In beiden Fällen wurden an Personen, die glaubten, es werde noch nicht genug gegen Preissteigerungen getan, die Nachfrage gestellt, was zusätzlich getan werden müßte. Es zeigt sich, daß sich die meisten Befragten bei diesem schwierigen Sachverhalt überfordert fühlten, als sie „offen", also spontan antworten sollten. Hingegen fiel es ihnen sehr viel leichter, ihre Meinung zuzuordnen, als ihnen eine Liste mit mehreren Items zur Auswahl vorgelegt wurde.

5.2. Ausformulierte Alternativen

Ein oberstes Gebot bei der Fragestellung ist, daß – wie bereits kurz angedeutet –, bei geschlossenen Fragen alle Antwortalternativen ausformuliert sein müssen. Wie diametral verschieden die Antworten ausfallen können, je nachdem, ob eine Frage sachlich einwandfrei, also mit *beiden* Alternativen, oder unsachgemäß, also mit nur *einer* Alternative, gestellt wird, zeigt das nachfolgende Beispiel 2.
Die Unterschiede in den Ergebnissen sind so augenfällig, daß sich jeder weitere Kommentar erübrigt.
Der Umfrageforscher sollte sich bewußt sein, daß bei der Ermittlung von Meinungen, Ansichten und Verhaltungsweisen der Frageformulierung eine außerordentlich große Bedeutung zukommt. Sogar scheinbar ganz geringfügige Unterschiede in der Fragestellung wie etwa „Glauben Sie, daß . . ." und „Glauben Sie, oder glauben Sie nicht, daß . . ." können zu großen Antwortdifferenzen führen. Relativ unempfindlich sind lediglich Faktenfragen, die auf den Besitz sozialer Tatbestände abzielen, beispielsweise auf den Besitz von Telefon, Fernsehgeräten usw.

*Beispiel 2**

Fragefassung 1: „Finden Sie, daß in einem Betrieb alle Arbeiter in der Gewerkschaft sein sollten?"

Fragefassung 2: „Finden Sie, daß in einem Betrieb alle Arbeiter in der Gewerkschaft sein sollten, oder muß man es jedem einzelnen überlassen, ob er in der Gewerkschaft sein will oder nicht?"

	Ergebnis der ersten, fachlich nicht einwandfreien Fassung: nur *eine* Alternative ausformuliert:	Ergebnis der zweiten, korrekten Fassung: *beide* Alternativen ausformuliert
Es sollten alle Arbeiter in einem Betrieb in der Gewerkschaft sein	44 %	24 %
Es ist Sache des einzelnen, ob er in der Gewerkschaft sein will	20 %	70 %
Unentschieden	36 %	6 %
	100 %	100 %

5.3. Dichotomie vs. Ausprägungen

Rein dichotomische Antworten, also Ja-Nein-Angaben, sind in einem Fragebogen selten zu finden. Sachliche Tatbestände kann man auf diese Art ermitteln: entweder man hat Telefon zu Hause oder man hat es nicht. Aber schon bei der Frage nach dem Autobesitz bedarf es einer trichotomischen Abstufung: „Besitze selber eines", „Jemand anders im Haushalt" und „Nein". Trichotomien sind auch bei Meinungsfragen sehr häufig, wenn nämlich als dritte Alternative zu „ja" und „nein" noch „Unentschieden" oder, „weiß nicht" usw., also eine Kategorie der Indifferenz hinzukommt.

Vom rein meßtheoretischen Standpunkt her wären Ausprägungen, also Antworten mit Vorgaben wie z.B. „sehr gut", „gut", „es geht", „nicht besonders", „gar nicht" vorzuziehen. Die Gedanken, die dahinter stehen, sind methodischer Art, daß nämlich die Auswertung auf – dem Idealbild möglichst nahekommenden – Skalen beruhen soll. Dazu braucht man

* Dieses Beispiel entstammt dem Isititut für Demoskopie Allensbach

als minimale Forderungen einen absoluten Nullpunkt in der Skala, nach Möglichkeit ein positives und ein negatives Extrem und natürlich möglichst gleiche Intervallabstände.

Wenn man es aber mit Menschen und deren verschiedenen Wertsystemen zu tun hat, kann man nicht erwarten, daß für alle Menschen „es geht" das gleiche bedeutet. Was für den einen bereits „sehr gut" ist, ist für den anderen nur „gut". Man kann folglich durchaus die prozentualen Nennungen erfassen, die auf die einzelnen Kategorien entfallen, aber von einer metrischen Skala kann man nicht sprechen.

Es gibt freilich Fragen, bei denen Skalen-Messungen durchaus möglich und sinnvoll sind. Wir werden später noch Beispiele dafür geben.

Prinzipiell gilt, daß immer soviel Kategorien vorgegeben werden sollten, wie die Frage es verlangt (und nicht die Auswertung). Wenn ein einfaches „Ja-Nein-Unentschieden" ausreicht, kann man sicher sein, daß eine feinere Abstufung die meisten Befragten überfordert und zufällige Antworten provoziert.

Erfordert eine Frage mehr Alternativen, soll man sie auch vorgeben, aber nicht unnötig viele. Wenn beispielsweise vier nötig sind, dann soll man auch nur diese vier geben, obwohl das der Skalentheorie widerspricht.

Eine fünfte würde nicht die Skala und damit das Meßniveau verbessern, sondern würde eine Verzerrung in die Antworten aller Kategorien bringen.

5.4. Listen und Kartenspiele

Bei der Fragebogengestaltung ergibt sich häufig das Problem, daß ein Sachverhalt nicht mit zwei, vier oder fünf Antwortkategorien abgedeckt werden kann, sondern mehrerer Alternativen bedarf. Zum Beispiel erweist es sich bei der Ermittlung von Freizeitgewohnheiten am Wochenende als notwendig, mindestens 15 oder sogar zwanzig verschiedene Beschäftigungen zur Auswahl zu stellen.

Ebenso verhält es sich, wenn man das Vorstellungsbild von einem bekannten Politiker ermitteln will: auch in diesem Fall muß man eine Reihe von Eigenschaften zur Auswahl vorlegen, um herauszufinden, wie die betreffende Persönlichkeit von der Bevölkerung gesehen wird.

Bei der Erforschung politischer Wünsche, bei der Ermittlung gesundheitlicher Beschwerden, bei der Feststellung von Informationsgewohnheiten

und in vielen anderen Fällen muß man zwangsläufig ebenfalls mit mehreren Antwortmöglichkeiten operieren.
Es versteht sich von selbst, daß es für alle Beteiligten eines demoskopischen Gesprächs eine unzumutbare Strapaze bedeuten würde, wenn der Interviewer in solchen Fällen 15, 20 oder sogar noch mehr Antwortalternativen vorlesen, oder nacheinander einzeln fragen würde. Das Problem läßt sich auf elegante und methodisch einwandfreie Weise lösen, indem man entweder eine Liste, oder ein sogenanntes Kartenspiel vorlegt, aus dem der Befragte die seiner Meinung nach zutreffenden Angaben auswählen kann.
Nun reicht es aber nicht, die Merkmale, die man vorgeben will, hintereinander auf einer Liste aufzuschreiben, von 1 bis ... durchzunummerieren und dann vorzulegen. Listen haben ihre Tücken. Erstens muß man bemüht sein, zwischen positiven und negativen Aussagen möglichst ein Gleichgewicht zu schaffen, oder bei politischen Dingen alle beteiligten Parteien mit gleichmäßig vielen Punkten zu bedenken (auch wenn man sie nicht braucht). Die Befragten merken sofort, wenn eine Liste unausgewogen ist, was denselben verzerrenden Effekt wie eine Suggestiv-Frage hat.
Die Reihenfolge der Aussagen auf der Liste spielt eine große Rolle. Die ersten zwei Items haben immer eine größere Chance, genannt zu werden als die anderen. Bei längeren Listen finden auch die letzten Alternativen übermäßige Beachtung. Die schwächste Aufmerksamkeit wird Items geschenkt, die gegen Ende des zweiten Drittels stehen. Auch ist die Gefahr groß, daß sich die Aussagen gegenseitig beeinflussen. Man hilft sich dagegen, indem man die Stichprobe in zwei gleiche Halbgruppen teilt und jeder Halbgruppe eine andere Liste vorlegt: der einen Gruppe die Original-Liste, der anderen dieselben Aussagen, aber in gedrehter Reihenfolge. Dabei wird entweder das letzte Item das erste, oder die Liste wird im zweiten Drittel „aufgebrochen".
Bei Ermittlung reiner Tatbestände ist die Maßnahme des „Drehens" nicht so erforderlich, weil man beispeilsweise ein Sparbuch besitzt oder nicht, egal ob es oben oder unten auf der Liste steht. Bei Meinungserhebungen ist das Drehen von Listen unerläßlich, um den Rangreihenfaktor möglichst auszuschließen.
Kartenspiele sind sicher die optimale Form der Erhebung. Durch sie kann man von vornherein jeden Einfluß durch Reihung und Rangreihenfaktor ausschließen.

INTERVIEWER überreicht rote Liste 8!

29b „Angenommen, man bietet Ihnen einen neuen Posten an und Sie würden überlegen, ob Sie diese Stellung annehmen sollen. Worauf würden Sie besonders achten, was schiene Ihnen bei einem neuen Posten ganz besonders wichtig?" (Mehreres kann angegeben werden!)

Alles Genannte einkreisen!
1 / 2 / 3 / 4 / 5 / 6 / 7 / 8 / 9 / 10 / 11 /

Unentschieden . . . . Y

101 *Zu Frage 29b*

Liste 8

(11) Soziale Leistungen: gute Werksküche, Beistellung einer Wohnung etc.
(10) Möglichst hoher Lohn, gutes Gehalt
(9) Soziale Sicherheit, die Garantie, daß man nicht so leicht entlassen wird
(8) Möglichst viel Verantwortung und Einfluß haben
(7) Gute Aufstiegschancen, die Möglichkeit, vorwärtszukommen
(6) Interessanter Aufgabenbereich, Arbeit, die mir Spaß macht
(5) Daß der neue Arbeitsplatz in einer schönen Gegend oder in einem schönen Ort liegt
(4) Das Ansehen der Firma, daß sie einen guten Ruf hat
(3) Gutes Betriebsklima, freundliche Vorgesetzte und Kollegen
(2) Leichte, angenehme Tätigkeit, daß man sich nicht abrackern muß
(1) Günstige Arbeitszeit und viel Urlaub

* Quelle: IMAS–Institut, Linz

101 *Zu Frage 29b*

Liste 8

(1) Günstige Arbeitszeit und viel Urlaub
(2) Leichte, angenehme Tätigkeit, daß man sich nicht abrackern muß
(3) Gutes Betriebsklima, freundliche Vorgesetzte und Kollegen
(4) Das Ansehen der Firma, daß sie einen guten Ruf hat
(5) Daß der neue Arbeitsplatz in einer schönen Gegend oder in einem schönen Ort liegt
(6) Interessanter Aufgabenbereich, Arbeit, die mir Spaß macht
(7) Gute Aufstiegschancen, die Möglichkeit, vorwärtszukommen
(8) Möglichst viel Verantwortung und Einfluß haben
(9) Soziale Sicherheit, die Garantie, daß man nicht so leicht entlassen wird
(10) Möglichst hoher Lohn, gutes Gehalt
(11) Soziale Leistungen: gute Werksküche, Beistellung einer Wohnung etc.

Ein Kartenspiel besteht aus lauter Einzelkärtchen, in einem handlichen Format, auf denen jeweils eine Aussage und eine Nummer stehen. Der Interviewer wird angehalten, das Kartenspiel vor jeder Befragung zu mischen, so daß die Kärtchen bei jeder Befragung in unterschiedlicher Reihenfolge vorgelegt werden und sich dadurch nicht bemerkbar gegenseitig beeinflußen können.

Kartenspiele haben einen weiteren methodischen Vorteil: die einzelnen Kärtchen lassen sich vom Befragten ohne Schwierigkeiten zu Stößen zusammenlegen, oder auf eine Liste sinngemäß verteilen.

Beispiel 4 demonstriert eine Fragesituation, die nur mit einem Kartenspiel bewältigt werden kann. Zuerst legt der Befragte alle die Kärtchen heraus, auf denen Namen stehen, die ihm bekannt sind. Der Interviewer kann jetzt alle nicht-genannten Namen weglegen und braucht nur noch die bekannten weiterzuverwenden. Auf diese Art wird vermieden, daß der Befragte über Personen urteilen muß, die er gar nicht kennt. Der nächste Schritt ist nämlich, daß der Befragte die ihm bekannten Namen bzw. die entsprechenden Kärtchen auf ein Bildblatt verteilt, je nachdem, ob er eine gute oder keine gute Meinung von dem jeweiligen Politiker hat. Dabei notiert der Interviewer lediglich die Nummern, so daß der Befragte ohne jede Scheu alles Zutreffende nennen kann, ohne befürchten zu müssen, daß er zuviel über sich selbst preisgibt.

Diese Art der Zuordnung läßt noch viel verfeinertere Messungen zu, ohne daß sie den Befragten zu sehr strapazieren würden. Beispielsweise kann man ein Kartenspiel mit gesellschaftspolitischen Problemen auf ein Bildblatt mit drei Kategorien zuordnen lassen, je nachdem, ob das jeweilige Item für „sehr wichtig“, „wichtig“ oder „nicht wichtig“ gehalten wird. Die vierte Kategorie der für die jeweilige Aussage Unentschiedenen ergibt sich dann auf rechnerischem Wege aus dem Komplement zu 100 Prozent. Auf diese Weise erfaßt man in nur einem einzigen Durchlauf des Kartenspiels einen sehr differenzierten Tatbestand.

Häufig kommt es vor, daß der Umfrageforscher Prioritäten ermitteln möchte, die sich auf dem üblichen Frageweg nicht herauskristallisieren. Um dennoch Schwerpunkte zu erhalten, kann man sich ganz einfach helfen: man macht in der Frage die Beschränkung auf nur einige Aussagen, beispielsweise nicht mehr als fünf oder acht. Dadurch zwingt man die Zielpersonen, sich auf die wirklich wichtigsten Dinge festzulegen. Ein Kartenspiel erleichtert dabei die Auswahl.

*Beispiel 4**

INTERVIEWER mischt blaues Kartenspiel und legt es bereit!

Alles Genannte einkreisen!

9. „Hier habe ich Karten mit Namen von Politikern. Könnten Sie die bitte einmal durchsehen und mir alle herauslegen, von denen Sie schon einmal *gehört oder gelesen* haben? "

1 / 2 / 3 / 4 / 5 / 6 / 7 / 8 / 9 / 10 / 11 / 12 / 13 /

Keiner davon bekannt 4**

** Übergehen zu Frage 11!

INTERVIEWER überreicht die soeben herausgesuchte(n) Karte(n) und legt weiße Liste 1 vor den Befragten!

Alles Genannte einkreisen!

10. „Darf ich Ihnen die Karten mit den Politikern, von denen Sie schon gehört haben, nochmals geben: Könnten Sie die Karten jetzt bitte einmal auf diese Liste verteilen, je nachdem, ob Sie von dem Politiker eher eine *gute* Meinung haben oder *keine gute* Meinung. Wenn Sie sich nicht entscheiden können, legen Sie die Karte bitte einfach beiseite."

Gute Meinung:
1 / 2 / 3 / 4 / 5 / 6 / 7 / 8 / 9 / 10 / 11 / 12 / 13 /

Keine gute Meinung:
1 / 2 / 3 / 4 / 5 / 6 / 7 / 8 / 9 / 10 / 11 / 12 / 13 /

603 *Liste 1* *Zu Frage 10*	
GUTE MEINUNG:	
KEINE GUTE MEINUNG	

* Dieses Beispiel ist eine Entwicklung des Instituts für Demoskopie Allensbach

*Beispiel 5**

INTERVIEWER mischt und überreicht gelbes Kartenspiel!

17. „Hier auf diesen Karten steht einiges, was man Kindern in der Erziehung beibringen kann. Was davon halten Sie für besonders wichtig, wozu sollte man Kinder unbedingt erziehen? Würden Sie bitte die wichtigsten Dinge herauslegen – bitte höchstens 8 (erste Fassung) 5 (zweite Fassung) Angaben!"

	Erste Fassung: *Höchstens 8* Angaben (n = 724) %	Zweite Fassung: *Höchstens 5* Angaben (n = 562) %
Immer höflich und freundlich sein	63	49
Sparsam sein, auf das Geld achten	62	48
Gehorsam sein gegenüber Älteren und Vorgesetzten .	50	32
Sich anpassen, versuchen, mit allen Menschen gut auszukommen	49	35
Rücksichtsvoll sein gegenüber anderen Menschen . .	48	26
Bei Schicksalsschlägen den Mut nicht verlieren, nicht verzweifeln	47	26
Immer offen seine Meinung sagen, für seine Ansichten eintreten	43	39
Vorsichtig sein, den anderen nicht gleich alles glauben.	41	33
Diszipliniert sein, sich immer beherrschen	40	26
Wissensdurstig sein, immer Neues dazulernen wollen .	39	24
Frömmigkeit, christlicher Glaube	37	21
Die Heimat, das Vaterland lieben	37	22
Ehrgeizig sein, nach oben streben	33	22
Opferbereit sein, sich für andere einsetzen	29	18
Keine zu großen Anforderungen an das Leben stellen, mit wenig zufrieden sein	26	19
Hart sein, sich durchsetzen	24	20
Für die Gemeinschaft tätig sein	23	8
Sich mit dem Gewohnten nicht zufrieden geben, versuchen, neue Wege zu gehen	18	18
	709	486

Bei Beschränkungen von Angaben muß man sich allerdings darüber im Klaren sein, daß man verschieden stark eingeengte Antworten nicht direkt miteinander vergleichen kann. Beispiel 5 zeigt den Unterschied, der sich ergibt, wenn man einmal die Auswahl von fünf und einmal von acht Aussagen zuläßt. Vergleichbar sind die Antworten in ihrer Reihenfolge der häufigsten Nennungen.

* Quelle: IMAS-Institut, Linz

Der bestechendste Vorteil, den Kartenspiele gegenüber anderen Fragetechniken haben, ist der einer gewissen Anonymität. Der Befragte fühlt sich unbeobachtet, wenn er nur Nummern anzugeben braucht und sieht, daß der Interviewer, jedenfalls beim Interview selbst, gar nicht erfährt, was im Einzelnen genannt wird und was nicht.
Abgesehen von alldem kommt dem Kartenspiel eine interview-technische Rolle zu. Es wirkt in noch stärkerem Maße als eine Liste oder Bildblattvorlage stimulierend und zeitverkürzend auf den Befragten. Das Heraussuchen und Hin-und Herlegen reizt ihn zu intensiverer Mitarbeit am Interview, es erhöht sein Interesse, nicht nur für die eine Frage, sondern für die ganze Befragung. Deswegen ist es auch keineswegs abzulehnen, themenneutrale Kartenspielfragen weiter vorn im Fragebogen zu plazieren.

5.5. Der Vorteil der „Ja"-Antwort

Ein wichtiger Gesichtspunkt beim Formulieren von Fragen ist der, daß die positive Antwortalternative häufig der negativen vorgezogen wird, d.h. sie wird viel leichter genannt als das mit psychischen Barrieren belastete „nein" oder „eher schlecht" usw. Andererseits ist zu bedenken, daß die zweite Alternative, die in der Frage erwähnt wird (bzw. die letzte) eine größere Chance hat, genannt zu werden als die erste, wohl aus Gründen subjektiver Erinnerung, „was einem im Ohr bleibt". (Sinngemäßes Zitat von E. Noelle-Neumann in Stroschein, 1965, S. 96)
Es ist ein glücklicher linguistischer Umstand, daß im Sprachgebrauch, und nicht nur im deutschen – die positive Alternative geläufiger an erster Stelle steht und die negative danach. So kann die günstigere Position der an sich benachteiligten negativen Kategorie ausgleichend auf die Ergebnisse wirken.
Der notorische Vorteil der „Ja"-Antwort bedeutet aber keinesfalls, daß man eine Frage vielleicht negativer formulieren sollte. Dieses Phänomen besagt nur, daß die Menschen eine natürliche Abneigung dagegen haben, sich zu negativ zu äußern.
Beim Beispiel 6 wurde dieselbe Frage in zwei gleich großen, in sich repräsentativen und daher völlig vergleichbaren Halbgruppen gestellt, um die Kritik an einem Politiker zu prüfen. Dem Befragten wurde eine Liste mit negativen Eigenschaften vorgelegt, der einen Halbgruppe in einer „harten", der anderen in einer „weichen" Version.

In der „weichen" Liste wurde versucht, die an sich schon sehr negativen Items etwas abzuschwächen: statt „unsympathisch" „weniger sympathisch", statt „selbstherrlich" „etwas selbstherrlich" usw. Einige Items wurden gleich gehalten, also nicht „weicher" formuliert.

*Beispiel 6 **

FRAGE: „Natürlich haben auch Spitzenpolitiker nicht nur Vorzüge, sondern auch Nachteile. Wenn Sie einmal an ....(Name des Politikers).......... denken: Was von dieser Liste könnte man am ehesten von .... sagen?"
(Vorlage einer „harten" und einer „weichen" Liste in zwei repräsentativen Halbgruppen)

	Nennungen der *„harten"* Liste (n = 739) %		Nennungen der *„weichen"* Liste (n = 704) %
„Harte" Liste:		*„Weiche"* Liste	
Undurchsichtig, schwer zu durchschauen	20	Undurchsichtig, schwer zu durchschauen	21
Zaudernd, unentschlossen .	18	Zaudernd, unentschlossen .	22
Unsympathisch	16	Nicht besonders sympathisch	21
Nur auf eigene Vorteile bedacht	16	Zu sehr auf eigene Vorteile bedacht	21
Einfallslos	15	Wenig einfallsreich . . .	19
Stur, engstirnig	13	Stur, engstirnig	16
Selbstherrlich	11	Etwas selbstherrlich . . .	18
Unglaubwürdig	10	Etwas unglaubwürdig . .	18
Unaufrichtig	9	Etwas unaufrichtig . . .	12
Rücksichtslos	8	Etwas rücksichtslos . . .	12
Unzuverlässig	6	Wenig zuverlässig . . .	10
Summe aller Nennungen	142	Summe aller Nennungen	190
Nichts davon	46	Nichts davon	33

Es zeigt sich ohne Ausnahme, daß die „weiche" Liste bessere Überlebenschancen hat. Die krasse Form löst bei vielen Befragten Abwehrmechanismen aus, so daß sie nicht mehr bereit sind, sich überhaupt zu äußern. Die Summen aller Nennungen zeigen, daß um ein Drittel weniger Nennungen gemacht werden, wenn man zu hart fragt: Während in der

* Quelle: IMAS-Institut, Linz

*Beispiel 7**

FRAGE: „Wenn man an die .... denkt, kann einem ja alles mögliche durch den Kopf gehen. Was davon paßt Ihrer Meinung nach auf die ...., was würden Sie da alles sagen? “ (Vorlage eines Kartenspiels)

Die .... *ist:*	Befragte Personen insgesamt (n = 432)
– Hilfsbereit	51 %
– Freundlich	44 %
– Vielseitig	43 %
– Gut organisiert	38 %
– Aufgeschlossen	34 %
– Gewissenhaft	31 %
– Fortschrittlich	26 %
– Bürokratisch	24 %
– Gründlich	19 %
– Beweglich	17 %
– Uneigennützig	16 %
– Modern	14 %
– Mächtig	12 %
– Umständlich	11 %
– Staatlich	10 %
– Großzügig	10 %
– Unpersönlich	10 %
– Schwach	10 %
– Langsam	9 %
– Schnell	8 %
– Schwerfällig	6 %
– Kleinlich	5 %
– Verknöchert	5 %
– Rückständig	5 %
– Altmodisch	4 %
– Überholt	4 %
– Überheblich	4 %
– Langweilig	2 %
– Muffig	1 %
– Schroff	1 %
– Ungefällig	1 %
	475

weichen Fassung von jedem antwortbereiten Befragten rund 2 Items genannt werden, sind es in der harten Version nur noch 1,4.
Ferner ist ein hochsignifikanter Unterschied bei den Nicht-Urteilsbereiten zu erkennen. Er macht deutlich, wie sehr man sich vor Verdikten gegenüber Personen oder Organisationen scheut. (Zum Vergleich: als das Image

* Quelle: IMAS-Institut, Linz

desselben Politikers mit Hilfe von positiven, bzw. wertneutralen Items gemessen wurde, enthielten sich lediglich 21 Prozent des Urteils).
Da es also schwer ist, die Ablehnung gegen Personen bzw. Institutionen mit Hilfe negativer Items zu messen, muß man umgekehrt vorgehen: man gibt überwiegend positive Antwortalternativen vor und betrachtet das Ergebnis danach, welche dieser (positiven) Antworten *nicht* ausgewählt wurden.
Beispiel 7 zeigt die Image-Messung einer Institution mit einem Kartenspiel.
Die wirklich negativen, abwertenden Aussagen, die eine echte Unzufriedenheit mit der betreffenden Institution erkennen lassen, wurden nur in sehr geringem Maße genannt. Die positiven Items erhalten somit eine recht hohe Besetzung und vermitteln zunächst ein günstiges, kaum korrekturbedürftiges Vorstellungsbild.
Dieses scheinbar makellose Bild verdüstert sich aber schlagartig, wenn man die Prozente sozusagen umgekehrt betrachtet. Man stellt dann fest, daß die positiven Zuordnungen in Wirklichkeit mit einer einzigen Ausnahme überall in der Minderheit sind: eine unterschiedlich große „schweigende Mehrheit“ konnte sich zu den einzelnen günstigen Aussagen nicht entschließen.
Es war daher nicht verwunderlich, daß bei einer Faktorenanalyse mit diesen Daten an zweiter, hochsignifikanter Stelle, ein Faktor von Ablehnung und Unzufriedenheit mit der betreffenden Institution stand.

5.6. Bildblattvorlagen

Ähnlich wie man Listen und Kartenspiele vorlegt, kann man das Interview auch durch Bildblätter anreichern. Sie wirken nicht nur auflockernd, sondern erfüllen die wichtige methodische Funktion, einen Frageinhalt klarer zu veranschaulichen und die Gefahr von sprachlichen Mißverständnissen auszuschließen. Diese Gefahr ist dann gegeben, wenn man sich unter bestimmten Worten oder Begriffen verschiedene Dinge vorstellen kann. Besonders leicht taucht die Gefahr unterschiedlicher Auslegung eines Begriffs im ästethischen Bereich auf. Beispielsweise könnten sich Menschen unter „moderner Kleidung“ sehr verschiedene Kleidungsstile vorstellen: für den einen mag moderne Kleidung der dernier cri aus Paris sein, für den anderen der neueste Popstil aus London, für den dritten eine eher dezente Eleganz usw.

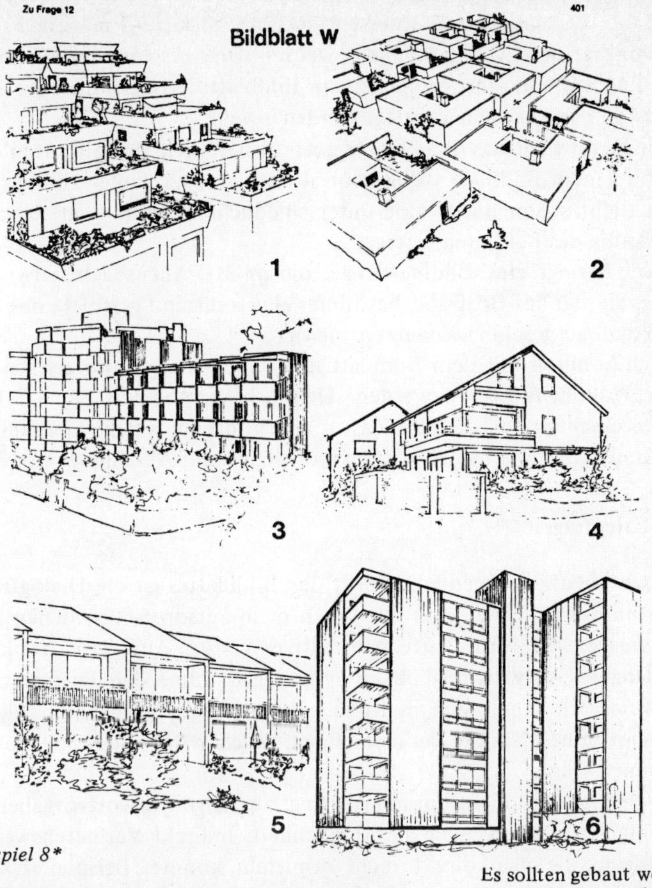

*Beispiel 8**

FRAGE: „Das Bauland bei uns wird zunehmend knapper und teurer. Man überlegt sich deshalb, welche Art Wohnhäuser man künftig am besten bauen soll. Auf diesem Bildblatt hier sind einige abgebildet.“

INTERVIEWER überreicht graues Bildblatt W!

„Wenn es nach Ihnen ginge: was würden Sie vorschlagen, welche Art Wohnhäuser sollten hauptsächlich gebaut werden? “ (Bitte nur eine Angabe)

Es sollten gebaut werden:
(Nur eine Angabe!)
Nr. 1 ....
Nr. 2 ....
Nr. 3 ....
Nr. 4 ....
Nr. 5..............................
Nr. 6 ....
Keine davon ....
Unentschieden bzw.
weiß nicht ....

* Diese Frage wurde im Institut für Demoskopie Allensbach entwickelt

Um sicher zu gehen, daß man die Meinungen zu derjenigen Mode erfährt, die man tatsächlich „messen" möchte, muß der Fragegegenstand also konkretisiert, veranschaulicht werden. Dies geschieht in einem solchen Fall am wirksamsten mit einem Bildblatt, auf dem mehrere Kleidungsstile zur Auswahl vorgelegt werden.
Voraussetzung für das objektive Messen ist natürlich, daß alle Abbildungen auf einem Bildblatt völlig neutral und wertfrei dargestellt werden, damit nicht schon durch eine unterschiedliche Zeichnungsart eine Beeinflussung des Befragten erfolgt.
Beispiel 8 zeigt eine Bildblattfrage, die im IfD-Allensbach entwickelt wurde. Sie war auf Großstadtbewohner abgestellt und verfolgte das Ziel, den Wohnhausgeschmack kennenzulernen.
Freilich konnten mit dem Bildblatt nicht alle Stilarten des zeitgenössischen Wohnbaus erfaßt werden. Dennoch vermochten die 6 Abbildungen einen guten Eindruck davon zu vermitteln, welche Siedlungstypen grundsätzlich auf Zustimmung und welche auf Ablehnung stoßen.

5.7. Dialogfragen

Eine sehr häufig verwendete Form des Bildblattes ist die Dialogfrage. Dabei unterhalten sich zwei oder auch mehr Personen, von denen jede eine andere, klar formulierte Alternative vertritt. Auf diese Art kann man längere Antwortmöglichkeiten vorlegen, ohne den Befragten zu überfordern. Er kann sich in Ruhe jede Alternative selber durchlesen und dann seine Meinung darüber bilden, welcher Ansicht er am ehesten zustimmen würde.
Diese Dialoge sind nicht nur ein Ausweg, um lange Antwortvorgaben zu vermeiden, sie geben auch die Möglichkeit, indirekt Verhaltensweisen abzufragen, die man direkt nicht ermitteln könnte. Beispiel 9 zeigt einen solchen Fall.

Dialoge können freilich nur dann gültige Ergebnisse erbringen, wenn alle gegebenen Alternativen ausgewogen sind. Damit ist gemeint, daß sie alle theoretisch die gleiche Chance haben müssen, ausgewählt zu werden. Man erreicht das, indem die Sätze und Abschnitte annähernd gleich lang gehalten werden und in gleicher Weise neutral und objektiv die entsprechende Alternativen ausdrücken.
Damit eine auf einem Bildblatt „oben" stehende Antwort-Alternative nicht einen Vorteil gegenüber der unteren erhält, empfiehlt es sich

außerdem, die Positionen der Antworten in jedem zweiten Interview (somit bei einer repräsentativen Halbgruppe) auszutauschen, also zu „drehen“.

Bildblatt 6

Zu Frage 15:

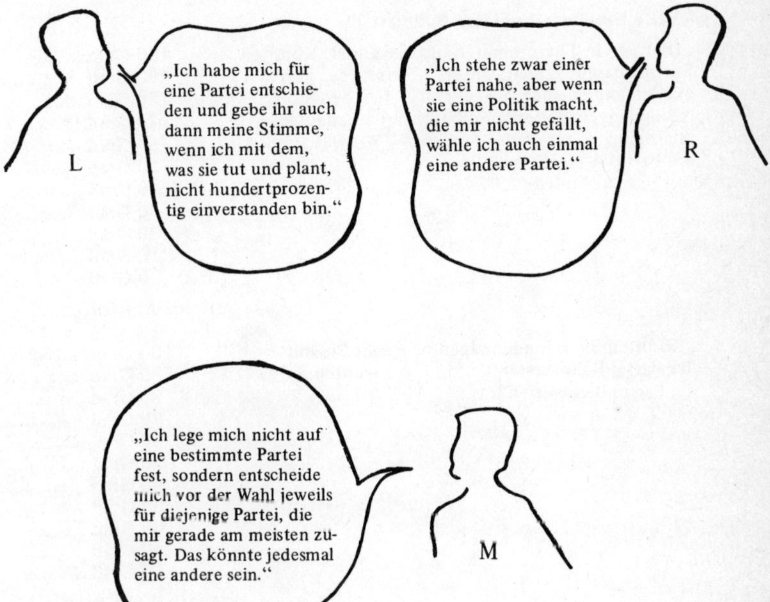

*Beispiel 9**

INTERVIEWER übergibt rotes Bildblatt 6!

15. Drei Männer unterhalten sich über Wahlen. Welcher von den Dreien vertritt Ihrer Meinung nach die richtige Ansicht, wer verhält sichsso, wie auch Sie es am besten finden?

L: (Fest für eine Partei entschieden) ....
R: (Wähle auch einmal eine andere Partei) ....
M: (Lege mich nicht fest) ..
Unentschieden, keine Meinung
....

* Quelle: IMAS-Institut, Linz

5.8. Thermometerfragen

Eine andere Art von Bildblatt stellt das Beispiel 10 dar. Es ist eine sogenannte Thermometerfrage, die sich in manchen Fällen, eben dort, wo klare Einstufungen möglich sind, als höchst sensibles und genaues Meß-

*Beispiel 10**

INTERVIEWER übergibt blaues Bildblatt T!

16. „Hier ist ein Thermometer aufgezeichnet. Könnten Sie mir darauf zeigen, wie sehr Sie mit der Partei A einverstanden sind? Es geht so – 100 bedeutet ‚völlig einverstanden' und Null würde bedeuten ‚überhaupt nicht einverstanden'. – Wo würden Sie die Partei A einstufen?"

100 Grad ....
90 Grad ....
80 Grad ....
70 Grad ....
60 Grad ....
50 Grad ....
40 Grad ....
30 Grad ....
20 Grad ....
10 Grad ....
0 Grad ....

Keine Antwort ....

17. „Könnten Sie mir auch sagen, wie sehr Sie mit der Partei B einverstanden sind, wo würden Sie die Partei B einstufen?"

100 Grad ....
90 Grad ....
80 Grad ....
70 Grad ....
60 Grad ....
50 Grad ....
40 Grad ....
30 Grad ....
20 Grad ....
10 Grad ....
0 Grad ....

Keine Antwort ....

18. „Und wie sehr sind Sie mit der Partei C einverstanden; wo würden Sie die Partei C einstufen?"

100 Grad ....
90 Grad ....
80 Grad ....
70 Grad ....
60 Grad ....
50 Grad ....
40 Grad ....
30 Grad ....
20 Grad ....
10 Grad ....
0 Grad ....

Keine Antwort ....

* Diese Fragen wurden im Institut für Demoskopie Allensbach entwickelt

instrument erweist. Dies nicht zuletzt deshalb, weil das Thermometer eine metrische Skala bildet, wie sie in dieser Perfektion in der Umfrageforschung selten auftritt.
Mit Hilfe der Thermometerfrage kann beispielsweise der Grad der Sympathie für eine politische Partei, die man wählen würde, aber auch für eine andere, die man nicht wählen würde, erfaßt werden.

Bildblatt T

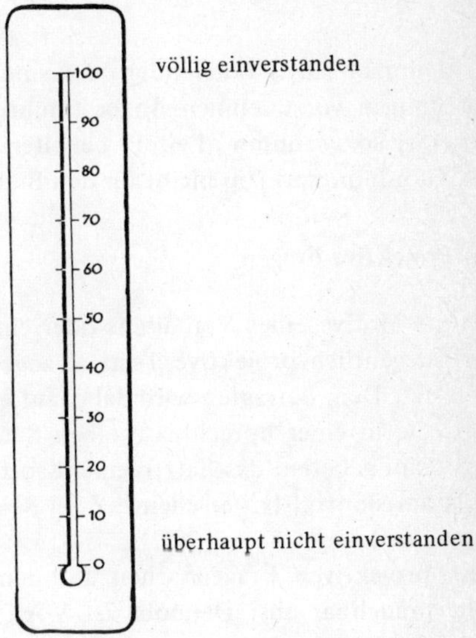

Aus dem Vergleich der Zustimmungsgrade zu den verschiedenen Parteien läßt sich dann ermessen, wie freundlich bzw. wie ablehnend die Partei-Anhängerschaften zueinander stehen, wie also das gesamtpolitische Klima in einem Land einzuschätzen ist. So konnte etwa das Allensbacher Institut durch Trendbeobachtung, die sich auf Thermometer-Messungen stützte, nachweisen, daß sich die Stimmung zwischen SPD und CDU/CSU vor der Bundestagswahl 1972 zunehmend verschlechterte, bis sich die Anhänger dieser Parteien schließlich mit einer geradezu frostigen Haltung gegenüberstanden.

*Beispiel 11**

	1969	*1972*
	Erwärmung für die SPD	
CDU/CSU-Anhänger	51 Grad	34 Grad
	Erwärmung für die CDU/CSU	
SPD-Anhänger	44 Grad	25 Grad
	Erwärmung für die CDU/CSU	
FDP-Anhänger	51 Grad	29 Grad

Nicht immer ist es notwendig oder sinnvoll, thermometerartige Gradeinteilungen vorzunehmen. In bestimmten Fällen kann man sich auch mit einer sogenannten „Leiter" behelfen, die Stufen von 0 bis 10 zeigt. Das Zuordnungsprinzip bleibt für den Befragten das gleiche.

5.9. Projektive Fragen

Um die Motive eines Verhaltens oder einer Meinung zu erfahren, werden gelegentlich projektive Tests – sogenannte Satzergänzungstests – vorgelegt. Dem Befragten wird dabei auf einem Bildblatt eine Person gezeigt, die in einer Sprechblase einen Satz begonnen hat. Der Befragte wird dann gebeten, das Satzfragment so zu vervollständigen, wie es ihm selbst am sinnvollsten erscheint. Zum Beispiel: „Karl möchte gerne studieren, weil . . ."
Diese projektiven Fragen sehen auf dem ersten Blick psychologisch recht brauchbar aus. Dennoch ist Vorsicht geboten: in vielen Fällen bringen die Antworten nur Gemeinplätze und Klischees ein, ohne über die wahren Motivationen einer Ansicht wirklich Aufschluß zu geben. Nützlich erweisen können sie sich hingegen für die Beurteilung der Intelligenz des Befragten.
Ob sich ein Satzergänzungstest lohnt oder nicht, kann man meistens bereits aus den Pre-Tests ziemlich klar ersehen, sodaß man ihn gegebenenfalls wieder aus dem Bogen eliminieren kann.

* Quelle: Allensbacher Berichte Nr. 31/1972, IfD-Allensbach

6. Die heiklen Themen

Nicht immer läßt es sich vermeiden, daß Fragen die Privatsphäre berühren und somit heikel sind. Der Forscher muß dann versuchen, durch geschickte und einfühlsame Formulierungen und Techniken alle möglichen psychischen Widerstände zu umgehen, oder zumindest so sehr zu reduzieren, daß die Qualität der Antworten nicht gefährdet ist.

Allein die Frage nach den Besitzgegenständen im Haushalt ist nicht ohne Probleme, beispielsweise dann, wenn man sich bei Angehörigen aus einfachen Bevölkerungsschichten nach Dingen erkundigen muß, die für einen gehobenen Lebensstandard typisch sind, etwa Geschirrspülmaschinen, Farbfernseher, Tiefkühltruhe, Filmkamera, Telefon, echte Teppiche, Teppichboden usw.

Um dem Befragten die Peinlichkeit zu nehmen, den Besitz jeglicher Gegenstände dieser Art verneinen zu müssen, bedient man sich einer kleinen List: man reichert den Fragekatalog mit Dingen an, die zwar nicht zum Forschungsinteresse gehören, jedoch auch von ärmeren Befragten mit ziemlicher Wahrscheinlichkeit besessen werden. Dazu gehören beispielsweise Radioapparate, von denen man weiß, daß sie in fast allen Haushalten vorhanden sind.

Rücksicht auf die mögliche Empfindsamkeit von Befragten ist auch bei der Ermittlung des Einkommens geboten, – einerlei, ob es sich um das Haushaltseinkommen, oder um das Einkommen des Hauptverdieners im Haushalt handelt. Solche Angaben sind vor allem für die spätere Bestimmung der sozialen Schicht des Befragten erforderlich.
Die sicherlich brauchbarste Art, zu exakten Informationen über die Ein kommenslage der einzelnen Bevölkerungsgruppen zu gelangen, stellt eine Listenfrage dar.

Wichtig ist dabei, daß die Kategorie nicht von 1 bis 6 oder von A bis F benannt sind, sondern daß hier Zufallszahlen zur Identifizierung dienen. Danach wird der Befragte sich viel weniger scheuen, die erste Kategorie zu nennen als wenn er „1“ oder „A„ angeben und dabei annehmen muß, daß der Interviewer sofort weiß, daß er die niedrigste Kategorie genannt hat.

Auch das Fehlen der Vorgabe: „Keine Angabe“ hat einen bestimmten Zweck. Der Interviewer, der eine solche Antwort im Fragebogen nicht festhalten kann, wird eher darauf drängen, eine konkrete Angabe zu er-

*Beispiel 12**

INTERVIEWER überreicht weiße Liste 17!

10. „Würden Sie mir nach dieser Liste bitte sagen, in welche Gruppe das Netto-Monatseinkommen des Hauptverdieners im Haushalt fällt? Sie brauchen mir nur den Buchstaben anzugeben!"

P / Z / M / A / K / T / R /

102 Zu Stat. 10

Liste 17

P	Unter 2500 Schilling
Z	2500 – 3999 Schilling
M	4000 – 5499 Schilling
A	5500 – 6999 Schilling
K	7000 – 8499 Schilling
T	8500 – 9500 Schilling
R	Höher als 9500 Schilling

halten. Diese einfache Maßnahme drückt den Prozentsatz der verweigerten Antworten um etwa 3 Prozent.

Zu den klassischen Intim-Bereichen wird gewöhnlich die politische Meinung gezählt. Hier gilt es vielfach, nicht nur die Bedenken der Befragten, sondern ebensosehr, die Hemmungen der Interviewer zu überwinden, eine Frage nach der Parteineigung überhaupt zu stellen. Als Faustregel gilt, daß mindestens 20 Prozent der Erwachsenen – jedenfalls in Österreich und in der Bundesrepublik – eine Erkundigung nach ihrer Parteipräferenz mit keiner konkreten Auskunft quittieren.

Manche Institute versuchen, die Zahl der Antwortverweigerer oder Unentschiedenen dadurch zu verkleinern, daß sie im Interview einen Wahlvorgang simulieren: der Befragte wird gebeten, einen „Stimmzettel" in eine kleine Urne zu stecken, so daß der Interviewer selbst die Antwort nicht zu sehen bekommt.

* Diese Frage wurde im Institut für Demoskopie Allensbach entwickelt

Obgleich sich die Gruppe der Antwortverweigerer dadurch tatsächlich auf 5–6 Prozent reduziert, konnte die Tauglichkeit dieser Methode – so faszinierend sie zunächst auch wirken mag – seit den frühen Fünfzigerjahren bisher noch kein einzigesmal überzeugend nachgewiesen werden. Es hat sich vielmehr gezeigt, daß die Urnen-Technik die kleinen Splitterparteien über ihren wahren Wert hinaus begünstigt. Möglicherweise bringt die Pseudo-Wahl ein allzu spielerisches Element in das Interview und verlockt eine Reihe von Personen zu einer Entscheidung, die sie in Wirklichkeit nicht treffen würden. Zu bedenken ist auch, daß mit der Urnen-Technik im Interview eine unwirklich starke „Wahlbeteiligung" erreicht wird, die zumeist sehr erheblich über der tatsächlichen Beteiligung an einer Nationalrats- oder Bundestagswahl liegt.
Fest steht jedenfalls, daß sich bisher eine normale Listenvorlage bei Wahlprognosen in Europa und USA am besten bewährt hat.

7. Halbgruppenbefragung

Teilt man die Gesamtstichprobe nach einer Zufallssystematik in zwei gleich große, in sich repräsentative Gruppen, die somit spiegelgleich und mit-einander vergleichbar sind, so hat man die Möglichkeit, einige Fragen in verschiedenen Versionen zu stellen. Der übrige Fragebogen wird von dieser Teilung nicht beeinflußt, denn die Zusammenlegung beider Halbgruppen ergibt wiederum einen repräsentativen Querschnitt.
Eine Halbgruppenbefragung bietet verschiedene Vorteile:

- sie spart Platz;
- sie bietet die Möglichkeit zum Drehen von Listen und Antwortalternativen
- sie liefert Kontrollgruppen für Feldexperimente.

Bei einer genügend großen Stichprobe (z.B. n = 2000) sind die Basen der beiden repräsentativen Halbgruppe immer noch breit genug, um die Bildung von demographischen Untergruppen mit kleinen Fehlerspannen zu erlauben.
Selbst bei kleineren Stichproben kann man guten Gewissens die sogenannten "A-B-Splits" anwenden, sofern die Halbgruppengrößen die zulässigen Fehlerspannen nicht überschreiten, oder sofern nur Gesamtergebnisse ausgewiesen werden sollen. Das folgende Beispiel soll den Nutzen einer Halbgruppenbefragung erläutern.
Forschungsziel war es, zu prüfen, ob Privateigentum von der Bevölke-

rung als höherrangig betrachtet und stärker respektiert wird als Staatsbesitz. Um Aufschluß darüber zu erhalten, wurde einem repräsentativen Querschnitt von erwachsenen Österreichern eine Liste vorgelegt, auf der insgesamt 16 Tätigkeiten beschrieben wurden.
Die einzelnen Listenpunkte waren für den Gesamtquerschnitt völlig einheitlich, unterschiedlich war jedoch der Wortlaut der Frage, mit der die Liste übergeben wurde:
Bei der einen Halbgruppe erkundigten sich die Interviewer: „. . . Wenn Sie jetzt bitte einmal an einen Wald denken, der dem Staat gehört – was sollte jeder einzelne in einem solchen Wald alles tun dürfen, was sollte da unbedingt erlaubt sein . . .? " Bei der zweiten Halbgruppe lautete die Frage: „. . . Wenn Sie jetzt einmal an einen Wald denken, der in Privatbesitz ist, – was sollte jeder einzelne in einem solchen Wald alles tun dürfen, was sollte da unbedingt erlaubt sein . . .? "

*Beispiel 13**

	Es finden, in einem staatlichen Wald sollte erlaubt sein: (n = 236) %	Es finden, in einem privaten Wald sollte erlaubt sein: (n = 249) %
Pilze, Beeren sammeln	86	79
Hunde spazierenführen	56	42
Reisig sammeln	51	45
Abseits der Wege den Wald durchstreifen	49	46
Lagern und Jausnen	47	40
Singen, musizieren	41	31
Reiten	36	25
In Zelten übernachten	31	21
Spiele, Wettkämpfe veranstalten . .	29	20
Radfahren	26	19
Auf Bäume klettern	25	22
Rauchen	12	5
Tannenzweige abschneiden und mit nach Hause nehmen	9	10
Lagerfeuer veranstalten	8	6
Christbäume aus dem Wald holen . .	5	4
Auto, Motorrad, Moped fahren . . .	3	3
	514	418
Nichts davon	2	10

*) IMAS-Institut, Linz

Beide Fragefassungen wurden in demselben Fragebogen an derselben Stelle, also im identischen Umfeld plaziert, so daß die völlige Vergleichbarkeit der Ergebnisse gegeben war und die prozentualen Unterschiede eindeutig interpretiert werden konnten. Diese Ergebnisse ließen schließlich erkennen, daß die Bevölkerung zwischen Staats- und Privatbesitz ziemlich klar unterscheidet und das Privateigentum sehr viel stärker tabuisiert.

In manchen Fällen empfiehlt sich auch die Befragung von Viertelgruppen, beispielsweise, wenn es darum geht, die Bekanntheit und das Image von vier verschiedenen Firmen oder Erzeugnissen miteinander zu vergleichen. Wenn die Ausgangsstichprobe groß genug ist, erhält man durch solche Befragungen in einem A-B-C-D-Split durchaus noch gut abgesicherte Ergebnisse.

Wenn man sich für Halbgruppenbefragungen entscheidet, muß man beim Fragebogenversand natürlich darauf achten, daß ein Interviewer nur Fragebögen derselben Version erhält, damit er nicht verwirrt wird, und damit jede Verwechslungsmöglichkeit ausgeschlossen ist.

8. Die grafische Aufmachung des Fragebogens

Das Grundprinzip der Eindeutigkeit, Klarheit und Neutralität gilt nicht für die Frageformulierung, sondern auch für die grafische Anordnung der Fragen. In der Regel werden sie in der laufenden Reihenfolge aufgeschrieben und durch Trennstriche voneinander unterschieden.

Die Übersichtlichkeit erhöht sich, wenn man links den vorzulesenden Text und rechts davon die möglichen Antwortkategorien anordnet.

Sofern Listen oder Kartenspiele vorgelegt werden sollen, bekommt der Interviewer vor jeder Frage eine diesbezügliche Anweisung. Statt der Antwortalternativen, also den Aussagen auf der Liste oder den Kärtchen, stehen im Fragebogen die Nummern, die der Interviewer lediglich einzukreisen hat. Dabei wird noch einmal darauf aufmerksam gemacht, ob er alle Nennungen festhalten darf oder nur eine beschränkte Anzahl. Kartenspiele sind deutlich durch ihre Farbe gekennzeichnet. Listen erhalten außer den verschiedenen Farben, die sich hier eventuell wiederholen können, zusätzlich eine laufende Nummer.

Oft können Fragen nur an Personen gestellt werden, die sich durch eine bestimmte Antwort als urteilsfähig erwiesen haben. Beispielsweise wäre es sinnlos, Personen über den Geschmack zu einer bestimmten Ziga-

rettenmarke zu befragen, die entweder überhaupt nicht rauchen, oder die betreffende Marke noch nie geraucht haben.
In solchen Fällen baut man in den Fragebogen „Filterfragen" ein, die eine Trennung bzw. Vorsortierung der urteilsfähigen und nicht urteilsfähigen Personenkreise erlauben. Um beim gegenständlichen Beispiel zu bleiben: die Nichtraucher wären nach der Filterung „ausgekoppelt" worden, das heißt, die spätere Frage nach der Einschätzung einer bestimmten Zigarettenmarke wäre an sie nicht gestellt worden; die Nichtraucher hätten diese Frage vielmehr übersprungen.
Das Überspringen von Fragen muß im Fragebogen eindeutig gekennzeichnet sein: der Interviewer muß genau ersehen können, wo er die Befragung nach einer „Auskoppelung" fortsetzen soll. Sprünge lassen sich auf mehrere Arten darstellen: entweder durch direkten Hinweis oder durch eine Sternchen-Anzeige. Dabei gehört es zur Einschulung des Interviewers, zu erklären, das ein Sternchen hinter einer Antwortkategorie eine Nachfrage signalisiert.

*Beispiel 14**

5. FAMILIENSTAND		5. FAMILIENSTAND	
Ledig	1	Ledig	1 (Weiter bei Frage 7)
Verheiratet	2*	Verheiratet	2
Verwitwet, geschieden	3	Verwitwet, geschieden . .	3 (Weiter bei Frage 7)
*)6. „Ist Ihre Frau/Ihr Mann berufstätig		6. „Ist Ihre Frau/Ihr Mann berufstätig?	
Ja, ganztags	4	Ja, ganztags	4
Ja, halbtags	5	Ja, halbtags	5
Ja, stundenweise	6	Ja, stundenweise	6
Nein	7	Nein	7
7. KONFESSION		7. KONFESSION	
Katholisch	8	Katholisch	8
Evangelisch	9	Evangelisch	9
Andere, ohne	0	Andere, ohne	0

Etwas schwierige Nachfragen bilden Gabelungen. Hier kann die Befragung in zwei Versionen weitergehen, je nach Einstufung des Befragten. Beispielsweise könnte man in einer Untersuchung von Wohnungsproblemen nicht alle Fragen gleichermaßen an Mieter und Vermieter stellen.

*) Quelle: IMAS-Institut, Linz

Man läßt daher in solchen Fällen zunächst durch eine INTERVIEWER-EINSTUFUNG ermitteln, ob der Befragte Mieter oder Vermieter ist und setzt dann die Befragung geteilt fort. Die Sternchen hinter jeder Antwortkategorie zeigen dem Interviewer an, auf welcher Seite er weiterfragen muß, oder ob er die Frage völlig überspringen soll. (Elisabeth Noelle, 1971, Kap. 2)

*Beispiel 15**)

INTERVIEWER-EINSTUFUNG:

15. Ist der/die Befragte Vermieter, Mieter oder Untermieter?	Vermieter . . . . *)
	Mieter . . . . ***)
	Untermieter, anderes . . . **)
	**) Übergehen zu Frage 17!

* ←	→ ***
16. „Wie ist das so im allgemeinen: Gibt es öfter Ärger mit Ihren Mietern oder eigentlich nicht?“	16. „Wie ist das so im allgemeinen: Gibt es öfter Ärger mit Ihrem Vermieter oder eigentlich nicht?“
Sehr oft	Sehr oft . . . .
Ziemlich oft	Ziemlich oft . . . . . .
Es geht	Es geht . . . .
Selten	Selten . . . .
Nie	Nie . . . .

17. Neue Frage an alle

Die grafische Einteilung des Fragebogens wird letztlich auch davon bestimmt, ob der Bogen auf eine einzige Lochkarte mit Mehrfachlochungen übertragen wird, oder ob mit Einfachlochungen und mehreren Folgekarten gearbeitet wird.

Um den Fragebogen relativ dünn zu halten und den Eindruck eines allzu umfangreichen Registers zu vermeiden, außerdem, um Portokosten zu sparen, werden die Blätter verschiedentlich zweiseitig bedruckt. Diese Praxis ist jedoch voller Probleme und hat schwerwiegende Nachteile: Interviewer-Eintragungen auf der Rückseite sind unbequem, vor allem aber besteht die Gefahr, daß die Befragung der Rückseiten überhaupt übersehen und vom Interviewer vergessen wird. Beide Einwände gelten

* Quelle: IMAS-Institut, Linz

nicht zuletzt auch für die spätere Prozedur des Ablochens der Antworten. Alles in allem empfiehlt es sich daher, Fragebogen einseitig und nicht doppelseitig zu gestalten.

9. Pre-Tests zur Absicherung

Ist schließlich das Rohkonzept eines Fragebogens erstellt, gilt es, diesen Entwurf einer praktischen Erprobung zu unterziehen. Derartige Pre-Test-Interviews, an denen sich natürlich das Forscher-Team selbst beteiligen sollte, sind unerläßlich und unersetzbar. Nur durch sie können die Schwächen eines Fragebogens erkannt werden, ehe die eigentliche Feld-Befragung beginnt: ob beispielsweise bestimmte Fragen nicht verstanden oder nicht eindeutig verstanden werden, ob eine wichtige Antwortkategorie übersehen wurde, ob eine Frage für einfach gebildete Menschen zu schwierig ist, ob der Bogen durch übertriebene Länge die Geduld und Aufmerksamkeit von Befragten und Befrager überfordert, ob sich bestimmte Fragen gegenseitig beeinflussen, ob falsche Koppelungen eingebaut sind usw.

Nicht selten ist es nach einer Pre-Test-Aktion notwendig, einen Fragebogen in einer anschließenden Korrekturkonferenz gründlich umzuarbeiten oder teilweise neu zu gestalten. Erst wenn der Fragebogen ein Höchstmaß an Klarheit und Übersichtlichkeit erreicht hat, wenn er für die Befragten in jeder Einzelheit unmißverständlich ist und von den Befragern leicht und sicher gehandhabt werden kann, ist eine Gewähr gegeben, daß die Interviews ohne Schwierigkeiten und unter den gleichen Bedingungen verlaufen. Was am Fragebogen verpatzt wird, läßt sich später nie wieder korrigieren.

Andreas von Kirschhofer-Bozenhardt
Gabriele Kaplitza

Das Interviewernetz

Eine Kette ist so stark wie ihr schwächstes Glied. So auch in der Demoskopie. Eine einwandfreie Stichprobe, ein noch so guter Fragebogen, eine brillante Analyse nützen nicht viel, wenn die zur Befragung eingesetzten Interviewer im Feld unsauber arbeiten.
Damit ist nicht unbedingt gemeint, daß der eine oder der andere Befrager wissentlich gegen die ihm vorgegebenen Interview-Regeln verstößt, sondern vielmehr, daß sich prinzipielle Fehler in Umfrage-Ergebnisse einschleichen können, wenn ein Interviewer-Netz schlecht betreut oder schlecht geschult ist.
Ein guter Fragebogen ist zwar so angelegt, daß er dem Befrager eine große Hilfe beim Interviewen ist, aber von der bedeutenden Aufgabe des vermittelnden Mediums kann der Interviewer dadurch nicht vollständig entbunden werden. Er muß zu fremden Menschen in ihm unbekannten Haushalten schnell in Kontakt kommen und ein Klima des Vertrauens herstellen. Ob Adressen- oder Quotenauswahl – fast immer bedarf es phantasievoller Anstrengungen, um ein Gespräch aufzubauen. Schließlich soll der Interviewer gut zuhören können, ohne selber Meinungen zu äußern. Mit akribischer Genauigkeit muß er alle Antworten notieren, wörtlich, ohne Auslassungen oder Verschönerungen. Der ideale Interviewer ist von Elisabeth Noelle-Neumann als „kontaktfähiger Pedant" beschrieben und damit sicherlich optimal charakterisiert worden.

1. Die Netzorganisation

Es gibt verschiedene Konzeptionen für den Aufbau und die Organisation eines Interviewer-Netzes. Allen unterliegt die Forderung nach sorgsamer Auslese und gründlicher, individueller Betreuung der Feld-Mitarbeiter.
Eine Möglichkeit besteht darin, mit verhältnismäßig wenigen, dafür aber hauptberuflich tätigen Interviewern die Feldarbeit durchzuführen. In diesem Fall stehen alle Feldmitarbeiter unter der zentralen Leitung ihres Forschungsunternehmens.

Diese Lösung hat jedoch den entscheidenden Nachteil, daß bei einer Befragungskampagne auf jeden Befrager sehr viele Interviews entfallen. Der Interviewer fühlt sich dadurch nicht selten überlastet, wenn nicht sogar überfordert. Als Folge davon läßt die bei ihm wünschenswerte Aufmerksamkeit während der Befragung nach, er verliert die Fähigkeit, zuzuhören und es unterlaufen ihm somit – wissentlich oder unwissentlich – Fehler, die die Qualität der Aussagen herabmindern.
Ein weiterer Nachteil eines kleinen Netzes von professionellen Interviewern liegt darin, daß die notwendige regionale Streuung der Befragung nur durch hohe Reisekosten erreicht werden kann.
Was gegenüber diesem Manko jedoch noch schwerer wiegt, ist die bei einem nur sehr kleinen Interviewer-Stab unweigerlich auftretende Gefahr des gefürchteten „Interviewer-Bias". Darunter versteht man einen meist völlig unbewußten Einfluß, den ein Mensch auf einen anderen allein durch seine Erscheinung, seine Kleidung, sein Auftreten, seine Stimme und die Art des Sprechens ausübt. Dieser Einfluß kann durchaus eine verzerrende Wirkung haben, indem er beispielsweise beim Befragten Hemmungen hervorruft, oder Prestigeantworten provoziert. Man stelle sich vor, ein Institut würde bei einer Umfrage über die Körperpflege der Bevölkerung ausnahmslos sehr attraktive junge Damen als Interviewerinnen einsetzen: In einem solchen Fall würden Männer die Häufigkeit ihres Badens sehr wahrscheinlich nach oben stilisieren und Antworten geben, die ihr Hygienebedürfnis unwirklich vorteilhaft erscheinen lassen.

Es gibt nur einen einzigen Weg, den Interviewer-Bias zu eliminieren: die Interviews müssen auf möglichst viele Befrager unterschiedlichen Geschlechts, unterschiedlichen Alters und unterschiedlicher Herkunft verteilt werden. Wenn beispielsweise bei einer Erhebung unter 2 000 Personen mindestens 200 Befrager beteiligt sind, so kommt hier bereits das Gesetz der großen Zahl zur Geltung, so daß man sicher sein kann, daß sich die verschiedenen Verzerrungen gegenseitig aufheben.
Eine zweite Interviewer-Konzeption besteht darin, eine große Zahl nebenberuflicher Mitarbeiter von regionalen Supervisoren auswählen, einsetzen und kontrollieren zu lassen. Solche „Supervisors", bzw. „Bezirksleiter" können hauptamtlich oder nebenberuflich tätig sein. Nur sie, nicht die Interviewer selbst, stehen in ständigem Kontakt mit dem Forschungsinstitut.
Eine dritte Organisationstechnik geht schließlich davon aus, mit einer Vielzahl von nebenberuflichen Interviewern zu operieren, die vom In-

stitut selbst zentral angeworben, zentral geleitet, zentral kontrolliert und zentral betreut werden.
Obwohl es unter Experten keine einheitliche Auffassung darüber gibt, welcher Konzeption der eindeutige Vorzug gebührt, sprechen doch sehr viele Argumente für die letztgenannte Lösung, weil ein zentral gelenktes und daher völlig einheitlich geschultes Netz am ehesten eine Befragung unter völlig gleichen Bedingungen ermöglicht. Der Einsatz von „Supervisors“ oder „Bezirksleitern“, die oft sehr verschiedenartig einweisen und kontrollieren, ist eine zu heterogene Organisationsform und gefährdet die unbedingt notwendige Einheitlichkeit der Befragungssituation. Diese Gefahr kann nur durch die zentrale Verwaltung des Interviewer-Netzes ausgeschlossen werden.

2. Anwerbung

Der Aufbau eines zentral verwalteten Interviewernetzes geschieht am vorteilhaftesten durch Zeitungsannoncen. Kleinanzeigen in vielen regionalen Zeitungen bringen Bewerbungen aus allen Landesteilen.
Diese Inserate müssen psychologisch geschickt abgefaßt sein, um die „richtigen“ Menschen anzusprechen. Die Aufgabe muß reizvoll und als Nebenverdienst verlockend dargestellt werden; gleichzeitig sollen aber, weniger kontaktfreudige Bewerber von vornherein ausgeschlossen werden. Da sich Interviewer möglichst aus allen sozialen Schichten rekrutieren sollen, muß eine solche Anzeige auch für alle Schichten ansprechend wirken.
Um eine möglichst breite demographische Schichtung zu erreichen, empfiehlt es sich, mit zwei oder drei verschiedenen Inseraten zu werben, die wöchentlich alternierend aufgegeben werden.
Wie schon erwähnt, sind Personen aus allen Bevölkerungsgruppen und Altersstufen erwünscht und grundsätzlich zum Interviewen geeignet. Allerdings stellt man immer wieder fest, daß sich Hausfrauen besonders gut in die Rolle des „kontaktfähigen Pedanten“ hineinfinden und daher gewöhnlich die besten Interviewer sind.
Wenig geeignet zu sein scheinen sehr junge Leute unter 20 Jahren. Sie bekommen in der Regel schwer Zugang zu älteren Menschen und neigen am ehesten dazu, ein Interview unkorrekt durchzuführen.
Erfahrungen mit Vertretern haben gezeigt, daß diese meist nicht in der Lage sind, ihren Beruf vom Interviewen voll zu trennen, weswegen sie

nur in Ausnahmefällen in ein Interviewer-Netz gehören. Das gleiche gilt für Personen, die bereits einer anderen Interviewer-Organisation angeschlossen sind. Bei ihnen ist die Gefahr der Verwechslung und daher unsauberen Arbeit durch verschiedene Interviewer-Konzeptionen zu groß.
Beim Einsatz von Studenten ist ebenfalls größte Vorsicht geboten. Sie wechseln schneller ihren Wohnort und verfügen zu unregelmäßig über freie Zeit. Durch ihren hohen Intelligenz- und Bildungsgrad neigen Studenten dazu, die Zielpersonen durch Kommentare zu beeinflussen, oder sie hören in verstärktem Maße selektiv. Nicht zuletzt führen sie wesentlich öfter Interviews auf unkorrekte Weise durch als andere Interviewer, manchmal sogar aus einer Art von „sportlichem Reiz".
Ein weiteres Problem kann sich in kleinen Orten stellen, wenn sich Gemeindebeamte, z.B. ein Polizist oder eine Volksschullehrerin, für ein nebenberufliches Interviewen interessieren. Sie würden es schwer haben, in einem kleinen Ort immer wieder ihnen so gut wie fremde Personen zu befragen. Abgesehen davon müßte man auch damit rechnen, daß Dorfbewohner dem ihnen bekannten Gemeindebeamten oder Polizisten Gefälligkeitsantworten geben oder überhaupt ihre Meinung verschweigen. In kleineren Ortschaften sind daher Hausfrauen viel besser zum Interviewen geeignet.
Wenn ein Grundstock aufgebaut ist, müssen die ausscheidenden Interviewer laufend ersetzt werden. Dies geschieht ebenfalls über Inserate. Aber bald setzt auch eine mündliche Empfehlung ein; die bereits engagierten Interviewer selber vermitteln geeignete und interessierte Personen an das Institut.

3. Schulung

Egal, auf welchem Wege der Bewerber zu dem Institut gestoßen ist, er muß sich einer intensiven Auslese und Einschulung unterziehen.
Bei einem großen, überregionalen zentral geleiteten Netz kommen mündliche und persönliche Einschulung aus finanziellen und zeitlichen Gründen nicht in Frage. Es bleibt nur der schriftliche Weg, der den Vorteil hat, daß jeder Bewerber nach genau denselben Methoden, mit genau denselben Worten, Beispielen, Regeln usw. unterwiesen wird.
Ein Teil des Schulungsmaterials besteht aus einer Reihe von technischen Anweisungen mit genauer Beschreibung, was beim Interviewen zu beachten ist und wie eine Befragung durchgeführt werden soll. Ferner ge-

hören Informationsunterlagen dazu, mit deren Hilfe sich der Bewerber in die verschiedenen Interview- und Fragetechniken hineinfinden kann. Diese Anweisungen müssen einfach, klar und sehr übersichtlich dargestellt sein, damit auch Kandidaten aus einfacheren sozialen Schichten mühelos lernen, wie ein Interview zu handhaben ist.
Ein zweiter, überaus wichtiger Teil der Schulungsunterlagen besteht aus einer Serie von Probeinterviews, die jeder Bewerber bearbeiten muß. Diese Probeinterviews haben Schulungs- und Testcharakter und sagen sehr viel über die Person des Bewerber aus, ohne daß man ihn persönlich kennen muß.
Das Probeinterview ist also ein eigens zu diesem Zweck konstruierter Fragebogen. Er beinhaltet in konzentriertem Maße Fragen, die in der Praxis zu Schwierigkeiten führen können. Dazu zählen offene Fragen, bei denen wörtliche Antworten zu notieren sind, heikle Fragen, die vom Interviewer eine gewisse psychische Robustheit erfordern, sowie ermüdende Fragebatterien, wie beispielsweise die mehrfache Vorlage langer Kartenspiele, deren einwandfreie Durchläufe Befragten und Interviewer viel Geduld kosten.
Ferner wird das Verständnis für die Fragebogentechnik durch verschiedene Kopplungs- und Nachfragen getestet, bei denen es darauf ankommt, an der richtigen Stelle im Fragebogen weiterzugehen.
Aus den durchgeführten Probeinterviews läßt sich dann leicht ablesen, ob ein Kandidat als Interviewer geeignet ist oder nicht.
Ein gewisser Teil der Bewerber scheidet gleich von allein wieder aus, indem er die Probeunterlagen unbearbeitet retourniert. Aus der verbleibenden Restgruppe werden alle diejenigen Bewerber von vornherein ausgesondert, die sich nicht recht zum Befragen zu eignen scheinen. Erfahrungsgemäß ist das der größte Teil, denn in der Regel besteht nur jeder achte bis zehnte Bewerber die Auslese-Prozedur.

4. Anforderungen an einen Befrager

Von einem Interviewer muß, abgesehen von Kontaktfreudigkeit und Lauterkeit, eine strenge Disziplin erwartet werden können. Zu den Grundbedingungen seiner Arbeit zählt, daß er eine Befragung unter vier Augen durchführt, damit die Echtheit der Antworten gewährleistet ist. Er darf die Fragefolge und den Fragewortlaut auf keinen Fall verändern; er muß jede Beeinflussung vermeiden, sei es auch nur durch Erklären einer Frage mit eigenen Worten. Geduldiges Zuhören und genaues Registrieren der Antworten muß ihm eine Selbstverständlichkeit sein. Bei Quotenbefragungen darf er keine Bekannten befragen und er darf ein und dieselbe Person innerhalb von sechs Monaten nicht mehrmals interviewen, es sei denn, es handle sich um eine Panel-Studie.

5. Die Betreuung des Netzes

Ein Interviewer-Netz ist ein sehr sensibles Gebilde, das viel Pflege braucht. Pflege heißt hier hauptsächlich: ständiger Kontakt mit den Feld-Mitarbeitern. Jedem einzelnen Interviewer muß das Gefühl vermittelt werden, daß er in der Institutsarbeit fest integriert ist und daß es daher auch auf seine Leistung ankommt.
Eine Möglichkeit, die freiberuflichen Mitarbeiter innerlich an das Institut zu binden, bietet sich durch Interviewer-Rundbriefe, in denen den Befragten über das neueste Geschehen im Institut, über Aufträge, Erfolge, aber auch Schwierigkeiten berichtet wird. Gleichzeitig stellen derartige Rundschreiben ein Instrumentarium für ergänzende Schulungen der Interviewer dar.
Versuche des IfD-Allensbach haben gezeigt, daß ein Netz, daß keine regelmäßigen Rundbriefe erhält, wesentlich unwilliger mitarbeitet, unpünktlich zurücksendet, mehr zu Fälschungen neigt und eine viel höhere Fluktuationsrate aufweist als eines, das ständig kontaktiert wird.
Neben den Routine-Rundschreiben vermitteln individuelle Briefe ein starkes Gefühl der Zusammengehörigkeit und generieren somit unbewußt eine gewisse Verpflichtung im Interviewer, sauber und korrekt zu arbeiten. Zwar muß sich der Briefverkehr in einem großen Netz auf das Nötigste beschränken, aber Anfragen, die sich auf Fragebogen oder Interviewsituation beziehen, sollten mit Sorgfalt individuell und schnell beantwortet werden.
Das gleiche gilt natürlich für die Bezahlung. Wenn ein Interviewer weiß, daß er immer sofort honoriert wird, begleicht er diesen Vertrauensbeweis fast immer mit einer besonders qualifizierten Leistung.
Nicht leicht ist es, die vielen Sonderwünsche der nebenberuflich Tätigen zu erfüllen: ein Teil ist in Urlaub oder sonstwie zeitlich verhindert, manche Interviewer sind erpicht auf bestimmte Befragungsthemen und haben Abneigungen gegenüber anderen, einige mögen Adressen-, die anderen Quotenauswahl usw.

Es ist freilich nicht in jedem Fall möglich, auf solche Sonderwünsche einzugehen. Dennoch sollte man versuchen, es zu tun. Die Rücksichtnahme auf bestimmte Eigenheiten der Interviewer schlägt sich zumeist in einer besonders guten Arbeitsleistung nieder.
Mit Hilfe von entsprechenden Vermerken in der Interviewer-Kartei ist es übrigens nicht besonders schwierig, die Sonderwünsche der Befrager in die Projektorganisation einzubeziehen.

6. Die notwendigen Kontrollen

Trotz aller Sorgfalt beim Auswählen und Betreuen muß die Qualität eines Interviewer-Netzes zusätzlich durch ständige Beobachtungen und Kontrollen garantiert werden. Erfahrungsgemäß geraten in bestimmten Situationen auch erprobte und integre Mitarbeiter in Versuchung, ein Interview „am grünen Tisch", gewissermaßen mit sich selbst zu vollziehen, kraß ausgedrückt: zu fälschen. Was dabei besonders schwer wiegt, ist nicht einmal so sehr die – zumeist sehr leicht erkennbare – totale Fälschung eines Interviews als vielmehr die partielle Fälschung, bei der sich ein Befrager die Arbeit dadurch erleichtert, daß er langwierige Passagen eines Interviews einfach überspringt und selbst ausfüllt.
Nach einem internationalen Erfahrungswert muß man bei einer Umfrage rund fünf bis sechs Prozent aller Interviews mißtrauen.
Nun ist es freilich nur ein geringer (wenngleich experimentell erhärteter) Trost, daß Fälschungen dieses Umfangs die Gesamtergebnisse einer Befragung kaum verzerren können: einerseits kann man bei Fälschern ein erstaunliches Talent beobachten, sich in die Vorstellungswelt eines Arbeiters, Kaufmanns, einer Hausfrau oder eines alten Mannes intuitiv hineinzufühlen, so daß die Fälschung letztlich meistens „repräsentativ" ausfällt, andererseits ist ein Querschnitt von 2 000 Personen statistisch zu robust, um von einem Zwanzigstel unkorrekter Antworten verbogen werden zu können. Von der Notwendigkeit und Verpflichtung zu intensiven Kontrollen befreit das alles nicht.
Tatsächlich gibt es eine Vielzahl von Möglichkeiten, ein Interviewer-Netz sorgfältig zu überwachen und unkorrekte Arbeiten zu erkennen. Zu den bekanntesten Techniken zählen die „Mitgeh-" und „Nachgeh-Kontrollen", bzw. die schriftliche Befragung von Auskunftpersonen, ob sie tatsächlich aufgesucht wurden, wie lang das Interview gedauert hat usw.

Unabhängig von solchen Fällen, in denen die Zielpersonen selbst Zeugenschaft über den Tatbestand und die Art des Interviews leisten, gibt es noch eine Reihe von anderen Möglichkeiten zur Auffindung unkorrekter Interviews. Eine davon besteht darin, daß in den Fragebogen Fangfragen eingebaut werden, deren Prinzip verständlicherweise nur ungern beschrieben wird, weil eine breite Publizität diese Kontrolltechnik unwirksam machen würde. Ebenso verhält es sich mit bestimmten Indikatoren – gleichsam Alarmsignalen – an denen man ein gefälschtes Interview bereits ziemlich sicher erkennen kann.

All diese Techniken verdichten sich schließlich zu einem engmaschigen Netz, das ein Durchschlüpfen kaum erlaubt. Verantwortungsbewußt arbeitende Institute trennen sich von freiberuflichen Interviewern bereits beim Verdacht auf Ungenauigkeit.

Es kann keinen Zweifel daran geben, daß die Befragungstätigkeit grundsätzlich eine anstrengende und mühsame Arbeit ist. Nicht zuletzt dieser Tatsache wegen ist bei einem Interviewer-Netz eine starke Fluktuation zu erwarten. Beispielsweise rechnen das IfD-Allensbach, ebenso wie das IMAS, damit, daß sich ihre Interviewer-Netze in rund eineinhalb Jahren einmal umsetzen.

Diese Fluktuationsraten mögen für Außenstehende erschreckend wirken, für die Institute selbst sind sie nur insofern ein Nachteil, als die Anwerbung, Ausbildung und Erprobung neuer Interviewer mit beträchtlichen Kosten verbunden ist. Von der Methode her ist nämlich der häufige Wechsel von Befragern eher ein Vorteil: das Ideal ist nicht der ausgekochte „Routinier“, sondern der unverbrauchte, noch „neugierige“ Interviewer, der mit spontanem Interesse in das Interview geht und zuzuhören versteht.

Es ist nun einmal eine bedauerliche Tatsache, daß Personen mit langer Interviewer-Praxis die Fähigkeit verlieren, den Auskünften der Zielpersonen aufmerksam zu folgen. Statt dessen schleicht sich bei ihnen das gefürchtete selektive Wahrnehmen ein: der Interviewer hört unbewußt das aus den Antworten seines Befragten heraus, was zu dessen sozialer Rolle als Beamter, Handwerker, Akademiker usw. am besten zu passen scheint.

Freilich gibt es auch hier Ausnahmen von der Regel, Interviewer also, die über lange Zeiträume hinweg die Freude an ihrer Arbeit und die Spontaneität bewahren. Allerdings – es sind eben Ausnahmen. Von dieser Erkenntnis ausgehend wird das „Dienstalter“ von Interviewern geradezu zum Prüfstein für die Qualität eines Netzes: man sei skeptisch gegenüber denen, die sich der Interviewer-Veteranen rühmen.

Gabriele Kaplitza

Die Stichprobe

1. Das Gesetz der großen Zahl

Eine der Grundideen der Statistik ist die des induktiven Schlusses von einer Teilgesamtheit auf eine Grundgesamtheit. Diese Möglichkeit, durch einen – oft sehr kleinen – Teil zuverlässige Informationen über die Gesamtheit einer Population zu erhalten, findet ihre Rechtfertigung im Gesetz der großen Zahl.

Dieses mathematisch beweisbare Theorem besagt, daß eine Merkmalsmessung sich immer mehr dem echten Bevölkerungswert nähert, je größer die Basis ist, auf die sich die Messung stützt.

Für unabhängige Zufallsvariable $X_1, X_2, \ldots, X_n$ mit Mittelwert m und endlicher Streuung gilt für jedes beliebige $\epsilon > 0$

$$\lim_{n \to \infty} \Pr \left\{ \left| \frac{X_1 + X_2 + \ldots + X_n}{n} - m \right| \leqq \epsilon \right\} = 1.$$

Im Grenzübergang, wenn also die Teilgesamtheit n unendlich groß wird, ist ein aus ihr gewonnener Meßwert identisch mit dem echten Bevölkerungswert.

Für die Umfrageforschung heißt das, daß ein auf Grund einer Stichprobe erhaltener Prozentsatz vom wahren – wenn auch unbekannten – Bevölkerungswert nur minimal abweicht, wenn die Stichprobe groß genug ist. Auf die Bedeutung von „groß genug" wird später näher eingegangen werden.

Die Wurzeln der Stichprobentheorie gehen weit zurück, aber die moderneren Stichprobenverfahren, vor allem auf dem Gebiet der Umfrageforschung, sind erst in den letzten 40–50 Jahren entwickelt worden*).

Die Vorteile einer Stichprobenbefragung statt einer Totalerhebung liegen auf der Hand: ein wesentlich geringerer Zeitaufwand und eine enorme Kostenersparnis. Hinzu kommt, daß Totalerhebungen in der Praxis selten durchführbar sind, man denke z.B. an eine Befragung der

*) Siehe F. F. Stephan (1948, S. 12–39)

allgemeinen Bevölkerung ab 18 Jahre, bei der man viele Millionen Erwachsener interviewen müßte.

Dennoch gibt es auch Situationen, in denen die ganze Grundgesamtheit befragt wird, nicht nur ein Teil davon. Dieser Fall kann eintreten, wenn die Ausgangspopulation sehr klein ist, wie die Kinder in einer Schule, die Mitarbeiter in einer kleinen Fabrik oder die Bevölkerung in einem kleinen Dorf.

Die mathematische Berechnung der notwendigen Stichprobengröße kann eine Fast-Totalerhebung ergeben, da die Genauigkeit der Stichprobenergebnisse in erster Linie von der Größe der Stichprobe abhängt, und nicht von der Relation zwischen Größe der Grundgesamtheit und dem Stichprobenumfang. Es ist daher gleichgültig, ob ein Sample der Größe n aus einem Universum von 50000, 100000 oder 1 Million Elementen gezogen wird.

Ob Teil- oder Totalerhebung hängt nicht zuletzt auch von der Art der Untersuchung ab. Mündliche Interviews werden fast immer nur an Stichproben durchgeführt, während man bei schriftlichen Umfragen viel eher versuchen kann, alle Personen der Grundgesamtheit zu erreichen. Letzteres Verfahren wird hauptsächlich in betriebssoziologischen Untersuchungen angewandt, auch wenn es sich um einige Tausend Beschäftigte handelt.

Totalerhebungen bringen methodisch weniger Probleme mit sich als Stichprobenerhebungen. Daher soll in der Folge nur über die Problematik bei mündlichen Befragungen von Teilgesamtheiten gesprochen werden.

Das Gesetz der großen Zahl, also die Verallgemeinerung der Sample-Ergebnisse auf die Grundgesamtheit, hat nur dann Gültigkeit, wenn die Stichprobe gemäß der statistischen Theorie gebildet wurde. Die wichtigste Regel dabei ist, daß die zu befragenden Personen im statistischen Sinne „zufällig" ausgewählt werden müssen. Nur eine Zufallsauswahl läßt einen späteren Induktionsschluß und das Testen von Hypothesen zu.

In einem bestimmten Fall von Befragung darf und sollte man allerdings eine willkürliche Auswahl der Zielpersonen treffen: bei Intensiv-Studien, auch pilot-studies genannt. Diese qualitativen Erhebungen auf sehr kleiner Basis haben ein völlig anderes Ziel. Sie dienen dazu, den Problemkreis und sein Umfeld voll zu erfassen und Hypothesen aufzustellen, die dann durch die quantitative Hauptbefragung überprüft werden.

Für eine Familienuntersuchung wird man beispielsweise willkürlich 10 oder 20 ganz besonders „problematische" Familien auswählen, die zugleich bereit und eloquent genug sind, ihre Schwierigkeiten bei einer intensiven, unstrukturierten Befragung darzustellen. Wenn man nun auf Grund solcher nicht-repräsentativen Interviews die eigentlichen Probleme und ihre Schwerpunkte kennt, kann man daran gehen, eine repräsentative Zufallsauswahl aus der Grundgesamtheit der Familien zu treffen, die dann erlaubt, die Ergebnisse auf alle Familien zu verallgemeinern.

2. Der Stichprobenfehler

Das Gesetz der großen Zahl besagt, daß ein Stichprobenschätzwert identisch mit dem echten Bevölkerungswert ist, wenn die Stichprobengröße gegen unendlich geht. Daraus folgt, daß bei einem endlichen – wenn auch großen – Stichprobenumfang die daraus gewonnenen Schätzwerte mehr oder minder stark von ihrem wahren Wert abweichen müssen.
Schätzungen, d.h. alle aus Stichproben gewonnenen Ergebnisse, können daher lediglich wahrscheinlichkeitstheoretische Aussagen sein, deren Genauigkeit vom Stichprobenfehler abhängt. Folglich haben Stichprobenergebnisse erst volle Aussagekraft, wenn man den Fehler kennt, mit dem sie behaftet sind. Sofern man eine reine Zufallsstichprobe (Random-sample) vorliegen hat, bietet die Berechnung dieses Fehlers keine Schwierigkeiten.
Eine zufällige Auswahlmethode ist dadurch definiert, daß jedes Mitglied der Grundgesamtheit eine bestimmte Chance hat, in das Sample gezogen zu werden. Diese Wahrscheinlichkeit, ausgewählt zu werden, ist nicht immer die gleiche für jedes Mitglied, muß aber bekannt und größer als Null sein.
Die Genauigkeit eines Stichprobenschätzwertes wird daran gemessen, wie nahe der Schätzwert an dem wahren Bevölkerungswert liegt. Da dieser gewöhnlich nicht bekannt ist, kann man die Genauigkeit des Schätzwertes und daher die Güte der Stichprobe wiederum nur wahrscheinlichkeitstheoretisch erfassen, indem man die „wahrscheinliche" Genauigkeit berechnet.
Wenn man z.B. in einem Land mit 30 Millionen Erwachsenen eine Stichprobe von 2 000 Personen ab dem 18. Lebensjahr befragt und auf Grund dieser Untersuchung feststellt, daß das Durchschnittsalter 49 Jahre beträgt, so stimmt diese Zahl nur in bestimmten Schwankungs-

breiten mit dem wahren Durchschnittsalter überein. Befragt man eine zweite Stichprobe von 2 000 Personen aus derselben Grundbevölkerung, so kann sich ergeben, daß man jetzt ein Durchschnittsalter von 51 Jahren mißt.

Wenn man nun alle möglichen Stichproben der Größe n = 2 000 aus der Gesamtheit der 30 Millionen Erwachsenen ziehen und das beliebig lange fortsetzen würde, so erhielte man eine Verteilung der Schätzwerte für das Alter, die man Stichprobenverteilung des Mittelwertes nennt. Da der Mittelwert (also auch ein Prozentsatz) eine unverzerrte Schätzung des wahren Bevölkerungsmittelwertes ist, muß der Durchschnitt der Mittelwerte aller möglichen Stichproben einer bestimmten Größe gleich dem wahren Bevölkerungsdurchschnitt sein. Wenn man also alle Altersschätzungen der möglichen 2000er Stichproben noch einmal ermittelt, so erhält man das wahre Durchschnittsalter.

Es ist daher durchaus möglich, daß jede einzelne Stichprobe einen ungenauen Schätzwert des Bevölkerungsparameters liefert, obwohl die Schätzung selbst eine unverzerrte ist. Wenn man nun erwarten muß, daß jede Stichprobe einen anderen Schätzwert ergibt und man sowieso nur ein Sample zur Verfügung hat, so erscheint das Schätzen recht risikovoll.

Bei einem Random-sample hat man aber die Möglichkeit, wiederum zu schätzen, wie groß die Abweichungen der einzelnen Mittelwerte im Schnitt sein werden. Als Maß wird die Varianz oder Streuung, also die mittlere quadratische Abweichung der Stichprobenverteilung benutzt. Diese Streuung ist der eigentliche Stichprobenfehler, mit dem das Sample behaftet ist, weswegen sie häufig auch mit „Standardabweichung" bezeichnet wird.

Die Varianz eines Mittelwertes wird folgendermaßen berechnet:

$$\text{Var}(\bar{x}) = \text{Var}\left(\frac{\Sigma x_i}{n}\right) = \frac{1}{n^2}\,\text{Var}(\Sigma x_i) = \frac{1}{n^2}\cdot n \cdot \sigma^2 = \frac{\sigma^2}{n}$$

Für die Streuung ergibt sich dann:

$$\sigma_{\bar{x}} = \sqrt{\frac{\sigma^2}{n}} = \frac{\sigma}{\sqrt{n}}$$

σ ist die wahre Streuung eines Merkmals in der Grundgesamtheit, die gewöhnlich nicht bekannt ist. Man ersetzt sie daher durch den Schätzwert s, den man aus der Stichprobe gewinnt:

$$s = \frac{\Sigma (x_i - \bar{x})^2}{n - 1} \qquad \text{(Für Prozentsätze p: } s = \sqrt{p(1-p)}\text{)}$$

Folglich ergibt sich für den Fall, daß man die Stichprobe aus einer unendlichen Grundgesamtheit zieht, ein Stichprobenfehler von:

$$s_{\bar{x}} = \frac{s}{\sqrt{n}} \quad \text{oder} \quad s_p = \sqrt{\frac{p(1-p)}{n}}$$

In der Umfrageforschung kommt es häufig vor, daß die Grundgesamtheit klein ist. Dann muß man bei der Fehlerberechnung einen Korrekturfaktor für endliche Populationen berücksichtigen. Dieser Faktor ist (l–n/N), so daß sich für kleine Grundgesamtheiten der Stichprobenfehler folgendermaßen berechnet:

$$s_{\bar{x}} = \frac{s}{\sqrt{n}} \cdot \sqrt{1 - \frac{n}{N}}$$

s = Streuung des Merkmals, n = Stichprobengröße, N = Größe der Grundgesamtheit. Dieser Korrekturfaktor kann ausgelassen werden, wenn der Stichprobenumfang nicht größer als 10 % der Grundgesamtheit ist.

Der Fehler einer Stichprobe und damit eines gemessenen Merkmals hängt also nur von zwei Größen ab: von der Variabilität des Merkmals in der Grundgesamtheit, (die geschätzt wird durch die Stichprobenvarianz), und von der Größe der Stichprobe. Der Fehler verändert sich umgekehrt proportional zur Quadratwurzel aus n. In anderen Worten, um den Fehler zu halbieren, muß man einen viermal so großen Personenkreis befragen. Eine einfache Zufallsstichprobe von 2 500 Personen wird einen maximalen Fehler von ± 2 % aufweisen. Um diesen Fehler auf ± 1 % zu reduzieren, müssen 10 000 Personen befragt werden! Wegen dieser nichtlinearen Relation zwischen Sample-Umfang und Fehler verzichtet man in der Praxis oft auf eine minimale Fehlereinengung zugunsten sehr viel niedrigerer Kosten.

Ein Beispiel möge das erläutern. Angenommen, die Befragung von 1 000 Personen hat für eine Frage einen Prozentsatz positiver Antworten von p = 80 erbracht. Dann sind diese 80 % Ja-Antworten mit folgendem Fehler behaftet:

$$s_p = \sqrt{\frac{p(1-p)}{1000}} = \sqrt{\frac{80 \cdot 20}{1000}} = \sqrt{1{,}6} = 1.26$$

Bei doppelter Stichprobengröße, also n = 2000, ergibt sich:

$$s_p = \sqrt{\frac{80 \cdot 20}{2000}} = \sqrt{0.8} = 0.9$$

Um den Fehler um 0.36 % also um ein Drittel eines Prozentes zu verbessern, mußte die Stichprobe verdoppelt werden. Ob man um eines so kleinen Gewinnes willen ganze 1000 Interviews mehr durchführen läßt, will in der Praxis wohl überlegt sein.

Bei der Planung einer Befragung kennt man in den seltensten Fällen vorher die Verteilung der Antworten und somit ihre Streuung. Außerdem mißt man in einem Fragebogen sehr viele Merkmale, die alle eine verschiedene Varianz haben werden.

Wenn man also bei der Anlage einer Umfrage festlegt, welche Größenordnung des Fehlers man zulassen will, so kann man nur dann sicher gehen, daß die Ergebnisse innerhalb des gewünschten Fehlerbereichs liegen, wenn man bei der Planung den schlechtestmöglichen Fall annimmt. Dieser Fall tritt dann ein, wenn die Streuung eines Merkmals (bzw. aller Merkmale) am größten ist, wenn nämlich p = (1-p) = 50 % ist. Wenn man von dieser Annahme ausgeht, erhält man bei einer gegebenen Stichprobengröße den größtmöglichen Fehler. Auf diese Weise kann man sicher sein, daß kein Merkmal einen größeren Fehler als diesen maximalen haben wird, viele dagegen einen kleineren oder sehr viel kleineren.

3. Vertrauensintervalle

Wir haben bisher den Stichprobenfehler als Streuung des Mittelwertes (oder Prozentsatzes) innerhalb der Stichprobenverteilung dargestellt. Wenn die Stichproben nicht sehr klein sind, dann sind viele Schätzungen, vor allem aber auch Mittelwerte und Proportionen annähernd Normal-verteilt, auch wenn die Grundgesamtheit selber asymmetrisch ist.

Wenn z.B. 3000 Studenten eine völlig asymmetrische Altersstruktur aufweisen, vielleicht sehr viel Junge darunter sind und wesentlich weniger ältere Jahrgänge, so ist die Verteilung der durchschnittlichen Altersmessungen einer unendlichen Zahl von Stichproben aus diesen 3000 Studenten dennoch annähernd Normal. Je größer dabei die Stichproben sind, desto besser ist die Approximation. Diese Aussage findet ihre mathematische Bestätigung im Zentralen Grenzwertsatz:

$$\lim_{n \to \infty} Pr \left\{ a \leqslant \frac{\frac{x_1 + x_2 + \ldots + x_n}{n} - m}{\sigma / \sqrt{n}} \leqslant b \right\} = \frac{1}{\sigma \sqrt{2\pi}} \int_a^b e^{-\frac{(x-m)^2}{2\sigma^2}} dx$$

wobei X_i unabhängige Zufallsvariable sind, die den Mittelwert m und eine endliche Streuung σ haben.

Da ein Stichprobenschätzwert und seine Streuung, also sein Fehler, den Bedingungen der Normal-Verteilung unterliegt, gilt die Standardabweichung, wie wir sie bisher berechnet haben, nur für den 1-Sigma-Bereich des Mittelwertes. D. h. 68 % der Stichprobenschätzwerte, aus denen sich diese Normalverteilung zusammensetzt, werden zwischen dem Mittelwert der Verteilung und dem 1-Sigma-Bereich liegen.

Man kann „mit 68 %iger Sicherheit" sagen, daß der Bevölkerungsparameter innerhalb der Spanne

$$\bar{x} \pm \left(\frac{s}{\sqrt{n}}\right)$$

liegt. Für eine höhere Aussagesicherheit berechnet man den 2-Sigma-Bereich und kann zu etwa 95 % sicher sein, daß das Intervall

$$\bar{x} \pm 2\left(\frac{s}{\sqrt{n}}\right)$$

den wahren Mittelwert einschließt. Entsprechend der „Normal-Theorie" kann man die Aussagesicherheit auf mehr als 99 % erhöhen, indem man den 3-Sigma-Bereich von $\bar{x}$ berechnet. Die genauen Werte, mit denen die Streuung zu multiplizieren ist, um eine gewünschte Aussagesicherheit zu erhalten, kann man aus den gängigen Tabellen der Normalverteilung ablesen.

Die Formeln zur Berechnung der Konfidenzintervalle zeigen, daß man entweder ein enges Intervall bei verhältnismäßig niedriger Sicherheitswahrscheinlichkeit errechnen kann oder eine große Fehlerspanne, die eine hohe Wahrscheinlichkeit der richtigen Aussage hat. Ein enges Fehlerintervall und eine hohe Sicherheitswahrscheinlichkeit gleichzeitig kann man nicht erreichen.

In der Praxis ist es meist wichtiger, eine möglichst sichere Aussage innerhalb von größeren Fehlerschwankungen zu machen als umgekehrt. Dennoch ist es nicht immer sinnvoll, die Sicherheitswahrscheinlichkeit zu hoch zu wählen, d. h. den Fehler erster Art möglichst niedrig zu halten, weil gleichzeitig der Fehler zweiter Art – die Annahme einer Hypothese, wenn sie nicht wahr ist – vergrößert wird. In der Praxis muß man daher einen problemgerechten Mittelweg finden, der darin besteht, daß man gewöhnlich mit dem 2-Sigma-Bereich, also einer Sicherheitswahrscheinlichkeit von etwa 95 % arbeitet.

4. Stichprobenverzerrungen

Es ist wichtig zu verstehen, daß ein Stichprobenergebnis nur dann auf die Grundgesamtheit verallgemeinert werden darf, wenn die Stichprobe nach den Regeln der Zufälligkeit gezogen wurde. Nur eine statistische Zufallsauswahl gewährleistet eine unverzerrte Widerspiegelung der Gesamtbevölkerung. Verzerrungen einer Stichprobe kann der Stichprobenfehler nicht nachweisen, weil in seine Berechnung keine Größe der repräsentativen Auswahl eingeht.
Das Ergebnis einer repräsentativen Bevölkerungsstichprobe von 2000 Personen wird denselben Fehler aufweisen, wie eine Stichprobe gleichen Umfanges, in der aber beispielsweise prozentual sehr viel mehr ältere Personen enthalten sind als in der Bevölkerung.
Um die Güte einer Stichprobe nachzuweisen, reicht es daher nicht aus, ihren Fehler zu berechnen, sondern man muß auch einen Nachweis der Repräsentanz erbringen, der deutlich macht, daß die befragten Personen in ihrer Zusammensetzung wirklich der Grundgesamtheit entsprechen.
Verzerrungen bewirken systematische Fehler, die man nicht durch erhöhte Stichprobengröße kompensieren kann. Befragt man eine „überalterte" Stichprobe, so werden die Ergebnisse einen zu großen Anteil von Antworten der älteren Befragten beinhalten, egal ob 500, 2000 oder 10 000 Personen ausgewählt wurden. Die einzige Möglichkeit, solche Verzerrungen zu vermeiden, ist die, eine Zufallsmethode bei der Auswahl der Zielpersonen anzuwenden.
Die Auswahlmethode ist in der Praxis daher von größerer Bedeutung als die Größe der Stichprobe. Es kommt oft gar nicht darauf an, ein Ergebnis auf ein oder zwei Prozent genau zu erhalten. In vielen Fällen ist die Tendenz viel wichtiger, die sich aus den Daten abzeichnet, und dafür genügen vielfach Ergebnisse, die einen maximalen Fehler bis zu 5 % aufweisen. Wenn aber die Ergebnisse aus einer verzerrten Stichprobe stammen, so kann man nicht einmal mehr die erhaltene Tendenz verallge-

meinern, weil man annehmen muß, daß durch die Verzerrung sämtliche Ergebnisse „falsch" sind, egal wie hoch ihr mathematischer Fehler ist.

5. Definition der Zielgruppe

Für die Umfrageforschung sind diverse Auswahlmethoden entwickelt worden. Bevor man sich zur Anwendung der einen oder der anderen entschließt, ist es notwendig, die Zielgruppe der jeweiligen Untersuchung genau zu definieren. Man muß sie geographisch und demographisch abgrenzen, je nach Untersuchungsziel auch nach psychologischen oder sonstigen Merkmalen.
Bei allgemeinen Bevölkerungsumfragen wäre z. B. zu entscheiden, ob Erwachsene ab dem 21. Lebensjahr oder bereits ab dem 18. Lebensjahr befragt werden sollen, oder ob man auch die 16- und 17-Jährigen in die Stichprobe einbeziehen müßte. Vielleicht will man nur Personen befragen, die im Moment wahlberechtigt sind, vielleicht alle, die an der nächsten Wahl teilnehmen dürfen. Ferner gilt es zu entscheiden, ob man eine obere Altersgrenze setzen sollte oder nicht. Für Untersuchungen zum Kauf- oder Medienverhalten kann es sich durchaus empfehlen, Personen, die älter als 75 Jahre sind, aus der Stichprobe auszuschließen. Ferner muß man entscheiden, was mit Personen geschieht, die sich gerade in Hotels, Krankenhäusern, Gefängnissen usw. aufhalten.
Geographische Abgrenzungsprobleme können folgendermaßen auftreten: angenommen ein lediglich regional vertretener Supermarkt möchte eine Studie über sein Image durchführen lassen. Wo soll befragt werden? Nur im Haupteinzugsgebiet oder auch in den Randeinzugsgebieten? Sollen potentielle Einzugsgebiete auch abgedeckt werden?
Hat man diese statistischen Definitionen getroffen, bleiben noch problemspezifische offen. Wer soll befragt werden? Nur Frauen? Nur Männer? Auch Ledige? Diese Abgrenzungen hängen direkt vom Untersuchungsziel ab und können nur unter dessen Berücksichtigung entschieden werden. In vielen Fällen muß man sich sogar entschließen, Personen zu befragen, die auf den ersten Blick gar nichts mit dem Untersuchungsziel gemeinsam zu haben scheinen.
Beispielsweise mag eine Versicherung eine Image-Untersuchung in Auftrag geben, auf Grund deren Ergebnisse sie ihre Werbung neu gestalten möchte. Es genügt dann nicht, bei dieser Institution Versicherte zu interviewen, sondern man muß auch die Meinung all derer kennenlernen,

die nicht dort, also entweder gar nicht oder woanders versichert sind. Derartige Kontrollgruppenbefragungen ergeben oft erst das richtige Bild, weil sie Vergleichsmöglichkeiten bieten, die in vielen Fällen für objektive Aussagen unerläßlich sind.
In manchen Fällen kann es sogar vorkommen, daß man die scheinbar „falschen" Personen befragen muß, um wirklichkeitsnahe Resultate liefern zu können. Elisabeth Noelle-Neumann gibt dazu folgendes Beispiel aus ihrer langjährigen Erfahrung: Ein Wolldecken-Fabrikant möchte wissen, welche Muster er den Decken geben soll. Eine Umfrage unter Personen, die in nächster Zeit eine Wolldecke kaufen wollten, hat ergeben, daß karierte Decken am wenigsten zur Wahl stehen würden. Bei der Befragung von Personen, die in letzter Zeit eine Wolldecke gekauft hatten, zeigte sich das Gegenteil: man kaufte am meisten karierte Decken, und je kürzer der Kauf zurück lag, desto mehr wählte man ein kariertes Muster. Eine zuverlässige Marktprognose erhielt man nicht von den Personen mit konkreter Kaufabsicht, sondern von denen, die einen Kauf kürzlich bereits realisiert hatten.*)
Wenn man unter Berücksichtigung des Untersuchungsziels die Grundgesamtheit definiert hat, kann man an die Auswahl der Stichprobe gehen. Die Größe der Stichprobe ist für die Methode der Auswahl irrelevant. Von der Vielzahl der Methoden sollen hier nur die gängigsten aufgezeichnet und ihre Verwendung in der Praxis dargestellt werden.

6. Die einfache Zufallsstichprobe

Die theoretisch am einfachsten wirkende Auswahlmethode, die einfache Zufallsauswahl, bringt in der Praxis oft Schwierigkeiten mit sich. Sie setzt voraus, daß von der Grundgesamtheit eine vollständige Adressenkartei vorliegt, in der jedes Mitglied genau einmal vertreten ist, aus der dann rein zufällig soviele Adressen gezogen werden, wie in der Stichprobe enthalten sein vollen. Dazu ist es nötig, daß die Kartei vollständig und für den Zeitpunkt der Untersuchung aktuell ist.
Die Adressenauswahl geschieht dann durch Zufallszahlen. Jedes Mitglied der Grundgesamtheit, also jede Adresse in der Kartei, erhält eine laufende Nummer und die aus entsprechenden Tabellen gewonnenen Zufallszahlen bestimmen dann, welche Adressen gezogen werden.

*) Elisabeth Noelle-Neumann (1971, S. 111)

Durch diese Methode hat jede mögliche Stichprobe der Größe n aus einer Grundgesamtheit mit N Personen die gleiche Chance, ausgewählt zu werden. Das aber heißt, daß jede Person der Grundgesamtheit mit der gleichen Wahrscheinlichkeit in die Stichprobe gezogen werden kann. Dieses Auswahlprinzip klingt sehr einfach, auch läßt sich theoretisch die Fehlerspanne der Ergebnisse gut berechnen, in der Praxis kann man die Methode aber oft gar nicht anwenden, weil einfach kein Adressenmaterial der entsprechenden Grundgesamtheit vorhanden ist. Man muß sich dann völlig anders helfen.
Angenommen, eine solche Kartei ist zugänglich. Dann muß man damit rechnen, daß sie nicht „auf dem letzten Stand der Dinge" ist, d.h. daß die letzten Veränderungen in der Bevölkerung noch gar nicht erfaßt worden sind. In einer Bevölkerungskartei, oft auch ersetzt durch Wählerverzeichnisse, werden Todesfälle, Wohnortwechsel, Namensänderung durch Heirat usw. oft erst Monate nach dem „Ereignis" registriert. Mitgliederkarteien von Versicherungsnehmern, Kunden, Abonennten usw. werden gewöhnlich auch nicht schneller aktualisiert.
Solche Karteimängel können sehr leicht das Zufalls-Design angreifen und vielleicht sogar zerstören. Man sollte sich daher vor jeder Adressenziehung genau darüber informieren, wie vollständig bzw. unvollständig die zur Verfügung stehende Kartei ist und beim Rücklauf der Fragebogen besonderes Augenmerk auf die Ausfälle legen.

7. Das Systematische Sampling

Bei einer Bevölkerungsstichprobe von 2 000 Personen, die aus einer Wählerkartei zu ziehen ist, müßten erstens alle Adressen – also voraussichtlich einige Millionen – durchnummeriert werden, zweitens müßten 2 000 Zufallszahlen bestimmt und danach die entsprechenden Adressen ausgewählt werden. Wenn man sich den notwendigen Arbeits- und Zeitaufwand vor Augen hält, wird man zu dem Schluß kommen, daß das Verfahren zu umständlich ist. In der Praxis hat sich daher das systematische Sampling durchgesetzt. Man wählt in dem Fall die Adressen aus der Kartei nicht mit Hilfe von Zufallszahlen aus, sondern zieht systematisch jede soundsovielte. Der Abstand zwischen den gezogenen Adressen ist immer der gleiche und berechnet sich folgendermaßen: $k = N/n$. N ist die Größe der Grundgesamtheit, die in der Regel bekannt ist.
Die Zufälligkeit dieser systematischen Auswahl wird dadurch gegeben,

daß die erste auszuwählende Adresse mit Hilfe einer Zufallszahl aus den ersten k Adressen ausgewählt wird. Nachdem ein „zufälliger" Anfang gemacht ist, wird von da ab jede k-te Adresse gezogen, bis die gewünschte Stichprobengröße erreicht ist, was -durch die Art der Berechnung von k- mit dem Ende der Kartei zusammenfällt.

Angenommen, von den 5 000 Beschäftigten einer Firma sollen 250 Mitarbeiter befragt werden. Man kann erwarten, daß eine Mitarbeiterkartei vorliegt, die weitgehend den momentanen Verhältnissen entspricht. Die Intervallberechnung ergibt: k = 5 000/250 = 20. Es wird also eine Zahl zwischen 1 und 20 zufällig bestimmt, die die erste Zielperson festlegt. Wenn diese Zahl z.B. 7 ist, so werden die 7., 27., 47., ... Person in die Stichprobe aufgenommen.

Die systematische Auswahl enthebt einen auf den ersten Blick nicht der Mühe, die ganze Kartei durchzunummerieren. In der Praxis kann man aber oft ohne Nummerierung auskommen, indem man einmal abmißt, welche Länge das Intervall k hat, nach der Bestimmung der ersten Adresse mit dem Zentimetermaß diesen Abstand abmißt und dann die nächste Adresse zieht usw.

Das mag sich recht unpräzise anhören, kann in der Praxis aber mit großer Genauigkeit angewendet werden, sofern man das Abmessen mit der nötigen Sorgfalt vornimmt. Oft sind z.B. Adressen auf Adrema-Platten oder ähnlichem, die eine Dicke von mindestens einem Millimeter aufweisen, was eine durchaus exakte Messung zuläßt.

Mitgliederkarteien sind oft auf Magnetbändern für Computerverarbeitung gespeichert. In einem solchen Fall würde man k berechnen, die Nummer der Ausgangsadresse festlegen und den verantwortlichen Programmierer des Unternehmens bitten, ein Hilfsprogramm zu erstellen, das von der vorgeschriebenen Anfangsadresse aus jede k-te Anschrift ausdruckt.

Systematisches Sampling ist einfach und praktisch zu handhaben, es drängt sich aber die Frage auf, ob es ein adäquates Zufallsverfahren ist. Genau genommen ist es das nur, wenn die Kartei selbst rein zufällig angeordnet ist, also keine systematische Reihung aufweist. Das ist aber kaum jemals der Fall, denn gewöhnlich sind Adressenlisten oder Karteien nach einem bestimmten Merkmal sortiert, alphabetisch oder nach Kundennummer usw. Man wird in der Praxis auch nicht die Möglichkeit haben, eine vorliegende, geordnete Kartei vor einem Sampling-Prozess ordentlich zu mischen, so daß ihre Reihung dann zufällig ist. Auch der

zufällig gewählte Anfang, so wichtig er ist, kann die systematische Auswahl nicht zu einer reinen Zufallsauswahl machen.
Theoretisch sollen alle möglichen Stichproben der Größe n die gleiche Chance haben, aus der Kartei gewählt zu werden. Beim systematischen Sampling haben nur noch k Stichproben diese Chance, nicht aber alle möglichen, die man aus der Grundgesamtheit ziehen könnte.
Beim obigen Beispiel waren durch die Anfangszahl 7 alle anderen Stichprobenmitglieder bestimmt. Da aber nur 20 Adressen den Anfang bilden konnten, gibt es nur 20 Stichproben. Die Zahl von möglichen Samples der Größe 250 aus der Grundgesamtheit von 5000 Mitarbeitern ist aber wesentlich größer als 20! Beim systematischen Sampling hängt die Auswahl einer Adresse von der Wahl der vorangegangenen ab, während in einer reinen Zufallsstichprobe die einzelnen Adressen unabhängig voneinander ausgewählt werden.
Eine systematische Auswahl hat den Vorteil, daß die Stichprobe die Grundgesamtheit gleichmäßiger abdeckt als eine reine Zufallsauswahl. Dadurch erhöht sich die Genauigkeit der Ergebnisse. Wenn eine Kartei rein zufällig angeordnet ist, entspricht die systematische Auswahl der zufälligen und die Genauigkeit ist die gleiche.
Wenn eine Kartei eine periodische Anordnung nach einem bestimmten Merkmal hat, so kann eine systematische Auswahl verhängnisvoll sein, nämlich dann, wenn der periodische Abstand mit dem Auswahlabstand k oder einem Vielfachen davon übereinstimmt.
Das gängigste Beispiel für einen solchen Fall ist eine Kartei von Ehepaaren, in der der Ehemann als erster, die Ehefrau danach erscheinen. Alle ungeraden Zahlen sind dann die von Männern, alle geraden die von Frauen. Wenn sich jetzt als Auswahlintervall eine gerade Zahl errechnet, so erhält man eine Stichprobe von entweder nur Männern oder nur Frauen. Wenn k ungerade ist, sind Männer und Frauen in genau gleichen Teilen vertreten.
Den Aufbau einer Kartei kann man gewöhnlich leicht erfahren oder selber feststellen, so daß man derartige Fehler leicht ausschließen kann. Obwohl die echte Zufälligkeit dieser Auswahlmethode nicht gegeben ist, wird das Verfahren sehr häufig und mit bestem Erfolg angewendet.

8. Stratifizierung

Das Ziel jeden Stichprobenplanes wird es sein, möglichst genaue Ergebnisse zu erzielen. Man wird also darauf bedacht sein, den Stichproben-

fehler so klein wie möglich zu halten, ohne jedoch die Kosten durch eine sehr große Stichprobe zu sehr in die Höhe zu treiben.
Man kann nun durch ein sehr einfaches Mittel bei gleicher Stichprobengröße eine höhere Genauigkeit erzielen, indem man die Grundgesamtheit auf bestimmte Gruppierungsmerkmale hin untersucht und diese bei der Anlage der Stichprobe berücksichtigt. Man spricht von Stratifizieren oder Schichten. Die einzelnen Bevölkerungsschichten wie Geschlecht, Altersgruppen, regionale Gliederungen usw. werden in ihrem richtigen Verhältnis im Sample repräsentiert.
Wenn man bei einer allgemeinen Bevölkerungsumfrage nach Geschlecht schichten will und man weiß, daß die Bevölkerung sich zu 47 % aus Männern und zu 53 % aus Frauen zusammensetzt, so legt man im Stichprobenplan von vornherein fest, daß man die gleichen Anteile an Männern und Frauen in die Stichprobe aufnimmt, wie die Bevölkerung sie aufweist. Man unterdrückt dadurch für das Merkmal Geschlecht das Mitspielen der Zufälligkeit und reduziert den Stichprobenfehler, der ja nichts weiter als den Einfluß, den die Zufälligkeit auf die Zusammensetzung der Stichprobe hat, mißt. Je mehr Schichten man bildet, desto mehr wird man den Fehler verringern können. Eine geschichtete Stichprobe bleibt trotzdem eine zufällige, weil die Auswahl der Zielpersonen innerhalb jeder Schicht wieder nach den Regeln statistischer Zufälligkeit erfolgt.
Die Reduzierung des Stichprobenfehlers ergibt sich folgendermaßen: Die Gesamtstreuung eines Stichprobenergebnisses ist die Summe aus der Varianz innerhalb der Schichten und der zwischen ihnen.

$$s^2_{total} = s^2_{innerhalb} + s^2_{zwischen}$$

In einem geschichteten Zufallssample ist die Streuung zwischen den Schichten gleich Null, weil durch die Schichtung gewährleistet ist, daß diese Komponente der Variation innerhalb der Bevölkerung genau in der Stichprobe widergespiegelt wird. Es gibt zwischen den Schichten keine Zufälligkeit mehr durch ihre vorherige Festlegung, und so bleibt für die Zufälligkeit nur Raum innerhalb der einzelnen Schichten.
Je größer die Streuung zwischen ihnen in der Bevölkerung ist, desto mehr Genauigkeit gewinnt man durch Stratifizieren. Man wird also möglichst solche Schichtungen auswählen, die in sich sehr homogen, untereinander aber sehr verschieden sind.

Am besten erreicht man dieses Ziel, wenn man nach Merkmalen schichtet, die mit dem Untersuchungsziel eng zusammenhängen. Stratifizierung nach Merkmalen, die mit dem Thema der Befragung gar nichts zu tun haben, ergeben keine Verbesserung des Stichprobenfehlers. Die Antworten der einzelnen Schichten werden sich nicht voneinander unterscheiden, so daß es sinnlos ist, eine nichtvorhandene Variation aus dem Stichprobenfehler auszuschließen.

Sofern die Schichten proportional zu ihrer Größe in die Stichprobe eingehen, kann man den Gewinn an Genauigkeit durch Stratifizieren gegenüber einfacher Zufallsauswahl durch eine Annäherungsformel berechnen:

$$\mathrm{Var}\,(\bar{x}_{\mathrm{Zufall}}) - \mathrm{Var}\,(\bar{x}_{\mathrm{Strat.}}) \doteq \frac{\Sigma n_i\,(\mu_i - \mu)^2}{n^2}$$

wobei μ_i der Bevölkerungsparameter der Schicht i ist, μ der gesamte Bevölkerungsmittelwert. Die Summierung geht über alle i Schichten. Bei der praktischen Berechnung wird man für μ_i und μ die Prozentsätze p_i und p aus der Stichprobe einsetzen. Bei kleinen Grundgesamtheiten muß ferner der Korrekturfaktor l-n/N berücksichtigt werden.

Der obige Ausdruck zeigt deutlich, daß, wenn alle Schichten dieselben Mittelwerte aufweisen, der Zähler Null wird und somit kein Gewinn an Genauigkeit erzielt werden kann. Da der Ausdruck auf der rechten Seite der Gleichung keine negativen Werte annimmt, wird die Genauigkeit, eines geschichteten Samples niemals kleiner sein können als die eines ungeschichteten.

9. Der Fehler im geschichteten Sample

Der Fehler einer geschichteten Stichprobe berechnet sich komplizierter als der einer einfachen Zufallsstichprobe, zumindest, was die technische Durchführung angeht. Er ist die gewichtete Durchschnittsvarianz der Standardabweichungen innerhalb der einzelnen Schichten. Der Fehler eines Prozentsatzes wird nach folgender Formel geschätzt:

$$s_{p\text{-strat}} = \sqrt{\frac{\Sigma n_i p_i\,(1-p_i)}{n^2}}$$

wobei n die Stichprobengröße ist, n_i die Größe der Schicht i und p_i der Prozentsatz der i-ten Schicht. Die Summierung läuft wieder über alle i Schichten.

Die Schätzwerte der Proportionen p werden genauso ermittelt wie bei einer einfachen Zufallsstichprobe. Man braucht hier also nicht die einzelnen Schichten-Proportionen zu ermitteln und deren gewichteten Mittelwert bilden. Die einfache Berechnung der Prozentsätze ergibt sich daraus, daß man die Schichten proportional zu ihrer Größe in die Stichprobe eingehen läßt. Bei disproportionalen Schichtungen muß man auch die Prozentwerte durch Schichtungsgewichtungen errechnen. Dieser Fall tritt in der Praxis aber sehr selten auf.

10. Wahl der Schichtungsmerkmale

Die Auswahl der Schichtungsmerkmale führt oft zu Schwierigkeiten. Bei Mehrthemenumfragen kann durchaus der Fall eintreten, daß für ein Thema eine bestimmte Schichtung angebracht wäre, die für ein anderes Thema sinnlos ist.

Für die meisten Untersuchungen gilt aber, daß die Ansichten der Männer sich genügend von denen der Frauen unterscheiden. Das gleiche gilt für jüngere und ältere Bevölkerungsgruppen, sehr oft auch für die verschiedenen sozialen Schichten, die man an Hand von Beruf oder Schulbildung erfassen kann. Schichtungen auf Grund dieser demographischen Merkmale werden auch bei Mehrthemenumfragen fast immer eine Verbesserung der Stichprobengüte bewirken.

Man kann Schichtungsmerkmale, die mit dem Untersuchungsthema hoch korrelieren, nicht beliebig „am grünen Tisch" auswählen. Es müssen immer Eigenschaften sein, die man erkennen kann, und zwar nicht nur an der Zielperson selber, sondern vor allem an der Kartei, die zur Auswahl der Stichprobe herangezogen werden soll. So kann man nur dann regional schichten, wenn die Kartei eine solche Gliederung aufweist. Eine Schichtung nach Geschlecht bietet meistens wenig Schwierigkeiten, da man das fast immer am Vornamen erkennen kann. Aber schon eine Altersschichtung, die theoretisch vielleicht sehr empfehlenswert wäre, kann scheitern, weil in der Kartei möglicherweise das Alter der der Personen gar nicht aufgezeichnet ist, wie es z.B. bei Wählerverzeichnissen vorkommen kann.

11. Das Klumpen- und Mehrstufenverfahren

In der Praxis hängt die Methode, nach der die Stichprobe gebildet wird, in nicht geringem Maße von dem zur Verfügung stehenden Interviewer-

Netz ab. Um ein ganzes Land mit Interviews abzudenken, die regional gut verteilt sein sollen, braucht man ein sehr weitverzweigtes und dennoch dichtes Netz. Selbst wenn man das hat, muß man damit rechnen, daß viele Zielpersonen nur erreicht werden können, indem einige Interviewer mehr oder weniger weit reisen.
Erstens stößt das bei vielen Interviewern auf Ablehnung, zweitens ist das Reisen teuer. Man wird also wieder einen Kompromiß zwischen Kosten und Stichprobengüte schließen. Dieser Kompromiß besteht darin, daß man erst einmal bestimmte regionale Gebiete proportional zu ihrer Größe auswählt. Statt beispielsweise aus 2 000 Bezirken, die ein Land haben mag, eine Stichprobe von Zielpersonen zu ziehen, könnte man 50 Bezirke mit einer Wahrscheinlichkeit proportional zu ihrer Größe (Einwohnerzahl z.B.) auswählen und die ganze weitere Befragung nur auf diese 50 Bezirke beschränken.
Diese Auswahl ganzer Gruppen von Einheiten nennt man Klumpenauswahl. Die einzelnen Klumpen sind Bevölkerungsgruppen, die in Bezug auf bestimmte Merkmale in sich verhältnismäßig homogen sind. D.h. Personen in einem Bezirk haben vieles gemeinsam, was die aus anderen Bezirken nicht haben. Wenn Klumpen Haushalte sind, so kann man annehmen, daß Angehörige eines Haushaltes viele Dinge gemeinsam haben, die sie mit Mitgliedern anderer Haushalte nicht teilen.
Trifft man innerhalb der Klumpen noch eine weitere Stichprobenauswahl, so spricht man von einer mehrstufigen Stichprobe. In vielen Fällen hat man beispielsweise nur Haushaltskarteien zur Verfügung, will aber nur eine Person aus dem Haushalt befragen. Man wird dann in der ersten „Stufe“ die gewünschte Anzahl der Haushalte aus der Kartei ziehen und in einer zweiten „Stufe“ für jeden Haushalt die Zielperson ermitteln.
In der Regel muß es dem einzelnen Interviewer überlassen werden, die Karteienauswahl zu treffen, denn die wenigsten Bevölkerungskarteien werden zentral verwaltet. Der Interviewer wird also die Anweisung bekommen, in einem bestimmten Ort (erste Stufe) aus der dortigen Haushaltskartei systematisch eine Stichprobe von vorgeschriebener Größe zu ziehen, indem er, anfangend bei einer bestimmten, jede soundsovielte Karte herausnimmt (zweite Stufe).
Die Berechnung der Anfangskarte und des Intervalls kann man dem Interviewer vorher abnehmen, da die Ortsgröße bzw. die Anzahl der gemeldeten Haushalte aus amtlichen Statistiken zu erfahren sind. Zur

Auswahl der eigentlichen Zielperson, die zu befragen ist (dritte Stufe), wird der Interviewer angewiesen, nach Zufallsmethoden innerhalb jedes in die Auswahl gezogenen Haushaltes die „richtige“ Person zu ermitteln.* Auf diese Art hätte man eine dreistufige, ungeschichtete Stichprobe gebildet.

Beim Auswählen von Klumpen läuft man Gefahr, daß ganze Klassen von Einheiten mit bestimmten Merkmalen ein- oder ausgeschlossen werden. Bei der regionalen Auswahl von 50 aus 200 Bezirken könnte es leicht vorkommen, daß bestimmte Bezirke, vielleicht besonders ärmliche Gebiete, gar nicht in die Klumpenauswahl fallen. Man erhöht durch die Klumpenauswahl also das Risiko in der Repräsentanz der Stichprobe, was sich in einem erhöhten Stichprobenfehler ausdrückt.

Wäre die Bevölkerung „gut gemischt“, dann wäre die Klumpenauswahl ebenso gut wie eine einfache Zufallsauswahl. Aber die Menschen neigen dazu, sich in Gruppen zusammenzutun, so daß man ähnliche Menschentypen oder ähnliche Probleme in den einzelnen Klumpen erwarten muß. Wählt man nur einige aus, so verstärkt man das Risiko, ganze Gruppen auszulassen

Dieses Risiko und damit der Verlust in der Stichprobengüte, steht in keinem Verhältnis zu den eingesparten Kosten. Außerdem kann man Klumpen auswählen, ohne daß die nötigen Informationen auf der Kartei der Grundgesamtheit aufscheinen. Will man z. B. 2000 Erwachsene in einem Land befragen, so wäre theoretisch eine nach mehreren Merkmalen geschichtete Zufallsauswahl am besten, allerdings auch am teuersten. Denn eine daraus resultierende, dünn über das ganze Land gestreute Stichprobe ist für das bestausgebaute Interviewer-Netz nicht ohne große Schwierigkeiten zu erreichen.

Man wird die hohen Kosten umgehen und eine mehrstufige, geschichtete Auswahl treffen. Die Stufen können beispielsweise Bundesland, politischer Bezirk und Wahlbezirk sein. Innerhalb der letztlich ausgewählten Wahlbezirke wird man nach demographischen Merkmalen schichten, soweit es die vorliegenden Adressenkarteien erlauben, zumindest also nach Geschlecht, vielleicht auch nach Ortsgrößen, regional und nach Altersgruppen.

* Siehe dazu E. Noelle-Neumann (1971, S. 124)

12. Die Flächenstichprobe

Auch in Fällen, wo keine brauchbaren Bevölkerungskarteien vorliegen, kann man sich mit dem Klumpenverfahren helfen, mit der sogenannten Flächenstichprobe.
Man unterteilt auf einer Landkarte oder einem Stadtplan das in Frage kommende Gebiet in kleine Flächen, die zwar von unterschiedlicher Größe sein können, aber gut abgegrenzt sein müssen, so daß man jede Fläche gut beschreiben und auffinden kann. Man wählt dann proportional zu den Flächengrößen die gewünschte Anzahl von Flächen aus, in denen man entweder eine Totalbefragung durchführen oder eine weitere Stichprobenziehung vornehmen kann.
Voraussetzung dafür ist, daß die Größe dieser Flächen, also z. B. die Anzahl ihrer Einwohner, bekannt ist, was keineswegs immer der Fall sein dürfte.

13. Das Kumulationsverfahren

Zur Bestimmung der einzelnen Klumpen, wie Ortschaften, Bezirke usw., wird in der Praxis oft das sogenannte Kumulationsverfahren angewandt, weil es automatisch eine Zufallsauswahl proportional zur Klumpengröße (gemessen an der Einwohnerzahl) trifft.
Dieses Verfahren wird am besten anhand eines Beispiels erläutert. Vorher sei jedoch darauf hingewiesen, daß in dem Moment, wo die Größe der zu ziehenden Stichprobe festgelegt ist, gleichzeitig auch bestimmt wird, in wieviel geographischen Punkten befragt werden kann. Denn das hängt weitgehend von der Anzahl der zur Verfügung stehenden Interviewer ab.
Sollen beispielsweise 2000 Personen befragt werden und man verfügt über 200 Interviewer, so wird man an 200 Befragungspunkten je 10 Interviews durchführen lassen. Man nennt das die spot-Größe. Hat man nur 100 Interviewer an der Hand, so wird man 20er spots bilden müssen, wobei jeder Interviewer einen spot bearbeitet. Beläßt man es doch bei 10er spots, so bedeutet das, daß jeder Interviewer zwei spots bewältigen muß, was die Reisekosten sehr erhöhen würde.
Egal, für welche spot-Größe man sich entscheidet, wichtig ist, daß die Anzahl der spots von vornherein festgelegt wird. Angenommen, aus allen Gemeinden ist nun eine Auswahl der Gemeinden zu treffen, in de-

nen Befragungen durchgeführt werden sollen. Dazu benötigt man ein Einwohnerverzeichnis aller Gemeinden, was gewöhnlich nicht schwer zu erhalten ist.
Man addiert nun alle Einwohnerzahlen schrittweise aufeinander, wobei man nach jeder Addition die entstehende Zwischensumme aufschreibt. Dieses Kumulieren der Einwohnerzahlen ist eine theoretische Nummerierung aller Personen in den Gemeinden. Die letzte Summe ergibt die Anzahl aller in diesen Gemeinden lebenden Personen, also die Größe der Grundgesamtheit N, aus der die Stichprobe n zu ziehen ist.
Die vorher festgelegte Anzahl der spots gibt an, in wieviel Gemeinden überhaupt befragt werden soll. Wenn man also N durch die spotzahl dividiert, erhält man einen Auswahlabstand, ähnlich wie beim systematischen Sampling. Man wählt auch hier eine Ausgangszahl rein zufällig aus, die kleiner oder gleich dem Auswahlabstand ist, und addiert diesen Abstand auf die Ausgangszahl auf. Diesen Additionsprozess führt man fort, bis die Summe größer wird als die Grundgesamtheit.
Durch diese systematische Addition hat man fiktive Personennummern errechnet, und nun wird jeweils die Gemeinde in die Stichprobe gezogen, in der die fiktive Personennummer liegt.
Durch die unterschiedliche Größe der Gemeinden kann es vorkommen, daß eine Gemeinde gar nicht in die Stichprobe fällt, eine andere dafür durch mehrere spots vertreten ist, was sich als logische Folge der proportionalen Auswahl ergibt.
Angenommen, aus 10 Gemeinden sollen 200 Personen befragt werden, wozu 20 Interviewer (= 20 spots) eingesetzt werden sollen. Die Kumulation der Einwohnerzahlen sieht folgendermaßen aus:

Gemeinde	Einwohnerzahl	Kumulierte Einwohnerzahl
1	10 953	10 953
2	1 976	12 929
3	9 624	22 553
4	4 066	26 619
5	2 202	28 821
6	14 934	43 755
7	5 954	49 709
8	1 366	51 075
9	20 838	71 913
10	3 734	75 647

Der auf Einwohner bezogene Auswahlabstand wird berechnet: 75647 : 20 = 3782. Eine Zufallszahl zwischen 1 und 3782 könnte 387 sein. Auf sie addiert man nun schrittweise den Auswahlabstand 3782:

387
4 169
7 951
11 733

Der Einwohner mit der Nummer 387 gehört also zur 1. Gemeinde, die Nummern 4 169 und 7 951 ebenfalls. Die Einwohnernummer 11 733 liegt in der 2. Gemeinde usw. Auf die erste Gemeinde entfallen hier also 3 spots = 30 Interviews.
Natürlich kann man das Kumulationsverfahren auch auf Schichten anwenden. Z.B. ist es denkbar, daß die Einwohnerverzeichnisse der Gemeinden nach Bundesländern und Bezirken geordnet vorliegen, so daß man durch Schichtung festlegt, wieviel Personen in den einzelnen Bezirken befragt werden sollen. Daraus ergibt sich dann die spot-Zahl pro Bezirk und man kann nun die Gemeinden kumulativ innerhalb der einzelnen Bezirke auswählen.
Die Stichprobe der Befragungsgemeinden, die sich aus dem ungeschichteten Verfahren ergibt, wird sich in der Regel nur gering von der geschichteten Kumulationsstichprobe unterschieden. Ohne vorherige Schichtung müssen sich die spots pro Gemeinde „von allein einpendeln", was die Fehlerwahrscheinlichkeit erhöht, während das Schichten, also das Festlegen der spotzahlen pro Bezirk jede Variation in diesem Bereich ausschließt und somit die Genauigkeit der Stichprobe fördert.
Die Berechnung des Stichprobenfehlers für einen Prozentsatz $p = \bar{x}$ bei einem ungeschichteten Klumpen- oder Mehrstufenverfahren ohne weitere Stichprobenauswahl innerhalb der Klumpen erfolgt nach folgender Formel:

$$s_{\bar{x}\text{-Klumpen}} = \sqrt{\left(1 - \frac{m}{M}\right) \frac{s_b^2}{m}}$$

wobei M die Anzahl aller in der Bevölkerung vorhandenen Klumpen ist, m die Anzahl der ausgewählten und s_b die Standardabweichung der Klumpenmittelwerte $\bar{x}_i$:

$$s_b^2 = \frac{1}{m-1} \sum_{i=1}^{m} (\bar{x}_i - \bar{\bar{x}}_;)^2$$

$\bar{\bar{x}}_;$ = Mittelwert aus Klumpenmittel

Für Klumpenstichproben, in denen eine weitere Auswahl von Zielpersonen aus den Klumpen erfolgte, wird die Berechnung der Standardabweichung komplizierter. Die Auswahl von m aus M Klumpen ist mit einen bestimmten Fehler behaftet, die weitere Auswahl von n aus N Personen in der zweiten Stufe, (wobei N die Anzahl aller in den m ausgewählten Klumpen lebenden Personen ist), bewirkt ebenfalls einen Fehler. Die Summer beider Fehler macht den gesamten Stichprobenfehler aus:

$$s_{\bar{x}}\text{ - Klumpen} = \sqrt{(1 - \frac{m}{M}) \frac{s_b{}^2}{m} + (1 - \frac{n}{N}) \frac{s_z{}^2}{mn}}$$

Der erste Ausdruck unter der Wurzel ist die Varianz, die durch die Klumpenauswahl entsteht, der zweite Ausdruck gibt die Varianz der zweiten Auswahl an, also die Variation zwischen den einzelnen n Personen innerhalb der m Klumpen. Die Varianz s_z^2 berechnet sich je nach dem Auswahlverfahren, daß in der zweiten Stufe angewandt wurde.

14. Das Mehr-Phasen-Verfahren

Bisher sind wir immer von der Voraussetzung ausgegangen, daß geeignetes Adressenmaterial für die Personenauswahl zur Verfügung steht. Dies ist eine sehr hypothetische Annahme, weil sie für viele Untersuchungen bzw. viele Grundgesamtheiten nicht zutrifft. Es gibt keine Karteien von Hausfrauen, die ein bestimmtes Waschmittel verwenden, oder von Personen, die im letzten Jahr ein Eigenheim fertiggestellt und bezogen haben, von Brillenträgern usw.

Für derartige Spezialbefragungen wäre es sinnlos, einen allgemeinen Bevölkerungsquerschnitt, für den Adressenmaterial vorliegt, zu interviewen. Das für das Spezialthema notwendige Merkmal wird zu selten vertreten sein. Auch gibt es für viele solcher Merkmale keine statistischen Unterlagen, so daß man über die Verteilung innerhalb der Bevölkerung wenig weiß. Dadurch schließt man die Möglichkeit aus, eine Stichprobe solcher Personen nach Untersuchungsmerkmalen schichten zu können.

Man hilft sich in diesen Fällen mit dem Mehr-Phasen-Verfahren. In einer ersten Erhebungsstufe sammelt man aus einer großen Stichprobe

die nötigen Informationen und zieht dann aus dieser Stichprobe eine neue, die die gewünschten Merkmale und Schichtungen hat.
In der Praxis ist die erste Phase oft nichts weiter als eine Adressensammlung. Wenn man „sowieso“ eine Umfrage im Feld hat, braucht man in deren Fragebogen nur die nötigen Fragen einzuschalten, die Erkenntnisse über das gewünschte Merkmal bringen.
Auf diese Art erfährt man erstens, wie hoch der Prozentsatz von Personen in der Bevölkerung ist, die das Untersuchungsmerkmal besitzen, zweitens erhält man seine statistische Verteilung. Man kann nun in der zweiten Phase eine weitere Stichprobe ziehen, die entweder aus allen Personen besteht, die dieses Merkmal aufweisen, oder diese Personen werden noch einmal einer, eventuell geschichteten, Zufallsauswahl unterzogen.
Angenommen, es sollen 500 Brillenträger untersucht werden und zur Kontrolle deren Meinungen auch 500 Nicht-Brillenträger. Bei einer 2 000er Bevölkerungsumfrage ermittelt man – durch Interviewer-Einstufungen oder durch direkte Fragen – alle Personen der Stichprobe, die eine Brille tragen.
Es seien vielleicht 45 % = 900 Personen. Die statistische Verteilung könnte dabei zeigen, daß unter den Brillenträgern 60 % Männer und nur 40 % Frauen sind. Man wird also aus den 900 Brillenträgern eine neue Stichprobe von 500 Personen ziehen, von denen 60 % = 300 Männer und 200 Frauen sein müssen. Ebenso zieht man aus den 1 100 Nicht-Brillenträgern ein Sample von 500, die wiederum nach geeigneten Merkmalen geschichtet werden.

15. Die Nachteile des Random-Verfahrens

Bisher war immer nur die Rede von Adressenumfragen. Theoretisch gesprochen sind Stichprobenverfahren, die nach den Regeln der Zufälligkeit die Zieladressen aus einer Kartei ermitteln, die einzigen, die eine wirklich zufällige, eine Random-Stichprobe, liefern. Nur wenn diese Zufälligkeit gewährleistet ist, kann man Fehlerspannen berechnen und Hypothesen testen.
Der Umfrageforscher wird also bestrebt sein, das Moment der Zufälligkeit soweit wie irgend möglich mit ins Spiel zu bringen, weil sie die einzige Absicherung gegen Verzerrungen in der Stichprobe ist.
In der Praxis erweist es sich aber oft, daß Adressenstichproben unge-

eignet sind, auch wenn das nötige Adressenmaterial vorhanden ist. Sie kosten viel Zeit und Geld. Die Adressenziehung erfordert Menschenpotential, Reisekosten, eventuell Computerzeit usw. Neben großem organisatorischen Aufwand ergibt sich für den Interviewer das Problem, daß er eine Zielperson nicht erreichen kann oder diese ein Interview strikt ablehnt. Um eine möglichst hohe Rücklaufquote zu erreichen, werden die Interviewer angehalten, mindestens drei Kontaktversuche bei nicht angetroffenen Personen zu machen, was zeitaufwendig ist und honoriert werden muß.

Selbst wenn die Kosten keine große Rolle spielen, so ist der Zeitaufwand doch oft von Bedeutung. In vielen Fällen sollen die Ergebnisse schnell vorliegen, und dann wäre eine Feldarbeit von mehreren Wochen hinderlich.

Hinzu kommt das Problem der Anonymität. Bei einer Adressenumfrage weiß der Befragte genau, daß dem Interviewer und damit dem Institut, das die Befragung durchführt, sein Name und seine Anschrift bekannt sind, daß man also weiß, wer er ist. Dieser Umstand verängstigt viele Leute, vor allem, wenn es um „heikle" Themen geht. Es gibt eine Reihe von experimentellen Nachweisen, daß Zielpersonen, die durch Adressenziehung bestimmt wurden, auf politische Fragen ungern und ausweichend antworten.

Ein weiteres Problem ist das der „Überalterung" der Stichprobe. Die älteren Zielpersonen werden mit einer viel höheren Wahrscheinlichkeit zuhause angetroffen als die jüngeren und mobileren Bevölkerungsschichten. Man läuft daher bei jeder Adressenumfrage Gefahr, daß die Stichprobe trotz der reinen Zufallsauswahl in der Alters- und Mobilitätsstruktur verzerrt ist. Dieser Bias kann schwerwiegende Folgen auf auf andere Merkmale, wie z. B. auf politische Neigung, haben.

Beim Rücklauf der Interviews wird man feststellen, daß etwa 60 % der Fragebögen schnell und ohne Schwierigkeiten eintreffen, weitere 10 bis 20 % brauchen längere Zeit, weil sie den mehrmaligen Besuch des Interviewers bei der Zielperson erfordern. Eine empirische Faustregel lautet, daß die Ausschöpfungsquote 80 % betragen soll, weil man nicht vermeiden kann, daß etwa 10 % der Stichprobe auch nach dreimaligem Versuch nicht angetroffen werden und weitere 10 % die Auskünfte verweigern.

Um aber tatsächlich diese 80 % zu erreichen, braucht es viel Geduld und Mühe seitens der Interviewer und seitens des die Umfrage durchführen-

den Instituts. In der Praxis sind Geld und Zeit für diese Mühen oft nicht vorhanden und man begnügt sich mit einer niedrigeren Ausschöpfung. Wichtiger als ein hoher Rücklauf scheint, daß der Umfrageforscher sich bewußt ist, daß die Ausfälle bei einer Random-Stichprobe nicht unbedingt „repräsentativ" sind. Die eingegangenen Fragebogen müssen also streng auf ihre Repräsentanz geprüft werden. Es genügt nicht, auf Grund der zufälligen Adressenauswahl die Repräsentanz zu implizieren. Jeder einzelne Ausfall rüttelt ein wenig am ursprünglichen Stichprobenplan, und wenn ein ganzes Fünftel oder Viertel der Stichprobe gar nicht interviewt wurde, also seine Meinung gar nicht in den gesammelten Daten vertreten ist, so muß man diese Ausfälle bzw. die übriggebliebene Stichprobe genau untersuchen, um zu überprüfen, daß der anfängliche Stichprobenplan noch besteht.
Die Theoretiker sind überzeugt davon, daß die Ausfälle „repräsentativ" sind, also keinen zerstörenden Effekt auf das Design haben. Ziemlich jede Adressenumfrage hat diese Theorie widerlegt. Es läßt sich nicht hinweg diskutieren, daß es dic Jungen und Mobilen sind, die nicht erreicht werden. Auch die Verweigerer sind eine ganz typische Gruppe. Die Konsequenz davon ist, daß fast jede Adressenstichprobe vor der Analyse gewichtet werden muß.

16. Das Quota-Verfahren

Trotz dieser Probleme bei Adressen-Stichproben sollte man das Random-Verfahren anwenden, wann immer es möglich ist. Sehr häufig aber gilt es, einen Personenkreis zu befragen, für den kein Adressenmaterial vorliegt. Dann muß man eine andere Art der Stichprobenziehung anwenden. In den meisten Fällen ist es das Quota-Verfahren.
Der Unterschied zur Random-Stichprobe ist, daß hier keine Adressen zugrunde liegen, sondern die Zielpersonen nach „Quoten" ausgewählt werden. Hier können selbstverständlich auch Schichtungen und Mehrstufen-Verfahren angewendet werden. Die Quotenauswahl bezieht sich nur auf die letzte Stufe der Zielpersonenermittlung, auf das sampling innerhalb der Schichten.
Der Interviewer hat jetzt keine Adressen zur Verfügung, sondern sucht sich die Zielpersonen selber aus, allerdings nach genauen Vorgaben von bestimmten Merkmalen, den Quoten. Diese schreiben ihm genau vor,

wieviel Männer, wieviel Frauen er zu befragen hat, in welchen Altersgruppen und aus welchen Berufskreisen.

Die Quoten werden nach vorliegenden amtlichen oder anderen Statistiken so berechnet, daß für das ganze Land und möglichst auch für jede regionale Aufgliederung die Geschlechter, Altersgruppen und sozialen Schichten in ihrem richtigen Verhältnis in der Stichprobe vertreten sind. In anderen Worten, die gesamte Stichprobe wird nicht nur nach geographischen Regionen, Stadt- und Landgebieten, Ortsgrößen usw. geschichtet, sondern auch nach demographischen Merkmalen wie Geschlecht, Alter, sozialer Schicht.

Die Quotierung der sozialen Schicht war anfänglich nicht weniger problematisch und anfechtbar wie die Zuordnung der Befragten zu sozialen Schichten in der Analyse. Es hat sich dann durch empirische Erfahrung ergeben, daß Berufskreise zur Quotierung völlig ausreichen.

Quotierungsmerkmale sind oftmals dadurch bestimmt, ob sie sich als Schichtungsmerkmale eignen, d. h. ob sie die Bevölkerung wirklich in Schichten unterteilen, die sich in ihren Ansichten zum Untersuchungsthema unterscheiden. Für Quotierungsmerkmale gilt also zum Teil das gleiche wie für Schichtungsmerkmale: sie sollten mit dem Untersuchungsgegenstand zusammenhängen. Für die drei Kontrollmerkmale Geschlecht, Alter und soziale Schicht ist dieser Zusammenhang fast immer gegeben, denn sie bewirken für die Antworten auf sehr viele Fragen den größten Anteil der Variation.

Eine extrem starke Korrelation von Quotierungsmerkmal und Untersuchungsthema, wie sie manchmal empfohlen wird, muß keineswegs immer günstig sein, sie kann sich im Gegenteil sogar fatal auswirken. Schmidtchen gibt dazu ein schlagendes Beispiel. Er zitiert Untersuchungen des Infratest-Instituts, bei denen es darum ging, festzustellen, wie weit in der DDR westdeutsche Rundfunksender gehört wurden.

Man untersuchte dazu Flüchtlinge und quotierte außerdem Alter, Geschlecht, Beruf und Schulbildung. Der Zusammenhang des Quotenmerkmals „Flüchtling“ mit dem Untersuchungsthema „Westsender“ hat sich in diesem Fall als unangebracht erwiesen, weil jemand, der fliehen will, mit Sicherheit mehr westliche Sender hört. Schmidtchen folgert daraus allgemein: „Ergebnisse von Quotenumfragen können dann repräsentativ sein, wenn sie mit den Quotenmerkmalen korrelieren und

gleichzeitig mit den Verzerrungen des Querschnitts *nicht* in Verbindung stehen".*)
Ein weiterer Punkt ist für die richtige Quotierung von Wichtigkeit: die Schichten müssen so gewählt werden, daß sie berücksichtigen, daß verschiedene Bevölkerungsgruppen schwerer zu interviewen sind als andere. So kann man sicher sein, daß berufstätige Frauen mühsamer zu erreichen sind als Hausfrauen, junge Männer schwerer als Pensionisten usw.
Um zu vermeiden, daß die Stichprobe durch solche Umstände verzerrt wird, muß man diesen Verzerrungen durch geschicktes Quotieren entgegensteuern. Man gibt also nicht nur Berufskreise vor, sondern auch die Berufstätigkeit selber. Das allein genügt aber nicht. Man kann ziemlich sicher sein, daß bei solcher Quotierung alle Männer berufstätig und alle Frauen nichtberufstätig sein werden. Ebenso würde man bei der Prüfung der Altersgruppen feststellen, daß unter den jungen Befragten viel mehr weibliche als männliche sind, da junge Männer als mobilste Bevölkerungsgruppe sehr schwer zu erreichen sind.
All diese Verzerrungen kann man vermeiden, indem man die verschiedenen Quoten-Merkmale miteinander koppelt. Je mehr Koppelungen man vorsieht, desto besser wird die Stichprobe, aber desto schwerer wird es der Interviewer haben. Man muß daher immer zwischen den Vor- und Nachteilen von Koppelungen abwägen.
Jahre- und jahrzehntelanger praktischer Umgang mit Quotenumfragen hat ergeben, daß man für Bevölkerungsumfragen Geschlecht grundsätzlich mit allen anderen Merkmalen koppeln sollte. Ferner muß man die Berufskreise auch noch mit der Berufstätigkeit verbinden, so daß sich allein für jeden Berufskreis vier Gruppen ergeben: Berufstätige und nichtberufstätige Männer, sowie berufstätige und nichtberufstätige Frauen. Das Alter wird zwar mit Geschlecht gekoppelt, bleibt aber mit Berufskreis und der Berufstätigkeit unverbunden.**)
Auch der Tatsache, daß die unteren Sozialen Schichten, also die Arbeiter, meist in zu geringem Verhältnis in einer Quotenstichprobe enthalten sind, kann man entgegensteuern, indem man diesen Berufskreis etwas überrepräsentiert.
Es hat sich in der Praxis immer wieder erwiesen, daß gewisse Freiheiten in der Quote gelassen werden können, daß nicht jedes Merkmal mit je-

* G. Schmidtchen, (1961, S. 5)
** E. Noelle-Neumann (1971, S. 132 ff)

dem anderen gekoppelt sein muß, und daß einige scheinbar wichtige Dinge gar nicht quotiert zu werden brauchen.
Die nicht-quotierten Merkmale müssen sich bei einer sauberen Quotenstichprobe im richtigen Verhältnis „einpendeln", d. h. sie müssen in genau den Proportionen und Verteilungen in der Stichprobe auftreten, wie sie in der Bevölkerung vorhanden sind. Wenn 3 % der Erwachsenen rothaarig sind, so müssen auch 3 % der Befragten rothaarig sein, obwohl weder Haarfarbe quotiert ist, noch ein Quotierungsmerkmal eine hohe Korrelation zur Haarfarbe aufweist.
Dieses „Einpendeln" von nicht-quotierten Merkmalen ist das Grundprinzip des Quotenverfahrens. Es ist gleichzeitig auch der Hauptansatzpunkt der Kritik von Quotengegnern. Sie glauben nicht, daß dieses Einpendeln richtig erfolgt, weil die theoretischen Voraussetzungen dafür nicht gegeben sind. Bei Adressenumfragen erwartet man dies als Selbstverständlichkeit, weil es eine logische Folge der Zufallsauswahl ist.
Beim Quotenverfahren – so die Skeptiker – erfolgt die letztliche Auswahl der Personen nicht zufällig, sondern der Interviewer trifft eine bewußte, oft subjektive Auswahl, allein schon deshalb, weil der Mensch kein Mechanismus ist, der reine Zufallsauswahlen treffen kann.
Die Quotenfürsprecher halten dem entgegen, daß man durchaus Mittel hat, den Interviewer dahin zu lenken, daß er sozusagen empirisch jedem Menschen die gleiche Chance gibt, ausgewählt zu werden.
Allerdings braucht es dazu viel Erfahrung im praktischen Umgang mit Quotenstichproben. Nicht nur die Quotierungsmerkmale selber sind dabei wichtig. Die Koppelungen müssen so gewählt sein, daß der Interviewer nicht mehr die Chance hat, „leichte" Leute zu befragen. Die Quotenanweisungen müssen schwierig genug sein, um den Interviewer zu zwingen, nicht nach Bequemlichkeit und persönlichen Bevorzugungen auszuwählen. Andererseits darf die Anweisung nicht zu schwer zu erfüllen sein, denn sonst ermutigt man den Interviewer unbewußt dazu, unsauber zu arbeiten, weil er sich einfach überfordert fühlt.
Bei der Vergabe der Quotenanweisungen an die einzelnen Interviewer muß man wiederum Zufallskriterien anwenden. Sollen beispielsweise 470 Männer und 530 Frauen insgesamt befragt werden, so müssen die Männer rein zufällig auf die Interviewer verteilt werden, die Frauen ebenso.
Das gleiche gilt für die anderen Merkmale. So müssen die berufstätigen männlichen Arbeiter beispielsweise auch zufällig über alle Interviewer

streuen. Diese zufällige Anordnung der Quotenanweisungen bewirkt, daß später z. B. die Arbeiter die genau richtige Altersstruktur aufweisen, obwohl Alter nicht mit Berufskreis gekoppelt war.
Zu beachten sind dabei eine Reihe von Feinheiten, die logisch erscheinen, in der Praxis aber oft vergessen werden. So sollte man keinem Interviewer zumuten, in einer Großstadt einen Bauern zu suchen. Wenn man ihm aufträgt, einen nichtberufstätigen Mann zu befragen, (egal aus welchem Berufskreis), so muß man ihm entgegenkommen und auch einen ganz jungen oder älteren Mann quotieren, denn nur in den beiden extremen Enden der Altersstruktur wird man ohne Schwierigkeiten nichtberufstätige Männer finden, nämlich Schüler und Studenten oder Pensionisten. Bei Frauen spielt das keine Rolle, weil die nichtberufstätigen Hausfrauen in allen Altersgruppen zu finden sind.
Auch sollte man darauf achten, daß man nicht einen Interviewer mit besonders „schweren" Personen überlädt, ein anderer dafür gar keine „schweren" bekommt. Eine „schwere" Person ist jemand, der entweder schwer zu finden ist, weil er in der Bevölkerung selten vorkommt oder weil er zu der Gruppe der Bevölkerung gehört, die aus besonderer Zeitnot heraus ungern ein Interview gibt. Zu solchen Personen gehören beispielsweise Selbständige in Handel und Gewerbe und freiberuflich Tätige.

17. Die Rolle des Fragebogens in Quoten-Untersuchungen

Der Fragebogen selber muß auch als ein Instrument angesehen werden, daß mit dazu beisteuert, daß der Interviewer empirisch jedem Menschen die gleiche Auswahlchance gibt. Der Bogen muß so aufgebaut sein, daß jede soziale Gruppe möglichst gleichmäßig angesprochen und interessiert wird.
Die Älteren sollen ebenso gefesselt werden wie die Jungen; Frauen brauchen oft spezielle Ermunterungen, den schwächeren sozialen Schichten muß die Skepsis vor einem Interview genommen werden usw. Man darf es nicht dem Interviewer überlassen, gegen die Abneigung eines Arbeiters, sich befragen zu lassen, anzukämpfen, das muß der Fragebogen ihm abnehmen.
Der Interviewer darf nicht das Gefühl haben, daß die Befragung bei bestimmten Personenkreisen leichter läuft als bei anderen, sondern er muß immer wieder die Erfahrung machen, daß es überall glatt geht. Nur dann

ist es ihm nämlich gleichgültig, wen er befragt, so daß er viel weniger eine bewußte Auswahl nach „Leichtigkeitskriterien" treffen wird.

Quotenuntersuchungen dürfen keine Spezialumfragen sein, sondern müssen den Charakter einer Mehrthemenumfrage haben. Weder Interviewer noch Zielperson sollen merken, worum es bei der Befragung eigentlich geht. Das Untersuchungsziel oder die Ziele kann man am besten durch Omnibus-Umfragen verwischen.

Bei Spezialumfragen, die nach dem Quotenverfahren durchgeführt worden sind, hat man feststellen können, daß die Interviewer trotz aller Vorkehrungen keine „Zufallsauswahl" mehr treffen, sondern sich immer Personen suchen, die für dieses Thema in irgendeiner Weise prädestiniert erscheinen.

Das Institut für Demoskopie Allensbach hat über viele Jahre hindurch Quotenuntersuchungen und -Experimente durchgeführt. Aus einem solchen Experiment, einer Spezialumfrage zur Einstellung zum Rauchen, hat man die Erkenntnis gewonnen, daß die Interviewer sich in weitaus größerem Maße Raucher als Nichtraucher ausgesucht hatten, was sonst bei einer Mehrthemenumfrage nach dem Quotensystem nicht vorkommt.

Der Interviewer neigt also dazu, Personen zu wählen, die zu dem anstehenden Thema etwas zu sagen haben, sich mehr damit verbunden fühlen und folglich leichter zu befragen sind. Man sollte daher bei reinen Spezialumfragen keine Quotenauswahl verwenden, sondern Adressenmaterial benutzen, auch wenn man es sich erst durch ein Mehr-Phasen-Verfahren beschaffen muß.

Reine Spezialumfragen sind aber recht selten, denn viele Themen sind in sich so umfassend, daß sie den Charakter eines Omnibusses gewinnen. Beispielsweise wäre eine Untersuchung des Images eines Versicherungsunternehmens ein so komplexes Thema, da die gesamte Lebenseinstellung, die Wertsysteme, Richtlinien, Angstmechanismen und vieles mehr abgetastet werden müssen, daß man eine solche Untersuchung durchaus per Quote durchführen kann.

Man wird in diesem Fall wahrscheinlich einen Personenkreis von Versicherten befragen, die man per random aus der Mitgliederkartei ermittelt, und dazu eine Kontrollgruppe von Nicht-Versicherten (zumindest nicht bei dieser einen Anstalt), von denen man schwerlich eine Adressenkartei finden wird, so daß man sie per Quote befragt. Die Versicherten nach Quote auszusuchen wäre nicht sinnvoll, da das Merkmal „bei

Anstalt xyz versichert“ verhältnismäßig selten auftreten wird und der Interviewer viele vergebliche Kontakte herstellen müßte.
Neben dem Mehrthemencharakter des Fragebogens ist es auch wichtig, daß ein Interviewer nicht viele Befragungen durchführen muß. Eine kleine Spotgröße, 5 bis 10 Interviews pro Befrager, gewährleistet, daß durch die Interviewer kein Bias in die Ergebnisse eingeschleust wird. Nicht nur Verzerrungen durch die persönliche Erscheinung und Befragungstechnik des Interviewers werden dadurch ausgeglichen, sondern auch eventuelle Verzerrungen durch die Personenauswahl.
Überhaupt hängt vom Interviewer-Netz viel von der Güte der Stichprobe ab, nicht nur bei Quoten-Umfragen. Aber bei letzterem muß man noch mehr als bei Random-Verfahren darauf bedacht sein, jede Varianz in der Administration des Interviewer-Netzes zu vermeiden. Es empfiehlt sich daher für Institutionen, die häufig mit Quote arbeiten, eine zentrale Steuerung des Netzes zu praktizieren.

18. Argumente für und wider das Quota-Verfahren

Die Quotenmethode war vor Jahren Gegenstand heftiger Diskussionen. Theoretiker haben ihr immer wieder entgegengehalten, daß sie letztlich doch keine Zufallsauswahl trifft und man deswegen den Stichprobenfehler nicht abschätzen kann. Außerdem schützt nur die reine Zufälligkeit der Auswahl vor Verzerrungen, so daß man bei Quote mit großen Verzerrungen rechnen muß, die man vielleicht gar nicht aufdecken kann.
Diesen Argumenten haben die mit der Praxis konfrontierten Umfrageforscher entgegengehalten, daß sich das Quotenverfahren immer wieder bewährt hat. Es gibt kein Beispiel, daß eine Quotenumfrage nachweislich falsche Ergebnisse geliefert hat, sofern sie methodisch völlig sauber durchgeführt wurde. (Das Quotenverfahren verleitet vielleicht zum „Pfuschen“, und es gibt leider Beispiele für schlechte Quotenumfragen. Man kann aber in solchen Fällen nachweisen, daß das Verfahren nicht korrekt angewandt wurde).
Es gibt eine Reihe von sogenannten Quota-Random-Experimenten, die viel Licht in die Quotenmethode gebracht haben. Das IfD Allensbach hat auf diesem Gebiet Pionierarbeit geleistet und damit ziemlich alle Einwände gegen das Quotenverfahren empirisch widerlegt.* Die Allens-

* G. Schmidtchen (1961)

bacher und auch andere Untersuchungen haben bestätigt, daß Quotenumfragen die gleichen Antworten liefern wie Random-Umfragen.
Bis auf einige wünschenswerte Ausnahmen. Diese ergeben sich aus der Struktur der Quotenstichprobe, die nämlich nachweislich mehr der der Bevölkerung entspricht als die Struktur einer Adressenstichprobe.
Die Älteren und die jüngeren, mobilen Bevölkerungskreise sind in der Quotenstichprobe richtiger vertreten, und alle Antworten auf Fragen, die mit diesen Merkmalen korrelieren, werden in der Quotenumfrage ein genaueres Bild liefern als in der Randomstichprobe.
Das gleiche gilt für „heikle" Fragen. Durch die Anonymität des Befragten bei der Quotenauswahl ist er eher bereit, auf politische und finanzielle Fragen, auf Fragen aus der Intimsphäre oder was er dafür hält, zu antworten. Die Anteile der „Unentschiedenen" wird in vielen solcher Fragen geringer sein, was einen genaueren Beantwortungsprozentsatz zur Folge hat.
Die Überrepräsentanz der älteren Bevölkerungskreise in der Adressenstichprobe wirkt sich dahingehend aus, daß bei der Messung der politischen Neigung ein zu großer Anteil konservativ Gesinnter die Messung zugunsten der konservativen Partei verzerrt.
Viele Gründe, warum der Interviewer „gar nicht zufällig auswählen kann", sind empirisch widerlegt worden. Wie man vermeidet, daß die Interviewer vorwiegend Personen befragen, mit denen sie leicht in Kontakt kommen, wurde bereits beschrieben.
Argumente, wie die, daß Interviewer sich nur sympathische Leute auswählen, nur in den unteren Stockwerken oder gar nur auf der Straße befragen, sind inzwischen empirisch entkräftet worden. Ebenso schwerwiegende Einwände, wie die, daß die nicht-quotierten Merkmale nicht repräsentativ seien, daß vielleicht die Gesamtergebnisse richtig sind, ihre demographische Struktur aber falsch sei, oder daß Ergebnisse von Quotenumfragen eine größere Variabilität aufweisen als Random-Ergebnisse sind ebenfalls widerlegt worden.
Zu diesem letzten Argument haben bereits Stephan und McCarthy gesagt:* „Man muß eine Stichprobenmethode durch ihre Streuung charakterisieren können, d. h. durch ihre Arbeitsweise bei wiederholten Versuchen." Jeder Sozialforscher, der längere Zeit mit Quotenumfragen gearbeitet hat, wird bestätigen können, daß Trends von Quotenergebnissen genauso einwandfrei sind wie die von Randomergebnissen, und

* Stephan, McCarthy (1958)

zwar für jede beliebige Frage. Auch ist die Variation der Trendergebnisse bei Quotenumfragen keineswegs größer.
Die vielen handfesten empirischen Beweise, daß eine Quotenumfrage ebenso gute Ergebnisse liefert wie die Randommethode – immer vorausgesetzt, daß das Quotenverfahren korrekt angewandt wird – hat viele Skeptiker davon überzeugt, daß Quotenauswahl ihren berechtigten Platz in der Umfrageforschung hat. Der frühere Methodenstreit ist ziemlich abgeebbt.
Für den Praktiker ist die Methode dadurch noch wertvoller geworden, denn sofern er sie gut beherrscht, kann er sie besten Gewissens anwenden. Sie bringt für ihn Vorteile, die sonst keine Auswahlmethode hat: die Interviews sind billiger, wesentlich schneller durchführbar und erlauben eine größere Schichtung. Für viele Umfragen, von deren Grundgesamtheit keine Adressenlisten vorliegen, und für die eine vorherige Adressensammlung sehr aufwendig wäre, ist die Quotenmethode die einzig mögliche.
Wichtig ist jedoch, daß man nach jeder Quotenuntersuchung eine Repräsentanzkontrolle vornimmt. Man muß nachprüfen, ob die Verteilungen der quotierten und der nicht-quotierten Merkmale der der Bevölkerung entsprechen. Daß die quotierten Merkmale sehr gut mit den amtlichen Zahlen übereinstimmen, ist nicht überraschend. Weit wichtiger ist es, daß genügend nicht-quotierte Merkmale einer Kontrolle unterzogen werden.

Dabei bietet sich häufig die Schwierigkeit, daß keine amtlichen Zahlen vorliegen, an denen man sich orientieren kann. Oft genügt es aber, verschiedene Trendfragen mit früheren Untersuchungen zu vergleichen, wobei man natürlich gewisse zeitlich bedingte Verschiebungen berücksichtigen muß.
Das Problem der Ausfälle sollte bei einer Quotenumfrage eigentlich nicht auftreten, denn ein Interviewer kann ja eine Person, die das Interview verweigert, durch eine andere mit den gleichen Quotenmerkmalen ersetzen. Die eigentlichen Ausfälle bestehen hier in den vergeblich gesuchten Kontakten. Über deren Zahl gibt es sehr wenig Informationen, da ihre Registrierung für den Interviewer eine aufwendige Belastung bedeutet.
Dennoch gibt es auch bei Quotenumfragen Ausfälle, denn in der Schar der vielen Interviewer werden immer einige sein, die krank werden, verreisen müssen, aus familiären oder sonstigen Gründen die Interviews

nicht durchführen können oder ihren spot nur zur Hälfte bearbeiten usw. Erfahrungswerte für diese Ausfälle liegen bei 10–15 %. Um trotzdem die gewünschte Stichprobengröße zu erlangen, wird man eine sogenannte Überquote dieses Ausmaßes von vornherein bei der Stichprobenbildung berücksichtigen.

Diese Art der Ausfälle ist weniger von Bedeutung für die Stichprobengüte als die Ausfälle der Random-Umfragen, weil ja nicht die Zielperson „ausgefallen" ist, sondern der Interviewer, so daß man viel eher annehmen darf, daß die dadurch nicht befragten Personen repräsentativ sind.

19. Ausschöpfungsquote und Repräsentanznachweis

Die Berechnung der Ausschöpfungsquote einer Random-Stichprobe ist recht einfach, da auf jedem Fragebogen-Kontaktblatt festgehalten wird, warum das Interview nicht durchgeführt werden konnte. So stellt man erst einmal fest, wieviel Adressen überhaupt unbrauchbar waren, weil die Zielperson verstorben oder verzogen war.

Da solche Anschriften sich nur deshalb in der Kartei befanden, weil diese nicht auf den Tag der Ziehung aktualisiert war, gehören sie nicht zur Grundgesamtheit und werden von der Zahl der ausgegebenen Adressen abgezogen. Man erhält so die bereinigte Stichprobe. Diese neue Stichprobengröße dient als Basis zur Berechnung der Ausfälle.

In der Regel rechnet man mit etwa 10 % Verweigerungen und mit weiteren 10 % von Personen, die auch beim dritten Versuch nicht angetroffen wurden.

Wie schon erwähnt, muß man davon ausgehen, daß diese etwa 20 % der ursprünglichen Stichprobe, die nicht befragt wurden, eine Verzerrung verursachen. Eine Random-Stichprobe muß deshalb genauso auf ihre Repräsentanz hin untersucht werden wie ein Quotensample.

Man hat z.B. wiederholt festgestellt, daß bei Befragungen, bei denen der Interviewer selber per Zufallszahl die eigentliche Zielperson in einem Haushalt auswählen mußte, die Zahl der Verweigerer um 5–10 % gesunken ist. Ferner scheinen in diesen Haushalten Männer wesentlich weniger vertreten zu sein, als die amtliche Statistik es angibt.

Derartige Verzerrungen durch Verweigerungen und Interviewer-Einfluß werden häufig durch eine Gewichtung korrigiert, wobei man allerdings

bedenken muß, daß die nicht erreichten Personen ein aktives Element besitzen dürften, das man durch eine Gewichtung nicht erfassen kann.
Die Gefahr der Verzerrung ist also bei Adressenbefragungen genauso gegeben wie bei Quotenumfragen. Nicht hinweg diskutieren kann man allerdings das Argument, daß man bei Quotenuntersuchungen keine theoretische Basis hat, auf der man den Stichprobenfehler berechnen kann. Daß die Auswahl der Zielpersonen bei Quote zufällig zu erfolgen scheint, läßt sich nur empirisch aufzeigen. Die theoretische Grundlage, wie sie bei der Adressenauswahl gegeben ist, fehlt trotzdem.
Wenn man aber über Jahre hinweg die Erfahrung gemacht hat, daß Quotenergebnisse den Randomergebnissen gleich sind, und daß auch Trendschwankungen nicht größer sind als bei Randomumfragen, dann liegt darin eine gewisse Berechtigung, die Fehlerspannen genauso zu berechnen wie bei Adressenergebnissen, zumindest, um sie als Anhaltspunkt der Größenordnung des vermutlichen Fehlers zu benutzen.
Auch hierzu gibt es einige Experimente. Wenn man die gesamte, in sich repräsentative Quotenstichprobe in mehrere kleine Einzelstichproben unterteilt (replicated sampling), die in sich auch völlig repräsentativ sind, so kann man später die Ergebnisse dieser Teilstichproben miteinander vergleichen und ihre Schwankungen berechnen. Ihre Varianz gibt einen Anhaltspunkt für den Fehler der gesamten Stichprobe. Außerdem kann man auf diese Weise die Variation zwischen einzelnen Interviewern oder Interviewer-Gruppen messen.
Solche Experimente haben keine ernstlichen Hinweise dafür gebracht, daß Quoten-Ergebnisse mit einem größeren Fehler behaftet sind als Random-Antworten.
Als Beweis dafür, daß Quotenumfragen „richtige“ Zahlen liefern, mag gelten, daß Wahlprognosen fast ausschließlich nach dem Quotenverfahren durchgeführt und die besten Prognosen damit erreicht werden, und zwar meistens bessere als mit dem Randomverfahren.

20. Die Stichprobengröße

Eine der wichtigsten Entscheidungen bei der Planung einer Umfrage ist die, wieviel Personen befragt werden sollen. Jedes Interview kostet Geld, je größer also die Stichprobe, desto teurer wird sie. Der organisatorische Aufwand für die Befragung von 2000 Personen ist außerdem weit größer als der von einigen Hundert. Man hat bei einer kleinen Stichprobe eher die Möglichkeit, viele aber kleine spots zu bilden, was die Feldarbeit sehr beschleunigt. „Zu klein“ soll das Sample natürlich auch nicht sein, man will ja gesicherte Ergebnisse erhalten, die man verallgemeinern kann.

Der Sozialforscher muß bei der Planung bereits festlegen, welche Genauigkeit die Aussagen haben sollen, die er auf Grund der Umfrageergebnisse treffen will. Wir haben bereits darüber gesprochen, daß man bei dieser Entscheidung die Fehler erster und zweiter Art gegeneinander abwägen muß.

In der Praxis wird oft eine Sicherheitswahrscheinlichkeit von 95 % gewählt. Das kommt aber ganz auf das Untersuchungsziel an. Ist dieses, eine möglichst genaue Wahlprognose zu erstellen, so wird man eine Schwankung bis zu 5 % als zu groß empfinden und genauere Ergebnisse anstreben. Will man die Meinung der Bevölkerung zu einem geplanten Gesetz kennenlernen, so reichen wahrscheinlich Tendenzergebnisse mit Abweichungen bis zu 10 % aus.

Bei Marktforschungsprojekten muß der Auftraggeber selber entscheiden, welche Genauigkeit die Ergebnisse haben sollen, denn nur er kann wissen, wie groß sein eigenes Risiko ist, wenn er Zahlen mit bestimmter Fehlerspanne verwendet.

Sobald die Sicherheitswahrscheinlichkeit festgelegt ist, kann man die Größe der Stichprobe berechnen.

Die halbe Größe des Vertrauensintervalls ist:

$$\alpha = t \cdot \sqrt{\frac{p\,(1-p)}{n}}$$

t ist der Tabellenwert einer t-Verteilung, der dem festgelegten Sicherheitsniveau entspricht. Bei einem Sicherheitsniveau von 95,5 % ist t = 2. Obige Gleichung wird nun nach n aufgelöst:

$$\alpha^2 = t^2 \cdot \frac{p\,(1-p)}{n}$$

$$n = \frac{t^2\, p\,(1-p)}{\alpha^2}$$

Der Prozentsatz p ist aber vor der Befragungskampagne noch nicht bekannt, er soll ja gerade ermittelt werden. Wie oben schon erwähnt, nimmt man den schlechtestmöglichen Fall an. Man wählt n so, daß es auf alle Fälle groß genug ist, egal wie p ausfällt.
Das erreicht man, indem man den Zähler dadurch maximiert, daß das Produkt $p\,(1-p)$ ein Maximum wird. Das ist der Fall, wenn $p = 1 - p = 50\,\%$ ist. Diese Gleichung zur Berechnung der Stichprobengröße gilt eigentlich nur für einfache Zufallsstichproben aus großer Grundgesamtheit. Sowie diese klein ist, – wenn das Verhältnis n/N etwa 5 % des Universums oder mehr ausmacht –, muß man den Korrekturfaktor für endliche Grundgesamtheiten berücksichtigen, wodurch der Ausdruck etwas komplizierter wird:

$$n = \frac{t^2\, N\, p\,(1-p)}{t^2\, p\,(1-p) + \alpha^2\,(N-1)}$$

In der Praxis verwendet man eigentlich immer nur die Streuung der einfachen Zufallsstichprobe, weil alle anderen Stichprobenanlagen genauere Ergebnisse liefern und daher eher weniger Personen befragt werden müßten, um eine gewünschte Genauigkeit zu erhalten. Die Unterschiede in der Größenordnung sind aber klein, so daß die einfache Berechnung durchaus gerechtfertigt ist.
Für jede Grundgesamtheit, sofern sie groß ist, gilt also für eine vorgegebene Sicherheitswahrscheinlichkeit immer dieselbe Stichprobengröße. Für $\alpha = 5\,\%$ und $p = 50\,\%$ und $t = 2$ ergibt sich folgendes n:

$$n = \frac{4 \cdot 50 \cdot 50}{25} = 400$$

400 Personen also müssen befragt werden, um die Gesamtergebnisse der Umfrage mit 95 %iger Sicherheit auf die ganze Grundgesamtheit verallgemeinern zu können. Für die meisten Merkmale wird sich eine höhere Genauigkeit einstellen, denn in den wenigsten Fällen wird $p = 50\,\%$ sein.

Angenommen, auf eine bestimmte Frage im Fragebogen antworteten 70 % der Befragten mit „ja", 30 % mit „nein" oder umgekehrt. Für p = 70 % ergibt sich folgendes n:

$$n = \frac{4 \cdot 70 \cdot 30}{25} = 336$$

Für diese Frage hätten also 336 Befragungen ausgereicht, um die 95 %ige Aussagesicherheit zu erreichen.

Wie groß muß eine Stichprobe sein, die dieselbe Genauigkeit aufweist, aber aus einer Grundgesamtheit von nur 3000 Personen gezogen werden soll?

$$n = \frac{4 \cdot 3000 \cdot 50 \cdot 50}{4 \cdot 50 \cdot 50 + 25 \cdot 2999} = 353 < 400$$

Es genügt also in diesem Fall eine kleinere Stichprobe.

In der Praxis braucht man sich eigentlich gar nicht die Mühe zu machen, Stichprobengrößen für große Grundgesamtheiten selber zu berechnen. Es gibt in vielen Büchern entsprechende Aufstellungen, die aus den Tabellen der Binomialverteilung berechnet wurden, aus denen man sofort die gewünschte Stichprobengröße bei gegebener Fehlerspanne ablesen kann.

In der Sozialforschung kommt es höchst selten vor, daß man nur an Gesamtergebnissen interessiert ist. Meistens will man auch die Meinung der demographischen Untergruppen kennenlernen, um zu sehen, in wie weit sie sich voneinander unterscheiden. Für diese Untergruppen gilt dieselbe Fehlerberechnung wie für die Gesamtstichprobe.

Wenn sich unter den 400 Befragten 200 Männer befinden, so sind die Ergebnisse dieser Untergruppe mit einem größeren Fehler behaftet als die Insgesamtwerte. Man muß sich also bereits bei der Planung der Stichprobe darüber klar werden, welche Untergruppen oder Breaks man untersuchen will.

Um in allen Untergruppen abgesicherte Ergebnisse zu erhalten, muß man die Stichprobe groß genug anlegen. Die Größe der kleinsten Untergruppe wird daher die Größe der Stichprobe bestimmen. Wenn beispielsweise die kleinste Unterteilung voraussichtlich 10 % der Bevölkerung und folglich der Stichprobe ausmacht, und man Ergebnisse dieser Gruppe auf eine Basis von 200 Personen stützen möchte, so muß die Gesamtstichprobe eine Größe von 2000 Personen haben.

Aus eben dieser Überlegung heraus werden Bevölkerungsumfragen gewöhnlich auf der Größe von 1500 bis 2000 Personen durchgeführt. Dadurch erhält man für die Insgesamtergebnisse eine sehr hohe Genauigkeit, für viele Untergruppen eine recht gute, und nur wenige Teilgruppen werden eine sehr kleine Basis haben.

100 Personen haben im 1-Sigma-Bereich eine maximale Abweichung von 5 %, im 2-Sigma-Bereich beträgt die maximale Abweichung 10 %. In der Praxis setzt man oft bei 100 Personen die Grenze für gesicherte Aussagen gegenüber Tendenzaussagen.

Sofern man also die Analyse auf wenige, große Untergruppen beschränken will, ist eine kleinere Stichprobe vollkommen ausreichend. Stichprobenplanung muß mit Sorgfalt und der nötigen Kenntnis des Untersuchungs- und Analyseziels durchgeführt werden. Die entstehenden Probleme sollte man jedoch nicht überbewerten. Sicher wird man bemüht sein, möglichst genaue Aussagen machen zu können und Verzerrungen zu vermeiden. Aber man sollte dabei nicht vergessen, daß Fehler in der Stichprobenanlage oder in der resultierenden Stichprobe oftmals hinterher ausgemerzt werden können. Auch wird man die Erfahrung machen, daß manche Verzerrungen sich gar nicht weiter auf die Ergebnisse auswirken oder nur auf wenige, da Verzerrungen nur solche Fragen beeinflussen, mit denen das verzerrte Merkmal korreliert.

Viel schwerwiegender als Stichprobenfehler sind Fehler im Fragebogen. Was bei der Fragestellung und der Fragebogenkonstruktion falsch gemacht wird, kann hinterher nicht wieder gut gemacht werden.

21. Stichprobenprobleme bei Paneluntersuchungen

Das empfindlichste und schärfste Meßinstrument, das der Sozialforscher kennt, ist die Paneluntersuchung. Unter einer Panel-Befragung versteht man die wiederholte Befragung desselben Personenkreises. Die Zeitabschnitte zwischen den einzelnen Wiederholungen, auch Wellen genannt, können sehr verschieden sein. Je nach Untersuchungsziel wird man Abstände von ein bis drei Monaten, einem halben oder einem Jahr wählen.

Es gibt verschiedene Arten von Panels: schriftliche, telefonische, mündliche usw. Aus methodischen Gründen liefert nur ein mündliches Panel, bei dem die Befragten von Interviewern aufgesucht werden, wirklich zu-

verlässige Daten. In der Folge soll daher nur von der Stichprobenproblematik bei mündlichen Panels gesprochen werden.
Fragen kausaler Zusammenhänge, die man analytisch sehr schwer oder gar nicht erfassen kann, lassen sich nur mit Hilfe eines Panels beantworten. Veränderungen oder Stabilität einer Meinung lassen sich zwar auch messen, indem man zu verschiedenen Zeitpunkten voneinander unabhängige Stichprobenbefragungen durchführt. Aber die Veränderungsrate allein gibt zu wenig Aufschluß. Man möchte die Gründe für Veränderungen wissen, wer wann warum zu einem Haltungswechsel gelangt ist. Das kann man nur, wenn man von den Personen, die man befragt, Informationen über ihre frühere Einstellung hat.
Wie bei jeder Befragung muß bei der Planung eines Panels die Zielgruppe, auf die die Ergebnisse verallgemeinert werden sollen, definiert werden. Sollen nur Hausfrauen eingeschlossen werden, oder nur Käufer eines bestimmten Produktes? Interessieren nur Unternehmer oder die ganze erwachsene Bevölkerung?
Diese Definitionen ergeben sich aus der Zielsetzung des Panels. Die Stichprobe wird nach denselben Gesichtspunkten und Methoden gebildet wie für eine einmalige Umfrage.
Das Sample wird aus der Grundgesamtheit, die zu diesem Zeitpunkt gegeben ist, gezogen, ohne bei der Stichprobenbildung die natürliche Bevölkerungsbewegung zu berücksichtigen.
Erhebliche Schwierigkeiten bietet die Erhaltung der Stichprobe. Ein Panel ist ja nur dann wirkungsvoll, wenn wirklich dieselben Personen immer wieder befragt werden. Man muß also darauf bedacht sein, die Ausfälle so klein wie möglich zu halten.
Bei einem einmaligen Panel ist dieses Problem verhältnismäßig leicht zu lösen. Man kennt Erfahrungswerte der Größenordnung des zu erwartenden Ausfalls (ca. 20–25 %) und legt die Stichprobe gleich um diesen Anteil größer an. Bei der Wiederholung fallen dann zwar einige Mitglieder aus, aber die verbliebene Basis wird die ursprünglich gewünschte Größe haben. Hier muß man sich lediglich, wie bei jeder random-Stichprobe, davon überzeugen, daß die Ausfälle die Stichprobe nicht verzerrt haben.
Bei langfristigen Panels kann man nicht mit einer überhöhten Ausgangsstichprobe arbeiten, weil diese einen immensen Umfang haben müßte. Hier fallen nicht nur Mitglieder bei der zweiten Befragung aus, sondern mit jeder neuen Welle werden Personen ausscheiden.

Allerdings hat man auch den kleinen Vorteil, daß viele Mitglieder nicht endgültig absagen, sondern nur in einer Welle an dem Interview nicht teilnehmen, bei der darauffolgenden aber wieder mitmachen.
Eine gewisse Panelgröße kann man nur halten, wenn man die Ausfälle laufend ersetzt. Man tut das mit sogenannten statistischen Zwillingen, also Personen, die weitgehend dieselben Charakteristika haben wie die ausgefallenen. Dabei muß man unterscheiden zwischen Ausfällen, die durch die normale Bevölkerungsbewegung entstanden sind und solchen, die durch Interview-Verweigerung und Nichtanwesenheit auftreten.
Die erste Art der Ausfälle gilt als nicht schwerwiegend, sie verzerren die Stichprobe nicht. Personen, die gestorben sind, werden durch junge, heranwachsende ersetzt, Verzogene durch neu Hinzugezogene. Oft kann man die neue Adresse vom Meldeamt erfahren oder man erfaßt im Fragebogen jeder Welle Name und Anschrift eines nahen Verwandten, bei dem man später den neuen Aufenthaltsort erfahren kann. Man nennt dieses Anpassen an die Gegebenheiten eine kontinuierliche Stichprobe.
Die Zahl der Verzogenen wird man ab und zu durch unabhängige Kontrollbefragungen ebenfalls erheben, um eine Absicherung zu haben, daß diese Ausfälle die wahre Mobilitätsrate nicht übersteigen. Gleichzeitig wird dadurch eine gewisse Interviewerkontrolle ermöglicht.
Den Verweigerern und Nichtangetroffenen kommt im Panel das gleiche Gewicht zu wie in einem einmaligen random-sample. Man muß immer befürchten, daß sie die Stichprobe verzerren, denn es sind die mobilen, jungen und auch die besonders mißtrauischen und uninteressierten Bevölkerungsschichten, auf deren Antworten man oft verzichten muß.
Ersatzpersonen, die ja statistische Zwillinge der ausgefallenen Panelmitglieder sind, scheinen aber tatsächlich deren Eigenschaften zu besitzen und somit das Sample vor Verzerrungen zu schützen, denn diese Ersatzpersonen haben dieselbe hohe Absprungbereitschaft und müssen bald selber wieder ersetzt werden.
Es gibt verschiedene Wege, die unnatürlichen Ausfälle möglichst klein zu halten. Man kann die Interviewer zum Beispiel durch Prämien zu besonderen Mühen aktivieren. Allerdings muß man dabei im Auge behalten, daß solcher Ansporn eine gewisse Verführung zum Fälschen des Interviews sein kann.
Je kürzer, interessanter und abwechslungsreicher der Fragebogen gestaltet ist, desto höher wird die Teilnahmebereitschaft von Befrager und Befragtem sein. Auch kann man die Panelteilnehmer eine längere Zeit aus-

kunftwillig halten, indem man ihnen ein kleines Geschenk zukommen läßt.

Die Ausgangsstichprobe erhält man entweder durch Adressenziehung oder durch ein Quotensample. Die Ausfälle werden grundsätzlich mit Hilfe der Quotenmethode ersetzt, weil sie die einzige Möglichkeit bietet, Personen mit den notwendigen Zwillingseigenschaften zu finden.

Über die Höhe der Ausfälle gibt es nur Erfahrungswerte. Die stärkste Panelsterblichkeit beobachtet man meistens bei der zweiten Welle, an der bis zu 30 Prozent der ursprünglichen Mitglieder nicht mehr teilnehmen.

Bei späteren Wellen sind die Absagen niedriger, auch wechselt die Ausfallquote dadurch, daß Personen, die in einer Welle ausgeschieden sind, in der nächsten oder übernächsten wieder befragt werden. In der Regel rechnet man bei vier bis fünf Wellen im Jahr durchschnittlich mit einer Panelsterblichkeit von etwa 20 Prozent.

22. Der Stichprobenfehler eines Panels

Von großer Bedeutung ist bei Panelerhebungen der Stichprobenfehler. Für die Ergebnisse der einzelnen Wellen wird er genauso berechnet wie für einmalige Umfragen. Wenn die Ausgangsstichprobe eine bestimmte Schwankung in der Altersstruktur besitzt, was der Fall ist, wenn nicht nach Alter geschichtet werden konnte, so ist diese Variation in der Stichprobe auch bei der Wiederholungsbefragung vorhanden.

Die Ergebnisse der einzelnen Wellen sind aber meistens viel weniger wichtig als die Unterschiede in den verschiedenen Wellen.

Man muß also den Fehler betrachten, den die Differenz zweier Mittelwerte bzw. Prozentsätze aufweist.

Der Mittelwert einer Frage in der ersten Welle sei $\bar{y}_1$, in der zweiten Welle $\bar{y}_2$. Sofern die beiden Mittelwerte aus zwei unabhängigen Stichproben stammen, ist die Varianz der Differenz $\bar{y}_1 - \bar{y}_2$ die Summe der Einzelvarianzen der beiden Durchschnitte. Für voneinander abhängige Samples, wie es beim Panel der Fall ist, reduziert sich die Varianz der Differenz um die Kovarianz der beiden Mittelwerte:

$$\mathrm{Var}(\bar{y}_1 - \bar{y}_2) = \mathrm{Var}(\bar{y}_1) + \mathrm{Var}(\bar{y}_2) - 2\,\rho\,\mathrm{Var}(\bar{y}_1).\,\mathrm{Var}(\bar{y}_2)$$

wobei ρ die Produkt-Moment-Korrelation zwischen $\bar{y}_1$ und $\bar{y}_2$ ist.

Gewöhnlich sind die Antworten auf eine Frage, die man demselben Personenkreis zu verschiedenen Zeitpunkten stellt, positiv korreliert, so daß der Fehler, mit dem der Unterschied zweier Ergebnisse behaftet ist, in einer Panelstudie geringeres Ausmaß annimmt als für zwei völlig unabhängige Stichprobenergebnisse.
Je höher die Korrelation ist, desto kleiner ist der Fehler, desto genauer, kann man Veränderungen messen. In der Praxis bedeutet das, daß ein Panel die Möglichkeit bietet, schon kleine Veränderungen exakt festzustellen und sinnvoll interpretieren zu können.
Die Fehlerberechnung hängt eng mit der Berechnung der Stichprobengröße zusammen. So kann man rechnerisch nachweisen, daß bei zwei unabhängigen Samples eine Differenz von 3 Prozent erst signifikant ist, wenn die Stichproben etwas über 2 000 Personen beinhalten.
Bei abhängigen Samples mit einer Korrelation von 0,50 wären nur noch etwas mehr als 100 Befragte notwendig, um einer 3 Prozent-Differenz statistische Bedeutung zu geben.
Diesen Umstand berücksichtigt man aber bei der Entscheidung über die Panel-Stichprobengröße nicht, denn hier gilt, wie in einmaligen Untersuchungen, daß Untergruppen untersucht werden sollen, die nur dann eine genügend große Basis haben, wenn die Stichprobe etwa 1 500 bis 2 000 Personen beinhaltet. Allerdings hängt der Sampleumfang lediglich vom Untersuchungs- und Analyseziel ab. Es kann sich als durchaus sinnvoll und ausreichend erweisen, ein Panel von 600 Personen zu bilden.
Bei Panelbefragungen tritt neben Stichprobenschwierigkeiten das Problem des Paneleffekts auf. Das Entwickeln atypischer Verhaltensweisen durch die Panelmitgliedschaft kann bie richtiger Handhabung von mündlichen Panels weitgehend ausgeschaltet werden. Eine wichtige Funktion hat hierbei der Fragebogen. Aber auch mit der Stichprobe selber kann man dem Paneleffekt entgegensteuern, indem man den einzelnen Panelmitgliedern von vornherein eine beschränkte Lebenszeit gibt und sie dann durch statistische Zwillinge ersetzt.

23. Beispiele aus der Praxis

Wie die vielen Einzelüberlegungen in der Stichprobenplanung zu einer brauchbaren Stichprobe integriert werden, sollen einige typische Beispiele zeigen. Freilich muß man bedenken, daß es für Clusterung, Schichtung, letztliches Auswahlverfahren der Zielpersonen und Stichprobengröße keine kochrezeptartigen Vorschriften geben kann, da diese Dinge alle vom Thema der Untersuchung, vom Interviewerstab, von den finanziellen und zeitlichen Gegebenheiten abhängen, also jeweils problemspezifisch neu entschieden werden müssen. Die hier aufgeführten Beispiele sollen nur einige Möglichkeiten in der Stichprobenbildung andeuten.*)

1. Beispiel: Random-Stichprobe aus der allgemeinen Bevölkerung

Unter allgemeiner Bevölkerung versteht man die Befragung eines Samples aus der Grundgesamtheit aller Erwachsenen, wobei es wiederum problemspezifisch ist, wann das Erwachsensein im demokopischen Sinne beginnt.

Für Verbraucheruntersuchungen gelten oft schon 14-jährige als erwachsen, in den meisten Umfragen beginnt man mit den 16-Jährigen. Politische Themen beschränken sich manchmal nur auf Wahlberechtigte. Die meisten Befragungen unter der allgemeinen Bevölkerung sind Omnibus-Umfragen, umfassen also eine Reihe völlig verschiedener Themen. Dabei erweist es sich häufig als sinnvoll, Personen ab dem 16. Lebensjahr in die Stichprobe einzuschließen. Die Notwendigkeit, eine obere Altersgrenze zu setzen, ist nur in seltenen Fällen gegeben.

Die gesamte Bevölkerung ist in vielen Ländern auf Meldeämtern karteilich erfaßt, und zwar gewöhnlich in Form von Haushaltskarteien. Sofern derartige Adressensammlungen vorliegen und es sich vom Untersuchungsziel her empfiehlt, wird man die Stichprobe nach dem Random-Verfahren bilden.

Angenommen, es sollen 2 000 Personen im endgültigen Sample enthalten sein, dann muß man 2 400 Adressen ziehen und ins Feld schicken, um den zu erwartenden Ausfällen von etwa 20 % vorzubeugen.

Damit diese 2 400 Zieladressen nicht über das ganze Land dünn verstreut sind, was zum Registrieren der Anschriften und zum Befragen selbst sehr aufwendig wäre, wird man sich dazu entschließen, nur in bestimmten Orten zu befragen. Ferner wird man jedem Interviewer mehrere Befragungen zu Bearbeitung geben, und zwar in der Regel 10, so daß hier 240 10-er spots die Stichprobe bilden. Die spots selber werden nach dem Kumulationsverfahren festgelegt.

*) Die hier angeführten Beispiele sind sinngemäße Wiedergaben aus der Umfragepraxis des Linzer IMAS-Insituts.

Bevor das geschieht, wird man regionale Schichtungen vornehmen. Welche Schichtungen man bildet, hängt von der Beschaffenheit der Ortsliste ab, mir deren Hilfe man das Kumulationsverfahren anwenden will. Nehmen wir an, es liegt eine Ortsliste mit Einwohnerzahlen vor, die nach Bundesländern und innerhalb dieser nach politischen Bezirken geordnet ist. Man legt dann fest, wieviel spots auf die einzelnen Bundesländer fallen (proportional zu deren Einwohnerzahlen) und pro Bundesland die spot-Zahlen der einzelnen Bezirke.

Wenn man nun weiß, daß im Bezirk A drei spots der Stichprobe liegen, im Bezirk B keiner, im Bezirk C fünf spots usw., kann man an Hand der Ortsliste für jeden Bezirk nach dem Kumulationsverfahren die eigentlichen Befragungsorte errechnen (Clusterung innerhalb der Schichten).

In großen Städten, auf die mehrere spots fallen, liegen die Meldekarteien meist nach Stadtbezirken vor, so daß man die Gesamtzahl der auf die Stadt entfallenden Interviews auf die Stadtteile proportional zu deren Einwohnerzahl aufteilt.

An diesem Punkt setzt bereits die Feldarbeit ein. In jedem Befragungsort (oder jedem in der Stichprobe enthaltenen Stadtteil) muß ein Interviewer nach strengen Anweisungen systematisch aus der Haushaltskartei die gewünschte Anzahl Adressen ziehen. Für jeden Haushalt muß er dann notieren, wieviel Mitglieder in die Grundgesamtheit fallen, nämlich mindestens 16 Jahre alt sind.

Aus der ermittelten Zahl der erwachsenen Haushaltsangehörigen muß der Interviewer nun nach einem strengen Zufallssystem die eigentliche Zielperson auswählen. Dazu gibt es zwei Möglichkeiten. Entweder er notiert die Vornamen in alphabetischer Reihenfolge oder er schreibt die einzelnen Geburtsdaten in aufsteigender (oder abfallender) Folge auf. Aus dieser Reihung wird die eigentliche Zielperson mit Hilfe einer Zufallszahl ermittelt, die der Interviewer für jeden Haushalt von seinem Institut erhalten hat.*)

2. Beispiel: Quota-Sample von Arbeitnehmern

Eine Stichprobenerhebung über die Situation am Arbeitsplatz soll durchgeführt werden. Arbeiter und Angestellte des öffentlichen Dienstes und Beamte sollen nicht zur Grundgesamtheit gehören. Die untere Altersgrenze hängt von der statistischen Verteilung der Arbeitnehmer ab. In der Regel gibt es sehr wenige Lehrlinge unter 16 Jahren, weswegen

*) E, Noelle-Neumann (1971, S. 124 ff)

man in einem solchen Fall Arbeiter und Angestellte ab 16 Jahre befragen wird.

Arbeitnehmerkarteien liegen nicht immer vor, zumindest sind sie häufig nicht zugänglich. Man wird daher das Quotenverfahren zur Auswahl der Zielpersonen anwenden, zumal gewöhnlich gute statistische Unterlagen über Berufstätige vorliegen.

Zunächst wird man Schichtungen nach Bundesländern vornehmen, also bestimmen, wieviel Arbeiter und wieviel Angestellte in jedem Bundesland zu befragen sind. (Die beiden Berufskreise bilden auch jeweils eine Schicht).

Für eine solche Studie könnte es vielleicht ausreichen, 600 Berufstätige zu befragen. Da die Quotenanweisungen, wie noch gezeigt wird, etwas schwierig sind, empfiehlt es sich, möglichst kleine spots zu bilden. Bei Quotenuntersuchungen kalkuliert man etwa 10 % Ausfälle ein, so daß hier 660 Befragungen auf 132 5-er-spots aufgeteilt werden sollten.

Da es meistens keine Aufstellungen darüber gibt, wie viele Arbeiter und Angestellte in sämtlichen Ortschaften leben, kann man die spots hier nicht nach dem Kumulationsverfahren auswählen. Man hilft sich, indem man die Ortsgrößen proportional zur Zahl der Arbeitnehmer quotiert. Für jedes Bundesland wird dabei vorgeschrieben, in wieviel Dörfern, Klein-, Mittel- und Großstädten zu befragen ist.

Die regionalen Quotierungen werden direkt im Institut vorgenommen, das die Studie durchführt, so daß später der Interviewer konkrete Anweisungen erhält, daß er 5 berufstätige Personen in dem und dem Ort befragen soll.

Die eigentliche Interviewer-Quote schreibt dann vor, wieviel Arbeiter und wieviel Angestellte unter diesen fünf Personen zu interviewen sind und zu welchen Altersgruppen diese gehören sollen. Berufskreise und Alter werden mit dem Geschlecht gekoppelt.

Zwei weitere Quotierungsmerkmale sind in einer Arbeitnehmerstudie unerläßlich: Wirtschaftsklassen und Betriebsgrößen. Dabei muß zuerst entschieden werden, ob man die beiden Merkmale proportional zur Anzahl der Beschäftigten oder zur Anzahl der vorhandenen Betriebe auswählt.

In einem Bundesland mag es beispielsweise nur zwei Betriebe geben, die mehr als 10 000 Beschäftigte haben. Beide Betriebe könnten aber 40 % aller Arbeitnehmer in diesem Bundesland beschäftigen. In Arbeitneh-

merstudien erweist es sich meist als sinnvoller, proportional zur Anzahl der Beschäftigten vorzugehen.
Um die Quotenanweisungen nicht zu sehr zu komplizieren, wird man nur drei oder vier Betriebsgrößen vorschreiben, beispielsweise bis 19 Beschäftigte, 20–499, und 500 und mehr Beschäftigte.
Die Quotierung nach Wirtschaftsklassen ist gewöhnlich das Schwierigste. Man könnte leicht 20 solcher Klassen aufstellen, würde aber damit den Interviewer restlos überfordern. Man muß sich auf einige grobe Gruppierungen beschränken, die dem Interviewer genügend Spielraum lassen. Denkbar wäre beispielsweise eine Aufteilung in folgende fünf Klassen: 1. Chemische, Textil- und Nahrungsmittelindustrie, 2. Metallerzeugung und -verarbeitung, 3. Bau-, Holz-, Papiergewerbe, 4. Groß- und Einzelhandel, 5. Dienstleistungen.
Jeder Interviewer erhält zu der Quotenanweisung ein Merkblatt, auf dem detailliert angeführt ist, welche Sparten in die einzelnen Klassen fallen. Zu Dienstleistungen könnten z. B. folgende Bereiche gehören: Geld-, Kredit-, Versicherungswesen, Realitätenwesen, Wasserversorgung (Strom, Gas, Wärme), Beherbergungs- und Gaststättenwesen, Hauswartung, Haushaltung, Verkehr, Nachrichtenübermittlung (Straßenverkehr, Schiffahrt, Spedition), Körperpflege, Reinigung, Bestattungswesen.
Bei der Erstellung der einzelnen Quotenanweisungen müssen Berufskreise, Alter und Geschlecht zufällig auf alle Interviewer verteilt sein. Die Betriebsgrößen und Wirtschaftsklassen darf man nicht zufällig zuordnen, sondern muß darauf achten, daß es die vorgeschriebenen Klassen und Betriebsgrößen in dem Befragungsort oder in der näheren Umgebung überhaupt gibt.
Die resultierenden Quotenanweisungen müssen dann in eine gut übersichtliche Form gebracht werden. Die nachfolgende Abbildung zeigt eine Darstellungsmöglichkeit auf. Die Quotenberechnungen sind aus der zweiten Abbildung ersichtlich. Die kleinen Zahlen rechts oben in den Feldern sind die Prozente, die aus statistischen Unterlagen berechnet wurden.
Die Quotierungsmerkmale werden meist in größeren Gruppen vorgeschrieben, um dem Interviewer das Auffinden entsprechender Personen nicht zu schwierig zu machen. Im statistischen Teil des Fragebogens kann man dagegen wesentlich feinere Aufgliederungen festhalten. Beispielsweise wurden hier nur Arbeiter und Angestellte quotiert. Für die Analyse wäre es aber wichtig, Facharbeiter, einfache Arbeiter, leitende

Abbildung 1:

Bitte Quotenanweisung mit ausgefüllten Interviews zurücksenden!

Name des Interviewers: *Müller*
Bitte führen Sie im Ort *Oberndorf* — Umfrage
insgesamt *5* Interviews mit *berufstätigen* Personen durch.
Fragebogen-Nr.: *516–520* — 402

Wirtschaftsklassen	
Chemische, Textil- und Nahrungsmittelindustrie	1 2 ~~3 4 5 6 7 8 9 10~~
Metallerzeugung und -verarbeitung	1 ~~2 3 4 5 6 7 8 9 10~~
Bau-, Holz, Papiergewerbe	1 ~~2 3 4 5 6 7 8 9 10~~
Groß-, Einzelhandel	~~1 2 3 4 5 6 7 8 9 10~~
Dienstleistungen	1 ~~2 3 4 5 6 7 8 9 10~~

Betriebsgröße	
bis zu 19 Beschäftigte	1 ~~2 3 4 5 6 7 8 9 10~~
20–499 Beschäftigte	1 2 3 ~~4 5 6 7 8 9 10~~
500 und mehr Beschäftigte	1 ~~2 3 4 5 6 7 8 9 10~~

	4 männlich	1 weiblich
16–24 Jahre	1 ~~2 3 4 5 6 7~~	1 ~~2 3 4 5 6 7~~
25–34 Jahre	1 ~~2 3 4 5 6 7~~	~~1 2 3 4 5 6 7~~
35–49 Jahre	1 ~~2 3 4 5 6 7~~	~~1 2 3 4 5 6 7~~
50 Jahre und älter	1 ~~2 3 4 5 6 7~~	~~1 2 3 4 5 6 7~~
Berufstätig als:		
Arbeiter	1 2 3 ~~4 5 6 7~~	1 ~~2 3 4 5 6 7~~
Angestellte	1 ~~2 3 4 5 6 7~~	~~1 2 3 4 5 6 7~~

Abbildung 2:

Quotenberechnungsblatt

	Region 1	Region 2	Region 3	Region 4	Region 5	Summe
Ortsgröße 1	10^{20}	40^{20}	25^{15}	25^{25}	-	100
Ortsgröße 2	35^{50}	110^{55}	90^{56}	50^{50}		285
Ortsgröße 3	20^{30}	50^{25}	50^{29}	25^{25}	-	145
Ortsgröße 4	-	-	-	-	130^{100}	130
Arbeiter M	31^{69}	97^{69}	79^{69}	49^{70}	59^{65}	315
Arbeiter W	14^{31}	43^{31}	36^{31}	21^{30}	31^{35}	145
Summe Arbeiter	45	140	115	70	90	460^{70}
Angestellte M	10^{52}	31^{52}	26^{52}	16^{52}	20^{50}	103
Angestellte W	10^{48}	29^{48}	24^{48}	14^{48}	20^{50}	97
Summe Angestellte	20	60	50	30	40	200^{30}
Summe	65	200	165	100	130	660

	Betriebsgröße			
Wirtschaftsklassen:	1–19 Besch. 25	20–499 Besch. 50	500 Besch. und mehr 25	Summe 100
Chemische, Textil- und Nahrungsmittelindustrie 23	38	76	38	100
Metallerzeugung und -verarbeitung 28	46	92	46	184
Bau-, Holz-, Papiergewerbe 21	35	70	35	140
Groß-, Einzelhandel 14	23	46	23	92
Dienstleistungen 14	23	46	23	92
Summe 100	165	330	165	660

	Männer	Frauen	Summe
16–24 Jahre	113 [27]	86 [36]	199
25–34 Jahre	118 [28]	55 [23]	173
35–49 Jahre	130 [31]	65 [27]	195
50 Jahre und älter	59 [14]	34 [14]	93
Summe	420 [64]	240 [36]	660

und nicht-leitende Angestellte unterscheiden zu können. Man wird daher im Fragebogen eine solche Aufgliederung vornehmen. Ferner können feinere Untergruppen als nicht-quotierte Merkmale aufgefaßt werden, an deren Verteilung man die Güte der Stichprobe im Repräsentanznachweis darstellt.

3. Beispiel: Standortuntersuchung eines Supermarktes

Ein privater Supermarkt, der nur in einem bestimmten regionalen Gebiet vertreten ist, möchte eine Image-Untersuchung durchführen lassen. Das Unternehmen hat einen Haupteinzugsbereich in der direkten Umgebung und einen Randeinzugsbereich. Man möchte die Meinung von Personen erfassen, die in diesem Supermarkt einkaufen, und von solchen, die ihn zwar kennen, dort aber nicht kaufen. Ferner möchte man wissen, welche Personen ihn nicht kennen, um eventuelle Gründe für die Unbekanntheit zu erfahren.

Statistische Unterlagen irgendwelcher Art hat das Unternehmen nicht zur Verfügung. Man muß sich die nötigen Zahlen also anders beschaffen. Dazu ist manchmal die Möglichkeit gegeben, in einer Umfrage, die sowieso durchgeführt wird, einige Fragen nach diesem Supermarkt einzu-

schalten, aus deren Auswertung man statistische Verteilungen von Käufern und Nicht-Käufern erhält.
Wenn diese Möglichkeit nicht gegeben ist, so muß man über einen gewissen Zeitraum hinweg täglich oder an bestimmten Stichtagen alle Personen, die den Supermarkt in dieser Zeit betreten, nach einfachen, optisch erkennbaren statistischen Merkmalen registrieren. Diese Aufschreibungen werden entweder vom Unternehmen durchgeführt, oder es werden einige Interviewer dazu eingesetzt.
Beispielsweise kann eine solche Aufstellung ergeben, daß etwa ein Viertel der Personen, die in den Supermarkt kommen, Männer sind, daß ferner die Käufer oder Begleitpersonen kaum unter 18 Jahre sind.
Über die Berufstätigkeit und die Berufskreise erfährt man bei einer solchen Registratur natürlich nichts. Es ist aber zu erwarten, daß sich diese Merkmale innerhalb der Männer und Frauen, die diesen Supermarkt kennen, ebenso verteilen wie in der allgemeinen Bevölkerung.
Von dem Personenkreis, der den Supermarkt nicht kennt, erhält man durch eine Registratur ebenfalls keinen Aufschluß. Man hat also nicht die Möglichkeit, diese Gruppe gesondert zu quotieren. Die Quotenanweisungen müssen sich auf Alter, Berufstätigkeit und Berufskreis, jeweils mit dem Geschlecht gekoppelt, beschränken. Die Merkmale Käufer oder Nicht-Käufer, Kenner oder Nicht-Kenner werden nicht vorgeschrieben, sondern später im Fragebogen erfaßt, damit sie in der Analyse verwendet werden können.

Auch über die regionale Verteilung der Zielpersonen erhält man in einem solchen Fall keine brauchbaren Anhaltspunkte. Da man erwarten muß, daß die Bekanntheit und Kaufhäufigkeit im Haupteinzugsgebiet größer sind als in den Randgebieten, ist es sinnvoll, zwei regionale Stichproben zu bilden, die als gegenseitige Kontrollgruppen angesehen werden können.
Beide Samples wählt man gleich groß und jeweils in sich repräsentativ. In der Analyse wird man die Ergebnisse beider Stichproben getrennt ausweisen, um zu erkennen, wo die Unterschiede zwischen dem Haupteinzugsgebiet und den Randgebieten liegen.
Der Repräsentanznachweis für Stichproben dieser Art muß etwas anders erfolgen als bei einer Erhebung unter Personen, für die amtliche Daten vorliegen. In diesem Fall entsprechen die Stichproben beider Kontrollgruppen der Bevölkerung ab 18 Jahre, allerdings mit einer verzerrten Verteilung des Geschlechts und eventuell auch des Alters.

Diese Verzerrungen dürfen sich aber nicht auf Daten auswirken, die sich auf den Haushalt beziehen. Merkmale wie Haushaltsgröße, Autobesitz im Haushalt, das Vorhandensein von Telefon und Fernsehen im Haushalt usw. müssen der Verteilung der allgemeinen Bevölkerung entsprechen und können zum Nachweis der Repräsentanz herangezogen werden.

Liselotte Wilk

Die postalische Befragung

Eine häufig angewandte Methode der Datenerhebung sowohl in der wissenschaftlichen Sozialforschung als auch in der kommerziellen Forschung ist die postalische Befragung.
Schon seit 40 Jahren versucht man, ihre Vor- und Nachteile, die Möglichkeiten und Bedingungen ihrer Anwendbarkeit und die Güte der durch diese Methode erhaltenen Daten in der Literatur darzustellen.

1. Vorteile der postalischen Befragung

(Selltiz, u.a., 1959, S. 238; Scheuch, 1967, S. 166; Goode, u.a., 1965, S. 161; Moser, 1967, S. 176)

Eine postalische Befragung ist im allgemeinen bedeutend billiger als ein mündliches Interview.
Mit Hilfe postalischer Befragung kann meist auch ein größerer Personenkreis erfaßt werden.
Der Interviewereinfluß wird ausgeschaltet; durch die Standardisierung des Fragebogens und den dem Fragebogen beigelegten einheitlichen Einführungsbrief ist eine gewisse Gleichheit der Meßsituation gegeben.
Der zeitliche Druck zu einer sofortigen Antwort fällt weg. Dadurch kann einerseits zur Beantwortung ein dem Befragten günstig erscheinender Zeitpunkt gewählt werden, andererseits können Fragen, die ein längeres Nachdenken oder genauere Informationen aus Dokumenten u.a. erfordern, exakter beantwortet werden.
Durch die bei einer postalischen Befragung mögliche Gewährleistung der Anonymität werden bestimmte persönliche Fragen eher beantwortet als beim mündlichen Interview.
Diesen Vorteilen werden vor allem folgende Nachteile gegenübergestellt.

2. Nachteile der postalischen Befragung

Der Anteil der Ausfälle ist meist ziemlich hoch. Der Prozentsatz der Rücksendungen schwankt zwischen 10 % und 80 %.
Die Situation der Befragung kann nicht kontrolliert werden. Dadurch

ist mitunter die Identität der Befragungssituationen und die Gleichheit der Wirkung der Stimuli in Frage gestellt.

Es entfällt die Möglichkeit des Interviewers, Anweisungen zu geben, Fragen zu erklären und dadurch manche Unvollkommenheit des Fragebogens auszugleichen.

Es können nur sehr einfache, allgemein leicht verständliche Fragen in einem einfachen klaren Fragenaufbau verwendet werden.

Die Antworten müssen als endgültig betrachtet werden, sie können weder durch Beobachtungen ergänzt noch durch Nachfragen präzisiert werden.

Es ist nicht angebbar, wer den Fragebogen wirklich ausgefüllt hat.

Man kann die Reihenfolge der Beantwortung der Fragen nicht kontrollieren.

Es fällt die stimulierende Wirkung der Anwesenheit des Interviewers weg.

Will man spontane Antworten auf bestimmte Stimuli erfassen, ist dies mit Hilfe der postalischen Befragung nicht möglich.

Aus den oben angeführten Vor- und Nachteilen lassen sich die Möglichkeiten und Bedingungen ableiten, unter denen eine postalische Befragung als Mittel der Datenerhebung angezeigt ist.

3. Möglichkeiten und Bedingungen der Anwendung der postalischen Befragung

Ob diese Art der Datenerhebung für die einzelne Untersuchung das geeigneteste Mittel darstellt, hängt weitgehend von der zu erfüllenden Forschungsaufgabe bzw. dem Untersuchungsgegenstand ab, dem zu untersuchenden Personenkreis, der Art und Menge der zu erfassenden Daten, dem Strukturiertheitsgrad der Problemstellung und nicht zuletzt den vorhandenen zeitlichen und finanziellen Gegebenheiten.

Es ist wohl selbstverständlich, daß vor jeder Untersuchung die Überlegung stehen muß: Welche Datenerhebungsmethode kann am besten dazu beitragen, die gestellte Forschungsaufgabe zu erfüllen? Entscheidet man sich für eine Befragung, ist die Personengruppe, die befragt werden soll, auszuwählen.

Ist eine Personengruppe zu untersuchen, die regional weit verstreut wohnt, ist eine mündliche Befragung meist nicht möglich, da sie mit einem äußerst großen Kostenaufwand verbunden wäre. Eine schriftliche

Befragung ist daher in diesen Fällen meist günstiger. Allerdings ist dabei zu beachten, daß verschiedene Bevölkerungsgruppen verschiedene Vertrautheit mit der Schriftform haben, verschiedene Verbalisierungsfähigkeiten aufweisen, und daß verschiedene Begriffe in einer Gesellschaft keineswegs immer aequivalente Bedeutung haben.

Je niedriger die soziale Schicht ist, umso ungewohnter ist das Medium Schrift als Medium für den Ausdruck von Emotionen und privaten Ansichten. Ebenso dürfte die intellektuelle und emotionelle Verständlichkeit von Fragen mit der sozialen Schicht negativ korrelieren. Darüber hinaus wird von verschiedenen Bevölkerungsgruppen eine schriftliche Stellungnahme als bedeutend verbindlicher betrachtet als eine mündliche, was eher zu Verweigerungen bei bestimmten Fragen führen kann. Es ist daher äußerst problematisch, eine postalische Befragung bei einer heterogenen Untersuchungspopulation durchzuführen, während sie bei einer homogenen eher anwendbar ist.

Auch die Zahl und Art der zu beschaffenden Daten bestimmt die Art der Befragung mit. Es wird kaum möglich sein, in einer postalischen Befragung sehr viele und differenzierte Daten zu erfassen, da die Rücksendequote unter diesen Bedingungen wahrscheinlich sehr gering werden würde.

Da ein bei postalischer Befragung verwendeter Fragebogen äußerst unflexibel ist (die Daten müssen so verwendet werden, wie sie niedergegeschrieben sind, Erläuterungen, Differenzierungen und Erklärungen sind ja kaum möglich), ist seine Verwendung vorwiegend auf den Kontext der Begründung beschränkt, also jene Phase des Forschungsprozesses, in der die Entscheidungen über den Wert und die Fruchtbarkeit wissenschaftlicher Ideen getroffen werden soll, und kaum im Kontext der Entdeckung angezeigt, jener Phase wissenschaftlicher Forschung, in der man die Strategien und Taktiken sucht, die zur Entwicklung neuer Ideen führen sollen. (vgl. Phillips, B., 1970, S. 69).

Ein für eine postalische Befragung entworfener Fragebogen darf nur völlig eindeutige, klare und bestimmte Fragen enthalten, deren Grundlagen immer präzise, differenzierte und klar strukturierte Problemstellungen sein werden. Exakte Fragen können aber nur dann gestellt werden, wenn ihnen exakte Hypothesen zugrunde liegen.

Ein letzter Faktor schließlich, der die Forschungsmethode mitbestimmt, ist der mögliche zeitliche und finanzielle Aufwand. Postalische Befragungen sind im allgemeinen bedeutend billiger als mündliche Interviews.

Es ist jedoch zu beachten, daß die Maßnahmen, die bei niedriger Rücksendequote zu deren Erhöhung notwendig werden können, mitunter äußerst zeit- und geldaufwendig sind.
Die wesentliche Bedingung für die weitere Verwendung der durch die postalische Befragung gewonnenen Daten dürfte jedoch die befriedigende Antwort nach der Repräsentativität der schließlich erhaltenen Antworten sein.
Die Rücksendequote bei schriftlichen Befragungen ist im allgemeinen niedrig. Die zurückgesandten Fragebögen sind häufig kaum mehr repräsentativ für den ursprünglichen Personenkreis, die durch Ausfälle entstandenen Verzerrungen sind sehr schwer abschätzbar und kaum korrigierbar.
Daraus leiten sich wohl die zwei Hauptprobleme jeder schriftlichen Beab:
Welche Maßnahmen tragen dazu bei, daß eine möglichst hohe Rücksendequote erreicht wird? Welche Möglichkeiten gibt es, die durch Ausfälle entstandenen Verzerrungen festzustellen und zu korrigieren?

4. Maßnahmen zur Erhöhung der Rücksendequote

Die Bemühungen zur Erhöhung der Rücksendequote konzentrieren sich auf das dem Fragebogen beigelegte Begleitschreiben, auf die Art der Ver- und Rücksendung des Fragebogens, auf den Fragebogen selbst, auf verschiedene Maßnahmen, die die Befragten an die Rücksendung des Fragebogens erinnern sollen und auf die Möglichkeit einer Belohnung für die Rücksendung des ausgefüllten Fragebogens.

Der Begleitbrief:
Der Begleitbrief muß sagen, wer die Untersuchung durchführt, wie die Adressen bekommen wurden und welches Ziel die Untersuchung hat. Vor allem aber muß versucht werden, die Motivation zur Beantwortung der Fragen zu erhöhen. Dazu soll einerseits das Interesse am Fragebogen geweckt werden und andererseits gesagt werden, warum es sich lohnt, die Mühe der Beantwortung auf sich zu nehmen. Darüber hinaus muß Anonymität und absolute Vertraulichkeit zugesichert werden.
Untersuchungen haben gezeigt, daß Fragebögen, in deren Begleitschreiben versucht wurde, „egoistische" Motive und Interessen zu wecken, häufiger beantwortet werden als solche, in denen altruistische Motive

angesprochen werden. (Vgl. Champion, Sear, Social Forces 47, S. 335–339).

Bei höheren Sozialschichten zeigte sich ein umgekehrter Trend. Andererseits sah man, daß sehr persönlich abgefaßte Begleitbriefe keineswegs zu einer höheren Rücksendequote führten als unpersönlich gehaltene, sondern eher sogar die Rücksendequote etwas herabdrückten. (Vgl. Andreasen, 1970, S. 273–277).

Ver- und Rücksendung des Fragebogens:

Es scheint keineswegs gleichgültig zu sein, welche Art der Frankierung man bei der Zu- und Rücksendung des Fragebogens wählt. Champion und Sear sahen, daß die Rücksendung bei jenen Fragebögen, die mit einer normalen Briefmarke versehen waren oder mit Eilpost geschickt wurden, höher waren als bei maschinell gestempelten. Man kann auch annehmen, daß Fragebögen, denen ein frankiertes und adressiertes Rückantwortkuvert beigelegt wurde, eher zurückgesandt werden als solche, bei denen der Befragte selbst für das Porto der Rücksendung aufkommen muß.

Der Fragebogen selbst:

Es gibt kein Patentrezept für die ideale Gestaltung und Länge des Fragebogens. Über den Aufbau des Fragebogens sei an das entsprechende Kapitel verwiesen. Was die günstigste Länge des Fragebogens betrifft, so wird meist die Ansicht vertreten, daß ein kürzerer Fragebogen eher beantwortet würde als ein längerer. Champion und Sear versandten Fragebögen von drei, sechs bzw. neun Seiten. Die Fragen waren in allen drei Fragebögen identisch. Erstaunlicherweise war die Rücklaufquote bei den neunseitigen Fragebögen größer als bei den sechs- und dreiseitigen. (Champion, Sear, S. 335).

Allerdings scheint die Annahme berechtigt, daß die Rücksendequote bei Fragebögen, die mehr als 15 Seiten haben und zu deren Beantwortung mehr als eine halbe Stunde benötigt wird, ziemlich niedrig sein wird.

Erinnerungsmaßnahmen:

Es wird meist nötig sein, einige Zeit nach Aussendung der Fragebögen ein Erinnerungsschreiben folgen zu lassen. Auch ein zweites Erinnerungsschreiben wird häufig angezeigt sein. (Vgl. Nichols, u.a., 1966, S. 306–307). Dabei empfiehlt es sich, eine Kopie des Fragebogens beizulegen, da die Befragten den Originalfragebogen häufig nicht mehr besitzen. In diesen Erinnerungsschreiben sollte mehrmals auf die Bedeutung jedes einzelnen Fragebogens für das Gelingen der Untersuchung hingewiesen werden.

Belohnung der Mitarbeit:

In letzter Zeit werden immer wieder Versuche unternommen. die Rücksendequote dadurch zu erhöhen, daß für jeden ausgefüllten Fragebogen ein bestimmtes Honorar angeboten wird. Ob diese Honorierung der Mitarbeit ein effizientes Mittel zur Erhöhung der Rücksendequote ist, kann derzeit noch nicht klar beantwortet werden. Dohrenwend (1970–71, S. 621–624) stellte in ihrer New Yorker Untersuchung fest, daß die Rücksendequote zweier Befragtengruppen, von denen einer ein Honorar von 5 $ für die Beantwortung des Fragebogens angeboten wurde, nicht signifikant voneinander unterschiedlich war. Dagegen wird allerdings von Rappoport (1971, S. 423) eingewendet, daß die Untersuchungsgruppe zu klein war und aus diesem Grunde keine signifikanten Unterschiede feststellbar sein konnten.

5. Möglichkeiten der Erforschung und Korrektur der durch Ausfälle bedingten Verzerrungen

Die Erfahrungswerte der Rücksendequoten bei postalischen Befragungen liegen zwischen ca. 10 und 80 %. Eine niedrige Antwortquote bedeutet dabei fast immer eine Verzerrung des Samples, aber selbst bei einer höheren Antwortquote sind verzerrte Ergebnisse möglich. Will man diese Verzerrungen ausgleichen, muß man versuchen festzustellen, wie sich diejenigen, die geantwortet haben, von denen, die nicht geantwortet haben, unterscheiden, oder anders ausgedrückt, die Richtung und den Grad des Unterschiedes dieser beiden Personengruppen feststellen. Dabei gibt es folgende Möglichkeiten:

Vergleich mit Daten der Grundgesamtheit (der Stichprobe): Eine der am häufigsten angewendeten Methode zur Feststellung der Unterschiede zwischen den Antwortenden und Nichtantwortenden ist die, daß man versucht, wenigstens einige Grunddaten über die nicht Antwortenden zu bekommen, die man mit denen der Antwortenden vergleichen kann.

Eine solche Möglichkeit zeigen z.B. Hochstim und Athanasopoulos (1970, S. 69–81) auf, die eine Stichprobe von 8 083 Personen, bevor sie sie schriftlich befragten, ganz kurz mündlich interviewten und diese Gesamtdaten als Parameter verwendeten, mit denen sie die Daten der Antwortenden verglichen. Zwischen den Antwortenden (70 % der Befragten antworteten per Post, 16 % der Fragebögen wurden von Interviewern eingeholt) und den Nichtantwortenden konnten keine signifikanten Unterschiede festgestellt werden.

Diese Methode stellt zwar sicherlich eine effiziente Überprüfungsmöglichkeit dar, dürfte aber mit größeren finanziellen Kosten verbunden sein.

Einfacher ist es, wenn bestimmte Daten über die Gesamtpopulation der zu Befragenden bereits vor der Untersuchung vorhanden sind.

So verwendete z.B. Reuss (1943, S. 433–438) bei einer Untersuchung ehemaliger Collegestudenten Daten, die aus deren Studienzeit stammten, als Vergleich. Er konnte dabei feststellen, daß sich die Antwortenden von den Nichtantwortenden durch höhere Intelligenz, ein längeres Studium, eine stärkere Bindung an den Förderer der Studie und einen stärker ländlich ausgeprägten background unterschieden.

Ähnliche Unterschiede fand auch Kivlin (1965, S. 322–326) in seiner Untersuchung. Die Antwortenden waren jünger, hatten eine höhere Schulbildung, angesehenere Berufe, waren häufiger Mitglied einer Organisation und eher zu Innovationen bereit.

Bachrack und Scoble (1967, S. 265–271) hingegen konnten in ihrer Untersuchung diese Unterschiede nicht feststellen, die Alters- und Statusverteilungen der beiden Gruppen waren nicht signifikant verschieden.

Die Dimension, in der sich Antwortende und Nichtantwortende meist stark unterscheiden, ist das Interesse am Untersuchungsgegenstand. So konnten Edgerton et. al. (1947, S. 435–444) in einer Folgeuntersuchung aller männlichen Bewerber der First Annual Science Talent Search feststellen, daß diejenigen, die bei dem angeführten Bewerb gewonnen hatten, bedeutend häufiger antworteten als die, die leer ausgegangen waren. Bei der ersten Gruppe dürfte dabei sowohl das Interesse am Untersuchungsgegenstand als auch eine bestimmte Bindung zum Untersucher zu der höheren Antwortquote geführt haben.

Eine weitere Möglichkeit besteht schließlich darin, daß man denen, die trotz Erinnerungsschreiben nicht geantwortet haben, einen ganz kurzen Fragebogen oder eventuell eine Postkarte mit den Fragen nach nur einigen Daten, von denen man annimmt, daß sie bei den Antwortenden anders sind als bei den Nichtantwortenden, zusendet.

Vergleich der Frühantworter mit den Spätantwortern: Eine andere Methode, die durch eine zu kleine Rücksendequote entstandene Verzerrung abzuschätzen besteht darin, diejenigen, die früh geantwortet haben, mit denen, die spät geantwortet haben, zu vergleichen.

Moser (1967, S. 181ff) macht dazu den Vorschlag, von der Annahme ausgehend, daß die Spätantworter den Nichtantwortern ähnlich sind, die Daten der Spätantworter mit der Zahl der Nichtantworter zu gewichten.

Kivlin (1965, S. 325f) hingegen begnügt sich mit der Hypothese, daß die Unterschiede zwischen solchen, die früh antworten, und solchen, die spät antworten, auf die Unterschiede zwischen den Antwortenden und den nicht Antwortenden hinweisen.

Kruyt (1968, S. 522–533) zeigt einige mathematische Methoden auf, wie man die durch Ausfälle hervorgerufenen Verzerrungen schätzen kann. Er weist dabei vor allem auf folgende Methoden hin: Die Weg-Faktormethode von Politz A. und Simmons W.; die Replacementmethode von Stephan F. und Ute Carthy P. und die Extrapolationsmethode von Reid S. und Ferber R.:.

6. Ergebnisse einer eigenen Studie

An der Hochschule für Sozial- und Wirtschaftswissenschaften in Linz wurde im Sommersemester 1973 eine Studentenuntersuchung durchgeführt. Mit Hilfe von sechs unabhängigen Zufallsstichproben wurden von sechs Studienrichtungen je 100 Personen ausgewählt. Die sechs Studienrichtungen waren:

Rechtswissenschaften, Soziologie, Betriebswirtschaft, Wirtschaftspädagogik, Lehramt Mathematik/Physik, Informatik.

Die Aufgabe der Untersuchung war es, Determinanten der Studienfachwahl, Einstellungen zu Hochschule, Politik und Beruf, sowie deren Abhängigkeit von bestimmten Faktoren zu erfassen. Die verwendeten Fragen wurden aufgrund exakter Hypothesen über relevante Zusammenhänge erarbeitet. Der Fragebogen hatte eine Länge von dreißig Seiten, was aufgrund des hohen Bildungsgrades der homogenen Gruppe der Studenten verantwortlich schien.

Der Fragebogen wurde mit einem Begleitbrief und einer mit der Matrikelnummer versehenen Lochkarte in einem mit einer Briefmarke frankierten Kuvert abgesandt.

Der Begleitbrief zeigte kurz die Problemstellung auf und wies darauf hin,

daß die im Fragebogen angeschnittenen Probleme sicherlich für jeden Studenten von Interesse wären.
Es wurde erklärt, daß die beigelegte Lochkarte nur der Rücklaufkontrolle diene.
Schließlich wurde ersucht, die ausgefüllten Fragebögen und die Lochkarten getrennt in zwei dazu bereitgestellten Schachteln an der Hochschule abzugeben. So könne die Anonymität gewahrt bleiben und der Rücklauf kontrolliert werden.
Als Alternativlösung wurde eine postalische Rücksendung des Fragebogens mit dem Vermerk, daß der Empfänger das Porto zahle, vorgeschlagen.
Vierzehn Tage nach der Aussendung waren 179 ausgefüllte Fragebögen zurückgekommen, das sind 29,8 %. In den folgenden Tagen wurden verschiedene Werbemaßnahmen getroffen: durch einige Tage hindurch wurden Flugzettel verteilt, an den verschiedenen Hochschulgebäuden wurden Plakate angebracht und alle Professoren und Assistenten wurden in einem Schreiben ersucht, die Studenten in den Lehrveranstaltungen an diese Befragung zu erinnern. Nach dieser Werbewelle gingen 79 Fragebögen ein.
Alle Studenten, die den Fragebogen vier Wochen nach seiner Aussendung noch nicht zurückgeschickt hatten, wurden, soweit dies möglich war, telefonisch erinnert. An diejenigen, die telefonisch nicht erreicht werden konnten, erging ein Brief des Rektors der Hochschule, in dem dieser auf die Wichtigkeit der Befragung für die Hochschule hinwies.
Der Erfolg dieser Aktionen waren 102 weitere Fragebögen. Sechs Wochen nach der Aussendung waren insgesamt 360 Fragebögen eingegangen, das sind 60 % der ursprünglich versandten.
Da eine Rücksendequote von 60 % für repräsentative Aussagen als zu klein gelten kann, wurden in der folgenden Woche zu allen im Stadtgebiet Linz wohnenden Studenten, die noch nicht geantwortet hatten, Interviewer geschickt, deren Aufgabe es war, die Studenten dazu zu bringen, die Fragebögen doch noch auszufüllen. Die ausgefüllten Fragebögen sammelten sie ab. Durch diese vor allem zeitlich äußerst aufwendige Maßnahme konnten noch 81 Fragebögen bekommen werden.
Die endgültige Zahl der zurückerhaltenen Fragebögen war 441.
Bezogen auf die Stichprobe von 600 würde das eine Rücksendequote von 73,5 % bedeuten.

Zu diesem Ergebnis muß jedoch angemerkt werden, daß nach (relativ zuverlässigen) Schätzungen des Immatrikulationsbüros ca. 20% der Studenten „Scheinstudenten“ sind, die zwar immatrikuliert sind, aber nicht studieren. Zum großen Teil gehen sie einem normalen Beruf nach.
Beachtet man dieses Faktum, so kann man annehmen, daß die Zahl der echten Studenten in der Stichprobe ca. 480 betrug. Setzt man die 441 beantworteten Fragebögen zu dieser Zahl in Beziehung, so kann man aussagen, daß ca. 90 % der echten Studenten den Fragebogen beantwortet haben.
Um die Repräsentativität der Beantwortung für die Stichprobe festzustellen, wurden einige Daten verglichen, die für die Gesamtstichprobe aufgrund der Immatrikulationsformulare verfügbar waren.

6.1. Verteilung nach Studienrichtung

Mit Hilfe der Zufallsstichprobe wurden – wie bereits erwähnt – 100 Studenten von je sechs Studienrichtungen ausgewählt.
Die Rücksendequote war etwas unterschiedlich. Sie betrug:

	Studienrichtung						
	Rechts wiss.	Soziologie	Betriebswirtschaft	Wirtschaftspädagogik	Lehramt Math/Phys.	Informatik	
zurück	64	78	80	68	75	76	411
nicht zurück	36	22	20	32	25	24	159
	100	100	100	100	100	100	600

Diese Unterschiede sind insgesamt betrachtet bei einem $\chi^2 = 2{,}90$ (bei fünf Freiheitsgraden) jedoch nicht signifikant.

6.2. Verteilung nach Geschlecht

Der Anteil der Frauen in der Stichprobe betrug 22,6 %, der unter den Rücksendenden 22,8 %. Der Unterschied ist eindeutig nicht signifikant.

6.3. Verteilung nach Alter

Auch bei der Altersverteilung zwischen der Stichprobe und den Antwortenden zeigten sich keine signifikanten Unterschiede ($\chi^2 = 9{,}6$ bei fünf Freiheitsgraden).
Zusammenfassend kann man behaupten, daß diejenigen, die den Fragebogen beantwortet haben, bzgl. Studienrichtung, Alter und Geschlecht sich nicht von denen signifikant unterscheiden, die nicht geantwortet haben.
Der nächste Schritt zur Überprüfung der Repräsentativität der zurückgesandten Fragebögen ging von folgenden Überlegungen aus:
Alle Befragten, die ihren Fragebogen sofort oder nach verschiedenen Erinnerungsmaßnahmen selbst zurückgebracht oder -gesandt haben, können als die Gruppe der „freiwilligen" Antworter betrachtet werden, denen man die Gruppe derer gegenüberstellen kann, die die Fragebögen auch nach sechs Wochen nicht selbst zurückgebracht hatten und deren Fragebögen durch Interviewer eingesammelt wurden. Es kann angenommen werden, daß diese Gruppe, die also ihren Fragebogen nicht selbst zurückgeschickt hat, der Gruppe, die überhaupt nicht geantwortet hat, sehr ähnlich ist. Diese Annahme wird dadurch bekräftigt, daß alle in Linz wohnhaften Studenten, die den Fragebogen nicht zurückgesandt hatten, von Interviewern besucht wurden. Beinahe alle von den Interviewern angetroffenen Studenten füllten den Fragebogen aus. Allerdings konnten trotz mehrerer Versuche nur ca. 50 % der Studenten in ihrer Wohnung angetroffen werden.
Aufgrund dieser Überlegungen wurde die Gruppe der „freiwilligen" der der „unfreiwilligen" Antworter gegenübergestellt.
Die beiden Gruppen wurden bezüglich aller im Fragebogen erfaßter Variablen miteinander verglichen.
Dabei konnte man keine signifikanten Unterschiede hinsichtlich des sozialen backgrounds feststellen, ebensowenig hinsichtlich personaler Daten und der verschiedenen Persönlichkeitsdimensionen. Es zeigt sich lediglich, daß die „freiwillig" Antwortenden bedeutend mehr Spannungen mit ihrer Mutter angaben (95 % Signifikanzniveau), eine größere Unabhängigkeit von Autoritäten zeigten und signifikant häufiger vorwiegend von den Eltern finanziell unterhalten werden. Die „unfreiwilligen" Antworter leben vorwiegend von eigener Arbeit, eventuell unterstützt von der Arbeit des Ehepartners.

Es wäre möglich, daß zwischen diesen beiden Variablen Spannungen mit der Mutter und „Unterhaltsquelle" ein Zusammenhang besteht.
Bei der Betrachtung der Dimensionen Hochschule, Gesellschaft, Politik und Beruf zeigen sich bei den meisten zu diesen Problemkreisen gehörenden Fragen keine Unterschiede zwischen den beiden Gruppen.
Nur bei einer ganz allgemein formulierten Frage nach der Effektivität unseres heutigen Hochschulsystems waren die „unfreiwilligen" Antworter bedeutend zufriedener, die „freiwilligen" hingegen für eine Umgestaltung des heutigen Hochschulsystems. Bei einer Skala von 12 Items, die differenzierte Frage zum selben Problemkreis umfaßte, waren jedoch keine signifikanten Unterschiede zwischen den beiden Gruppen feststellbar, ebensowenig bei Fragen bezüglich des Ausmaßes der geforderten Mitbestimmung in verschiedenen Hochschulbereichen. Lediglich bei der inhaltlichen Gestaltung des Lehrbetriebes forderten die „freiwilligen" Antworter signifikant mehr Mitbestimmung als die „unfreiwilligen".
Bei allen übrigen zur Hochschulpolitik gestellten Items waren keine deutlichen Unterschiede ersichtlich.
Signifikante Unterschiede waren noch feststellbar bezüglich der Ansicht über die Aufgaben eines Wissenschaftlers.
Während die „Unfreiwilligen" häufiger als primäres Interesse jedes Wissenschaftlers Wissenschaft und wissenschaftlichen Fortschritt forderten, forderten die „Freiwilligen" häufiger, daß der Wissenschaftler seine Ergebnisse selbst in die Praxis umsetzen müsse.
Bezüglich der Einstellung zur Gesellschaft und Politik zeigte sich, daß die „freiwilligen" Antworter sich signifikant häufiger für eine Beschäftigung mit der Politik aussprachen, die Gesellschaft häufiger änderungsbedürftig fanden und anderen politischen Parteien den Vorzug gaben als die „unfreiwilligen" Antworter.
Aber auch hier ist wieder zu betonen, daß bei den übrigen 19 zu diesem Problemkreis gestellten Fragen keine signifikanten Unterschiede der beiden Gruppen feststellbar waren.
Bei einer Betrachtung der Fragen zum Problemkreis „Beruf" kann man feststellen, daß die „freiwilligen" Antworter signifikant häufiger bereits konkrete Berufsziele haben und bedeutend mehr aus dieser Gruppe eine Stellung im Hochschulbereich gerne annehmen würden als aus der anderen Gruppe.
In der Präferenz verschiedener Tätigkeitsbereiche konnten keine signifikanten Unterschiede zwischen den beiden Gruppen festgestellt werden,

ebensowenig hinsichtlich der Anforderungen an einen zukünftigen Beruf.

Zusammenfassend läßt sich feststellen:
Es können keine eindeutigen klaren Unterschiede zwischen den beiden Gruppen bezüglich ihrer Einstellung zur Hochschule, Gesellschaft, Politik und Beruf festgestellt werden.

Die unterschiedliche Beantwortung jeweils einiger zu den Problemkreisen formulierten Items kann bei vorsichtiger Interpretation darauf hinweisen, daß die „freiwilligen" Antworter möglicherweise ein etwas aktiveres Verhältnis zu den Bereichen Hochschule, Politik und Beruf haben. Darauf könnte die häufigere Forderung nach Umgestaltung des Hochschulsystems, nach Beschäftigung mit Politik, nach Umsetzung wissenschaftlicher Ergebnisse in die Praxis und die häufigeren Äußerungen konkreter Berufsvorstellungen weisen.

Darüber hinaus dürften sie etwas größeres Interesse an der Hochschule zeigen, worauf die Forderung nach Mitbestimmung bei der inhaltlichen Gestaltung des Lehrbetriebes und der häufigere Wunsch nach späterer Berufstätigkeit an der Hochschule hinweisen.

Als letzter Schritt zur Überprüfung, ob durch die nicht beantworteten Fragebögen eine Verzerrung der Ergebnisse entstanden ist, wurde untersucht, ob trendartige Zusammenhänge vorhanden sind, so daß auf bestimmte Eigenschaften der Nichtbeantworter geschlossen werden kann. Unter Trend soll dabei verstanden werden, daß der Zeitfaktor bedeutsam ist insofern, als die Korrelation zwischen Zeit (gemessen als Zeitpunkt der Abgabe des Fragebogens) und einer bestimmten Variablen prognostischen Wert hinsichtlich der Nichtbeantworter hat.

Alle im Fragebogen erfaßten Variablen wurden daher auf einen solchen Trend hin untersucht.

Es war jedoch nur bei einer einzigen Variablen ein kleiner Trend feststellbar. Je später geantwortet wurde, umso mehr wird die Forderung gestellt, daß allein der wissenschaftliche Fortschritt das primäre Interesse jedes Wissenschaftlers sein soll, umso seltener die Forderung, die Ergebnisse auch in die Praxis umzusetzen.

Ein leichter Trend läßt sich, je später geantwortet wurde, feststellen in dem Wunsch, wenn die Möglichkeit einer Wahl nochmals gegeben wäre, einen Beruf zu ergreifen, anstatt zu studieren.

Diese Ergebnisse können bei vorsichtiger Interpretation wieder darauf hinweisen, daß aktive, an der Hochschule stark interessierte Studenten früh antworten.

Bei einigen Variablen ist ein Trend innerhalb der „freiwilligen" Antworter nach dem Zeitpunkt der Rücksendung des Fragebogens feststellbar, der sich aber bei „unfreiwilligen" Antwortern nicht nur nicht fortsetzt, sondern sich sogar ins Gegenteil wendet.

Aufgrund dieser Ergebnisse kann daher weder die Vermutung bestätigt werden, daß sich bei Anordnung der Fragebogen nach dem Rücklaufdatum gewisse Trends zeigen würden, noch weniger kann die Möglichkeit der Extrapolation solcher Trends zur Erfassung der Eigenschaften der Nichtantwortenden aufgezeigt werden.

Bibliographie

Albert, M. (Hrsg.): *Theorie und Realität*. Ausgewählte Aufsätze zur Wissenschaftslehre der Sozialwissenschaften, Tübigen 1964

Allerbeck, K.R.: *Soziologie radikaler Studentenbewegungen*, München 1973

Allerbeck, K.R., Rosenmayr, L.; *Aufstand der Jugend*, München 1971

Andreasen, A.R.: "Personalizing Mail-Questionnaire Correspondence", in: *Public Opinion Quarterly* 1970, 34, 2, Sum., S. 273–277

Atteslander, P.: *Methoden der empirischen Sozialforschung*, Berlin und New York 1971

Bachrack, St.D., Scoble, H.M.: "Mail Questionnaire Efficiency: Controlled Reduction or Nonresponse", in: Public *Opinion Quarterly*, 1967, 31, 2, Sum., S. 265–271

Behrens, K.: *Demoskopische Marktforschung*, Wiesbaden 1961

Berger, Peter L. & Luckmann, T.: *Die gesellschaftliche Konstruktion der Wirklichkeit*, Stuttgart 1969

Blalock, Hubert M.: *Causal Inference in Nonexperimental Research*, Chapel Hill 1964

Bodzenta, E.: *Die österreichische Gesellschaft*, Wien und New York 1972

Bolte, K.M.: *Deutsche Gesellschaft im Wandel*, Opladen 1966

Boyle, Richard P.: "Path Analysis and ordinal data", in: *American Journal of Sociology*, 75 (1970), S. 461–480

Bunge, Mario: *Causality*, Cambridge (Mass.) 1959

Carr, Leslie G.: "The Srole items and acquiescence", in: *American Sociological Review*, 36, 1971, S. 287–293

Champion, D.H., Sear, A.M.: "Questionnaire, Response Rate: A Methodological Analysis", in: *Social Forces*, 47, 3, Mar., S. 335–339

Cicourel, A.: *Methode und Messung in der Soziologie*, Frankfurt/M. 1970

Dohrenwend, B.S.: "An experimental Study of Payments to Respondents", in: *Public Opinion Quarterly*, 1970–71, 34, 4, Win., S. 621–624

Edgerton, H.A., Britt, St.H., Norman, R.D.: "Objective Differences among various Types of Respondents to a Mailed Questionnaire", in: *American Sociological Review*, 12, 1947, S. 435–444

Friedrich, W.: *Methoden der marxistisch-leninistischen Sozialforschung*, Berlin 1970

Friedrichs, J., Lüdtke, H.: *Teilnehmende Beobachtung*, Weinheim, Berlin und Basel 1971

Fürstenberg, F.: *Soziologie*, Berlin und New York 1971

– *Die Soziallage der Chemiearbeiter*, Neuwied 1969

Goode, W., Hatt, P.: „Die schriftliche Befragung", in: König, R. (Hrsg.), *Das Interview*, Köln und Berlin, 4. Aufl. 1965, S. 161ff

Graumann, C. (Hrsg.): *Handbuch der Psychologie*, Bd. 7, Sozialpsychologie, 1. Halbband, Theorien und Methoden, Göttigen 1969

Haedrich, G.: *Der Interviewereinfluß in der Marktforschung*, Wiesbaden 1964

Heintz, P.: *Einführung in die soziologische Theorie*, Stuttgart 1968

Helle, H.J.: *Soziologie und Symbol*, Köln und Opladen 1969

Herschel, R.: *Anleitung zum praktischen Gebrauch von ALGOL 60*. München und Wien 1971

Hochstim, J.R., Athanasopoulos, D.A.: "Personal Follow-Up in a Mail Survey: Its Contribution and its Costs", in: *Public Opinion Quarterly*, 1970, 34, 1, Spr., S. 69–81

Holm, K.: „Theorie der Frage", in: *Kölner Zeitschrift für Soziologie und Sozialpsychologie*, 1974, 26 Jg.,

– „Gültigkeit von Skalen und Indizes", in: *Kölner Zeitschrift für Soziologie und Sozialpsychologie*, 22. Jg. (1970), S. 693–714

Kaase, Max: „Die politische Mobilisierung von Studenten in der BRD", in: Allerbeck, K.R., Rosenmayr, L., *Aufstand der Jugend*, München 1971

– „Demokratische Einstellungen in der Bundesrepublik", in: *Sozialwissenschaftliches Jahrbuch für Politik*, Bd. 2, München 1971

Kellerer, H.: *Theorie und Technik des Stichprobenverfahrens.* Einzelschriften der Deutschen Statistischen Gesellschaft (mimeogr.), München 1953

– *Statistik im modernen Wirtschafts- und Sozialleben*, Hamburg 1960

Kivlin, J.E.: „Contributions to the Study of Mail-Back-Bias", in: *Rural Sociology*, 1965, 30, 3, Sep., S. 322–326

Kohn, M.L.: *Class and conformity*, The Dorsey Press 1969, Homewood Illinois

König, R. (Hrsg.): *Handbuch der empirischen Sozialforschung*, 2 Bände, Stuttgart 1967, 1969

– *Das Interview*, Köln 1967

– *Beobachtung und Experiment in der Sozialforschung*, Köln 1956

Koolwijk, Jürgen van, „Unangenehme Fragen", in: *Kölner Zeitschrift für Soziologie und Sozialpsychologie*, 21. Jg., (1969), S. 864–875

– (Hrsg.), *Techniken der empirischen Sozialforschung*, München 1973

Kreutz, H.: *Soziologie der empirischen Sozialforschung*, Wien 1970

Kruyt, D.: "Enkete Probleemen rond de Nonresponse", in: *Mens en Maatschappy*, 1968, 43, 6, Nov.–Dec., S. 522–533

Labovitz, S.: "Some observations on measurement and statistics", in: *Social Forces*, 46, S. 151–160

– "The Assignment of numbers to rank order categories", in: *American Sociological Review*, 1970, 35, S. 515–524

Langner, T.S., Michael, St.T.: *Life Stress and Mental Health*, New York 1963

Ludz, P.C.: *Parteielite im Wandel*, Köln und Opladen 1968

Mangold, W.: *Empirische Sozialforschung, Grundlagen und Methoden*, Reihe Gesellschaft und Erziehung, Teil II, Heidelberg 1967

Mayer, L.S.: "Comment on 'the assignment of numbers to rank order categories' " in: *American Sociological Review*, 1970, 35, S. 916

Mayntz, R., Holm, K., Hübner,P.: *Einführung in die Methoden der empirischen Soziologie*, Köln und Opladen 1969

Moser, C.A.: *Survey Methods in Social Investigations*, London, Heb-Paperbooks, 1967, S. 176 ff

Nagel, E.: *The Structure of Science*, London 1961, Kap. 10

Neidhardt: „Zwischen Anpassung und Apathie, Unterschichtverhalten in der BRD", *Hamburger Jahrbuch für Wirtschafts- und Gesellschaftspolitik*, 1970

Nichols, R.C., Meyer, M.A.: "Timing Postcard Follow-Ups in Mail Questionnaire Surveys", in: *Public Opinion Quarterly*, 1966, 30, 2, Sum., S. 306–307

Noelle, E.: *Umfragen in der Massengesellschaft*, Reinbeck b. Hamburg 1963 und 1971

Opp, K.D.: *Methodologie der Sozialwissenschaften*. Eine Einführung in die Probleme ihrer Theorienbildung, Reinbeck 1970

Phillips, B.S.: *Empirische Sozialforschung – Strategie und Taktik*, deutsche Ausgabe Bodzenta, E., (Hrsg.), Berlin 1970

Phillips, D.L., Clancy, K.L.: "Response biases in field studies of mental illness", in: *American Sociological Review*, 35, 6, 1970, S. 503–515

Rappoport, M.A.: "Comments in 'An Experimental Study of Payment to Respondents' ", in: *Public Opinion Quarterly,* 1971, 35, 3, Fall, S. 423 f.

Reimann, H.: *Kommunikations-Systeme*, Tübingen 1968

Reuss, C.F.: "Differences between Persons responding and not responding to a Mailed Questionnaire", in: *American Sociological Review*, 8, 1943, S. 433–438

Richter, M.: *Die Strategie schriftlicher Massenbefragung*, München 1970

Ritsert, J., Becker, E.: *Grundzüge sozialwissenschaftlich-statistischer Argumentation*, Opladen 1971

Roghmann, K.: „Methoden der empirischen Soziologie". In: „Methoden der Sozialwissenschaften", 8. Lieferung der *Enzyklopädie der geisteswissenschaftlichen Arbeitsmethoden*, München und Berlin 1967

Rosenmayr, L.: „Über das wechselseitige Verhältnis von Empirie, Theorie und Praxis", in: *Kölner Zeitschrift für Soziologie und Sozialpsychologie*, 19. Jg., 1967

Rosenmayr, L., Höllinger, S. (Hrsg.), *Soziologische Forschung in Österreich*, Wien, Köln und Graz, 1969

Sahner, H., *Schließende Statistik*, Stuttgart 1971

Scherhorn, G.: *Methodologische Grundlagen der sozialökonomischen Verhaltensforschung*, Köln 1961

Scheuch, E.K.: „Auswahlverfahren in der Sozialforschung", in: König, R. (Hrsg.), *Handbuch der empirischen Sozialforschung*, Stuttgart 1967

– „Das Interview in der Sozialforschung", in: König, R. (Hrsg.), *Handbuch der empirischen Sozialforschung*, Band I, Stuttgart 1967

Schmidtchen, G.: *Die befragte Nation*, Frankfurt-Hamburg 1965

Die repräsentative Quotenauswahl, Bericht über ein Quota-Random-Experiment des Instituts für Demoskopie Allensbach, 1961

Schrader, A.: *Einführung in die empirische Sozialforschung*, Stuttgart 1971

Selltitz, C., Jahoda, M., Deutsch, M., Cook, St.W.: *Untersuchungsmethoden der Sozialforschung*, I, Neuwied 1972

Siebel, W.: „Logik des Experiments in den Sozialwissenschaften", in: *Soziologische Schriften*, Band 2, Berlin 1965

Simon, H.A.: *Models of Man*, New York 1957, Kap. 1

Sixtl, F.: *Meßmethoden der Psychologie*, Weinheim 1967

Specht, K.G.: *Empirie und Theorie*, 1960

Stegmüller, W.: *Hauptströmungen der Gegenwartsphilosophie*, Stuttgart 1960

Stephan, F.F.: "History and Uses of modern sampling procedures", in: *Journal of the American Statistic Association*, 43, 1948

Stephan, Mc.Carthy: *Sampling opinions*. An analysis of survey procedures, New York 1958

Stroschein, Fritz-R.: „Die Befragungstaktik in der Marktforschung", in: Behrens, K.Ch. (Hrsg.), *Betrieb und Markt*, Bd. II, Wiesbaden 1965

Tenbruck, F.H.: *Zur Kritik der planenden Vernunft*, Freiburg und München 1972

Wössner, J.: *Soziologie*, Wien, Köln und Graz 1970
Wurzbacher, G., (Hrsg.): *Die Familie als Sozialisationsfaktor*, Stuttgart 1968
Wurzbacher, G., Schlottmann, U.: „Beruf und Schule als Faktoren sozio-kultureller und personaler Strukturierung und Veränderung", in: Scharmann, Th., *Schule und Beruf als Sozialisationsfaktoren,* Stuttgart 1966, S. 74–105

Sachregister

Gliederung des Gesamtwerkes

Die Befragung 1

Der Fragebogen – Die Stichprobe

Vorwort. – Kurt Holm: Zweck und Verlauf einer Befragung. – Kurt Holm: Das Modell des Untersuchungsgegenstandes. – Kurt Holm: Kausalität. – Kurt Holm: Die Frage. – Andreas von Kirschhofer-Bozenhardt/Gabriele Kaplitza: Der Fragebogen. – Andreas von Kirschhofer-Bozenhardt/Gabriele Kaplitza: Das Interviewernetz. – Gabriele Kaplitza: Die Stichprobe. – Liselotte Wilk: Die postalische Befragung.

Die Befragung 2

Datenaufbereitung – Tabellenanalyse – Korrelationsmatrix

Gunther Geske: Kodierung der Daten. – Kurt Holm: Ablochung der Daten und automatische Fehlersuche. – Gunther Geske: Eindimensionale Grundauszählung und Normalverteilungstest. – Kurt Holm: Anmerkung zu den Computer-Programmen, insbesondere zu den Algol-Programmen. Liste aller Programme. – Kurt Holm: Schritte der Auswertung und Wahl der Auswertungsverfahren. – Christian Schmierer: Tabellenanalyse. – Kurt Holm: Die Erstellung einer Korrelationsmatrix. – Kurt Holm: Einführung in die Matrix-Algebra.

Die Befragung 3

Die Faktorenanalyse

Kurt Holm: Die Faktorenanalyse – ihre Anwendung auf Fragebatterien. – Kurt Holm: Die Korrelation zwischen zwei Fragebatterien.

Die Befragung 4

Skalierungsverfahren – Panelanalyse

Friedrich Sixtl: Skalierungsverfahren: Grundzüge und ausgewählte Methoden sozialwissenschaftlichen Messens. – Hermann Denz: Likert-Skalierung. – Kurt Holm: Die Zuverlässigkeit sozialwissenschaftlichen Messens. – Kurt Holm: Die Gültigkeit sozialwissenschaftlichen Messens. – Gerhard Arminger: Anlage und Auswertung von Paneluntersuchungen.

Die Befragung 5
Pfadanalyse – Coleman-Verfahren

Kurt Holm: Die Pfadanalyse. – Hans Haiböck: Nicht-lineare multiple Regression. – Horst Stumpf: Das Coleman-Verfahren. – Kurt Holm: Pfadanalyse für dichotomische Variable („Coleman-Pfadanalyse")

Die Befragung 6
Varianz-Kovarianzanalyse – Diskriminanzanalyse

Kurt Holm: Varianz-Kovarianzanalyse und Kovarianz-Pfadanalyse (Übersicht). – Kurt Holm: Die Varianzanalyse. – Kurt Holm: Die Kovarianzanalyse. – Kurt Holm: Multivariate Varianz- und Kovarianzanalyse. – Kurt Holm: Die Kovarianz-Pfadanalyse. – Kurt Holm: Ein Kovarianz-Algol-Programm. – Hermann Denz: Diskriminanzanalyse. – Kurt Holm: Kombinierte Pfadanalyse.